学前教育信息技术应用

编著：穆红霞

编委：张雪萍　陈会秋　郭军华

　　　张宗富　陈　彬　朱丽波

北京理工大学出版社
BEIJING INSTITUTE OF TECHNOLOGY PRESS

内容简介

本书以"产出导向"为设计理念，从幼儿园教育教学实际需求的信息技术应用能力出发，反向设计学习项目，以学生为中心，由幼儿园教师提供学习任务，切实培养满足幼儿园岗位需求的信息技术应用能力。本书采用项目-任务架构，以任务驱动为教学方式，每个任务由知识地图、学习目标、任务情境、任务分析、任务实施、梳理与讨论、相关知识、创新实践环节组成，书中每个子任务添加二维码，通过扫码观看任务实施演示。

本书可作为高职高专学前教育专业信息技术课程教材，也可作为幼儿园提升教师信息化能力培训参考用书。

版权专有　侵权必究

图书在版编目（CIP）数据

学前教育信息技术应用 / 穆红霞编著. —北京：北京理工大学出版社，2020.8（2022.8重印）

ISBN 978-7-5682-9004-3

Ⅰ. ①学⋯　Ⅱ. ①穆⋯　Ⅲ. ①信息技术 - 应用 - 学前教育 - 幼儿师范学校 - 教材　Ⅳ. ①G612-39

中国版本图书馆 CIP 数据核字（2020）第 165113 号

出版发行 / 北京理工大学出版社有限责任公司
社　　址 / 北京市海淀区中关村南大街 5 号
邮　　编 / 100081
电　　话 /（010）68914775（总编室）
　　　　　（010）82562903（教材售后服务热线）
　　　　　（010）68944723（其他图书服务热线）
网　　址 / http://www.bitpress.com.cn
经　　销 / 全国各地新华书店
印　　刷 / 三河市天利华印刷装订有限公司
开　　本 / 787 毫米 × 1092 毫米　1/16
印　　张 / 18
字　　数 / 387 千字
版　　次 / 2020 年 8 月第 1 版　2022 年 8 月第 3 次印刷
定　　价 / 53.80 元

责任编辑 / 王玲玲
文案编辑 / 王玲玲
责任校对 / 刘亚男
责任印制 / 施胜娟

图书出现印装质量问题，请拨打售后服务热线，本社负责调换

前言

2012年《教育信息化十年发展规划（2011—2020年）》提出，要推动幼儿园实现基础设施、教学资源、软件工具、应用能力等信息化建设与应用水平的全面提升。2018年4月18日，教育部印发《教育信息化2.0行动计划》，随着教育信息化2.0时代的到来，幼儿园更加重视推进学前教育信息化的建设，要求幼儿教师能够利用信息化技术开展游戏模式的教学，提高幼儿教师的信息化应用水平和师生的信息素养。

师范院校学前教育专业是培养未来幼儿教师的重要基地。近几年从幼儿园等学前教育机构对毕业生反馈的情况来看，学生毕业入职后，其信息技术应用能力不能满足幼儿园岗位需求，更无法适应当前幼儿园教育信息化建设的飞速发展。主要表现在：编辑教学文档的能力、统计幼儿园有关数据的能力、制作教学资源的能力等都达不到幼儿园的需求。究其原因，我们发现：学校开设的信息技术课程教学内容脱离岗位职业需求。师范院校普遍开设信息技术公共课，旨在培养学生的信息技术应用能力，而现行的信息技术课程在教学内容上脱离了幼儿园的实际岗位需求，只是片面追求技术的提升，导致学生在信息技术课程中学到的技能无法直接用于幼儿园岗位实际。面对这一问题，我们反思、总结、改革，2019年申报了省级教学改革项目"基于产出导向理念学前教育专业信息技术应用能力培养研究与实践"，重点研究在学前教育信息化形式下，以"产出导向"为理念如何培养学前教育专业学生的信息技术应用能力，项目的主要研究成果之一是重建学前教育专业的信息技术课程内容，在此基础上出版了本教材。

本教材具有以下特点：

1. 产出导向

本教材遵循师范专业认证理念"学生中心、产出导向"，教材内容针对学前教育专业学生入职所需设计，与幼儿园管理、家园互动及科学、语言、艺术、健康、社会五大教育领域中的信息技术应用紧密融合，体现"产出导向"理念，产教融合，达到信息技术能力与职业岗位无缝衔接。

2. 学生中心

教材充分体现以学生为中心，为学生的自主学习服务。每个项目都有知识地图、学习目标，让学生对该项目的知识点、技能点一目了然。学习目标的编写采用了学生能自我测量的表示方法，为自主学习做自我评价提供依据。

3. 情境化

课题组中的张宗富老师是淄博市实验幼儿园负责信息技术的专职教师，从事幼教工作 18 年，能够准确把握幼儿园岗位对信息技术应用能力的需求。他结合幼儿园教育所需，设计"任务情境"，提出学习任务，让学生置身于幼儿园的工作情境，扮演幼儿教师角色，从幼儿教师的角度去思考任务—探究任务—完成任务，激发起学习兴趣与探究欲望，变"让我学"为"我要学"，真正提高信息技术应用能力。

4. 信息化

教材中的每个任务均设置了二维码，微信扫一扫即可获得在线教师的任务讲解，以生动、直观的视频形式演示任务实施的具体操作。同时，所有任务需要的资源均可从百度云盘免费下载，多维度、多角度地呈现教材内容，方便读者掌握和理解知识技能，使原本枯燥、单调、抽象的教学内容变得生动、形象、有趣。

百度云盘地址：https://pan.baidu.com/s/1_P9sqcJ_IAc3F6GsveB1Gg，提取码：30s3。

本教材内容包括十个项目，项目一由淄博师范高等专科学校的穆红霞、陈会秋老师编写，项目二由淄博师范高等专科学校的朱丽波老师编写，项目三由陈会秋编写，项目四由淄博师范高等专科学校的陈彬老师编写，项目五、项目六由淄博师范高等专科学校的张雪萍老师编写，项目七由穆红霞编写，项目八由淄博师范高等专科学校的郭军华老师编写，项目九、项目十由淄博市实验幼儿园的张宗富老师编写。全书由穆红霞整体设计和统稿。书中的任务情境由张宗富、桓台县新城镇中心幼儿园的魏珊珊两位老师提供，书中的任务素材由魏珊珊，淄博师专附属幼儿园的刘婷、李绪萍、贾金川三位老师，淄博市新华同力幼儿园的梁子珅老师提供，在此一并感谢。

本教材为第一版，先在我校学前教育专业试用，希望老师们多提宝贵意见，我们会虚心学习接纳，再版时修订补正。教材在编写过程中，参考和引用了相关专家学者的著作、论文和网上资源，主要来源已在参考文献中列出，如有遗漏，恳请谅解并指出，以便再次修订时补正，在此向文献资料的作者们表示诚挚的谢意。

穆红霞
2020 年 7 月

目录 CONTENTS

项目一 走进学前教育信息化 1
 任务一 认识学前教育信息化 2
  一、学前教育信息化的概念 2
  二、学前教育信息化的特点 2
  三、学前教育信息化的内容 2
  四、学前教育信息化建设应
    注意的问题 4
 任务二 认识信息技术在幼儿园中的
    应用 4
  一、信息技术 4
  二、信息技术在幼儿园中的应用 5
 任务三 熟知幼儿教师应具备的信息技
    术应用能力 7
  一、幼儿教师具备信息技术应用能力
    的必要性 7
  二、幼儿教师应具备的信息技术应用
    能力 7
  三、创新实践 7

项目二 管理幼儿园教学资源 9
 任务一 认识和管理计算机硬件 10
  一、任务情境 10
  二、任务分析 10
  三、任务实施 10
  四、梳理与讨论 15
  五、相关知识 16
  六、创新实践 18

 任务二 安装和管理计算机软件 18
  一、任务情境 18
  二、任务分析 18
  三、任务实施 18
  四、梳理与讨论 21
  五、相关知识 21
  六、创新实践 23
 任务三 管理数字化教学文档 23
  一、任务情境 23
  二、任务分析 23
  三、任务实施 23
  四、梳理与讨论 28
  五、相关知识 28
  六、创新实践 31

项目三 制作幼儿园教学文档 32
 任务一 制作"安全温馨提示"
    文档 33
  一、任务情境 33
  二、任务分析 34
  三、任务实施 34
  四、梳理与讨论 44
  五、相关知识 45
  六、创新实践 48
 任务二 制作亲子运动会宣传
    海报 49
  一、任务情境 49

  二、任务分析 50
  三、任务实施 50
  四、梳理与讨论 52
  五、相关知识 53
  六、创新实践 56
 任务三 制作健康食谱表格 56
  一、任务情境 56
  二、任务分析 57
  三、任务实施 57
  四、梳理与讨论 59
  五、相关知识 59
  六、创新实践 61

项目四 管理统计幼儿园数据 62
 任务一 建立幼儿信息数据表 63
  一、任务情境 63
  二、任务分析 63
  三、任务实施 64
  四、梳理与讨论 69
  五、相关知识 70
  六、创新实践 73
 任务二 计算统计幼儿成长数据 73
  一、任务情境 73
  二、任务分析 73
  三、任务实施 73
  四、梳理与讨论 76
  五、相关知识 76
  六、创新实践 78
 任务三 统计小班园服数量 78
  一、任务情境 78
  二、任务分析 79
  三、任务实施 79
  四、梳理与讨论 81
  五、相关知识 81
  六、创新实践 82
 任务四 制作幼儿身体素质情况
     变化趋势图 82
  一、任务情境 82
  二、任务分析 83
  三、任务实施 83
  四、梳理与讨论 85
  五、相关知识 85
  六、创新实践 86

项目五 获取与处理图像资源 87
 任务一 搜索并下载亲子运动会
     海报图片素材 88
  一、任务情境 88
  二、任务分析 89
  三、任务实施 89
  四、梳理与讨论 93
  五、相关知识 94
  六、创新实践 94
 任务二 调整和美化幼儿活动照片 ... 95
  一、任务情境 95
  二、任务分析 95
  三、任务实施 95
  四、梳理与讨论 97
  五、相关知识 98
  六、创新实践 99
 任务三 制作"认识昆虫"主题
     活动教学图片 99
  一、任务情境 99
  二、任务分析 100
  三、任务实施 100
  四、梳理与讨论 104
  五、相关知识 104
  六、创新实践 107
 任务四 绘制春天景象画 108
  一、任务情境 108
  二、任务分析 108
  三、任务实施 108

四、梳理与讨论 …………… 115
　　五、相关知识 …………… 115
　　六、创新实践 …………… 116
任务五　加工处理"船"主题活动教学
　　　　图片 …………… 117
　　一、任务情境 …………… 117
　　二、任务分析 …………… 117
　　三、任务实施 …………… 117
　　四、梳理与讨论 …………… 119
　　五、相关知识 …………… 120
　　六、创新实践 …………… 120
任务六　制作"六一儿童节文艺
　　　　汇演"宣传海报 …………… 121
　　一、任务情境 …………… 121
　　二、任务分析 …………… 121
　　三、任务实施 …………… 121
　　四、梳理与讨论 …………… 124
　　五、相关知识 …………… 125
　　六、创新实践 …………… 127
任务七　制作幼儿园一周明星榜 …… 127
　　一、任务情境 …………… 128
　　二、任务分析 …………… 128
　　三、任务实施 …………… 128
任务八　制作叶子动图 …………… 133
　　一、任务情境 …………… 133
　　二、任务分析 …………… 133
　　三、任务实施 …………… 133
　　四、梳理与讨论 …………… 135
　　五、相关知识 …………… 135
　　六、创新实践 …………… 137

项目六　获取与处理音频资源 …… 138
任务一　从网上搜索并下载动物
　　　　声音 …………… 139
　　一、任务情境 …………… 139
　　二、任务分析 …………… 139

　　三、任务实施 …………… 139
任务二　使用计算机软件录制网络
　　　　播放的《苹果歌》 …………… 141
　　一、任务情境 …………… 141
　　二、任务分析 …………… 141
　　三、任务实施 …………… 142
任务三　从《船为什么会浮在水上》
　　　　视频中提取声音 …………… 144
　　一、任务情境 …………… 144
　　二、任务分析 …………… 144
　　三、任务实施 …………… 145
　　四、梳理与讨论 …………… 147
　　五、相关知识 …………… 147
　　六、创新实践 …………… 148
任务四　编辑处理课间操音乐
　　　　《健康歌》 …………… 148
　　一、任务情境 …………… 148
　　二、任务分析 …………… 148
　　三、任务实施 …………… 149
　　四、梳理与讨论 …………… 152
　　五、相关知识 …………… 152
　　六、创新实践 …………… 153
任务五　制作幼儿诗文朗诵
　　　　作品集 …………… 154
　　一、任务情境 …………… 154
　　二、任务分析 …………… 154
　　三、任务实施 …………… 154
　　四、梳理与讨论 …………… 158
　　五、相关知识 …………… 158
　　六、创新实践 …………… 160

项目七　获取与处理视频资源 …… 161
任务一　获取《蝉的蜕变》视频
　　　　资源 …………… 162
　　一、任务情境 …………… 162
　　二、任务分析 …………… 162

三、任务实施 162
四、梳理与讨论 166
五、相关知识 166
六、创新实践 167

任务二 制作《祝你生日快乐》
　　　　小视频 167
一、任务情境 167
二、任务分析 167
三、任务实施 168
四、梳理与讨论 170
五、相关知识 170
六、创新实践 170

任务三 制作《蝈蝈与蛐蛐》
　　　　音乐活动视频 170
一、任务情境 170
二、任务分析 171
三、任务实施 171
四、梳理与讨论 183
五、相关知识 183
六、创新实践 184

任务四 制作《青蛙呱呱》手工
　　　　活动微课 184
一、任务情境 184
二、任务分析 185
三、任务实施 186
四、梳理与讨论 198
五、相关知识 198
六、创新实践 200

项目八 制作幼儿园教学课件 201
任务一 制作《借尾巴》绘本
　　　　故事课件 202
一、任务情境 202
二、任务分析 202
三、任务实施 203
四、梳理与讨论 207

五、相关知识 207
六、创新实践 209

任务二 制作《红红火火过大年》
　　　　教学课件 209
一、任务情境 209
二、任务分析 209
三、任务实施 210
四、梳理与讨论 215
五、相关知识 215
六、创新实践 217

任务三 制作《剪窗花》说课
　　　　课件 217
一、任务情境 217
二、任务分析 217
三、任务实施 218
四、梳理与讨论 225
五、相关知识 225
六、创新实践 226

任务四 制作《单数和双数》
　　　　数学课件 227
一、任务情境 227
二、任务分析 227
三、任务实施 227
四、梳理与讨论 239
五、相关知识 239
六、创新实践 240

项目九 信息化助力家园共育 241
任务一 制作家长护卫队志愿者
　　　　在线报名表 242
一、任务情境 242
二、任务分析 242
三、任务实施 242
四、梳理与讨论 247
五、相关知识 247
六、创新实践 247

任务二　制作发布重阳节活动
　　　　信息 248
　　一、任务情境 248
　　二、任务分析 248
　　三、任务实施 248
　　四、梳理与讨论 250
　　五、相关知识 250
　　六、创新实践 250
任务三　注册微信订阅号并发布
　　　　图文信息 251
　　一、任务情境 251
　　二、任务分析 251
　　三、任务实施 251
　　四、梳理与讨论 258
　　五、相关知识 258
　　六、创新实践 259

项目十　人工智能技术在幼儿园的应用 260

任务一　初识人工智能 261
　　一、人工智能的内涵 261
　　二、人工智能发展历程 261
　　三、人工智能研究领域及其技术
　　　　特征 262
　　四、梳理与讨论 263
　　五、创新实践 263
任务二　初识计算机视觉及

　　　　应用 263
　　一、体验手机人脸识别解锁、
　　　　智能识物功能 264
　　二、了解智能视频监控系统 264
　　三、梳理与讨论 265
　　四、创新实践 265
任务三　初识智能机器人 265
　　一、体验手机语音助手的
　　　　功能 266
　　二、了解阿尔法蛋智能机器人
　　　　的功能 266
　　三、梳理与讨论 267
　　四、创新实践 267
任务四　初识幼儿体感游戏 267
　　一、体验手机QQ的"体感"
　　　　功能 267
　　二、了解恩授体感游戏教育
　　　　功能 268
　　三、梳理与讨论 269
　　四、创新实践 269
任务五　了解钉钉平台 269
　　一、沟通交流 269
　　二、智能办公 270
　　三、梳理与讨论 271
　　四、创新实践 271

参考文献 272

项目一
走进学前教育信息化

知识地图

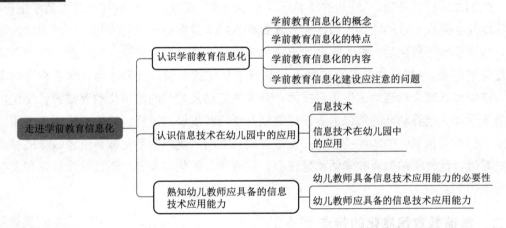

学习目标

1. 认识学前教育信息化的主要内容。
2. 能列举信息技术在幼儿园中的应用。
3. 能说出幼儿教师应具备的信息技术应用能力。

随着教育信息化的全面普及，学前教育信息化已经成为我国教育信息化建设的重要组成部分，也是当今时代学前教育发展的主要方向。学前教育信息化中，要求幼儿教师在教育教学中运用信息技术，能够获取并开发与幼儿发展相适宜的信息化教育资源，从而丰富教学内容，优化教学过程。本项目通过三个任务，让大家对学前教育信息化有初步的认识，熟知幼儿教师应具备的信息技术应用能力。

任务一 认识学前教育信息化

一、学前教育信息化的概念

学前教育的主要功能和任务是：对幼儿实施全面发展的教育，为幼儿入小学做准备，为幼儿一生的发展打好基础。"幼儿的学习是以直接经验为基础，在游戏和日常生活中进行的。要珍视幼儿生活和游戏的独特价值，充分尊重和保护其好奇心和学习兴趣，创设丰富的教育环境，合理安排一日生活，最大限度地支持和满足幼儿通过直接感知、实际操作和亲身体验获取经验的需要。"根据学前教育的特点和教育信息化的内涵，我们认为，学前教育信息化是指，在学前教育中恰当地运用信息技术，开发适宜幼儿学习的数字化教育资源，优化学前教育教学活动，培养幼儿的信息素养，促进幼儿学习和发展的过程。其中，恰当地应用信息技术是学前教育信息化的本质特征，开发适宜幼儿学习的优质数字化教育资源是学前教育信息化的基础，优化学前教育教学活动是核心，培养幼儿的信息素养、促进幼儿学习和健康发展是根本目的。

二、学前教育信息化的特点

学前教育信息化强调"适宜性"，这是区别于中小学教育信息化的鲜明特色。"适宜性"理念是由美国幼儿教育协会（National Association for the Education of Young Children，NAEYC）在学前教育出现较为严重的小学化倾向的背景下提倡的在尊重儿童基础上促进儿童发展的一套价值理念。同样，学前教育信息化的发展不能完全套用中小学教育信息化的模式，这会造成学前教育信息化的"小学化"倾向。学前教育信息化不是要求每个幼儿园必须建立计算机机房，而是根据幼儿园实力进行合理布局，为幼儿的学习发展构建有效的环境；不是让幼儿必须掌握过多的信息技术知识和技能，而是对他们进行信息素养启蒙；不是让幼儿教师必须具备高级的教育技术知识和技能，而是根据课程需要，善于抓住幼儿学习时机，利用一切可能的信息化资源优化教学过程。因此，学前教育信息化是有别于中小学教育信息化的，它更多的是从幼儿的身心发展需求出发。

三、学前教育信息化的内容

1. 配备适宜的信息化基础设施

信息化基础设施建设是实现学前教育信息化的基础和前提，在进行信息化设施建设时，要把儿童的身心健康放在第一位。应充分考虑幼儿的年龄特征，以幼儿的全面、健康发展为根本。建设网络设施和开展信息技术活动时，应采用辐射小的网络信息技术设备，多媒体教室应布置为环保型，保护幼儿身体健康。进行学前教育信息化需要一定的信息化设施和装备，这些设施不仅要发挥信息化的功效，更要确保对儿童身心健康发展的最大保护，体现人文关怀。

2. 建设适合的信息化资源

信息化资源建设是学前教育信息化的重要内容。要保证学前教育信息化的顺利进行，必须为幼儿、幼儿教师、幼儿家长及管理者提供高质量的信息化资源。在学前教育领域，开发适宜幼儿学习的数字化教育资源，主要包括教育游戏软件、专题学习网站、娱乐网站等。适宜幼儿学习的数字化教育资源可以使幼儿投入创造性游戏、知识吸收、问题解决和互动交流中，既能帮助幼儿巩固已有的知识和经验，又激励他们探寻未知世界，迎接新的挑战。信息化能够实现资源的共建共享，有助于推动学前教育的均衡发展，突破时空限制，实现幼儿园优质教育资源的可利用度，发挥跨区域园际互动的效能。

3. 培养较高信息素养的幼儿教师

幼儿教师是学前教育信息化的实践者，所以幼儿师资队伍需要有较高的信息素养，能够恰当地将信息技术与活动课程进行融合，在适当的时候引导孩子在活动与游戏中掌握信息技术。因此，幼儿教师的信息素养成为实现学前教育信息化的关键，幼儿教师的信息素养提升需要通过职前教育和职后培训的共同努力。

4. 利用信息技术优化学前教育教学活动过程

学前教育信息化的核心是利用信息技术优化教学活动过程，即教师在幼儿主题活动中借助现代信息技术手段，为幼儿创造数字化的学习环境，创设主动学习情景，支持幼儿学习与认知，促进幼儿发展。信息技术就像是纽带或桥梁，将幼儿园的健康、语言、科学、社会、艺术等五大领域课程融合到一起，互相渗透，实现幼儿园五大领域课程之间的整合。同时，将信息技术融合到幼儿园的各种活动中，尤其是游戏和教育活动中，使之成为幼儿学习环境的一部分，成为幼儿学习和游戏的一个有机组成部分，实现信息技术与幼儿园课程的融合。

5. 制定学前教育信息化政策、法规与标准

信息化政策、法规与标准的制定是保障学前教育信息化健康发展的必要手段。根据我国当前教育发展水平及地域经济水平的差异，我国的学前教育信息化不可能一蹴而就，且不同地区应建立与本地经济水平相符的信息化建设标准，学前教育信息化应有步骤、有计划地逐步推进。当前及今后的很长一段时间，学前教育信息化政策、法规和标准的制定将是发展我国学前教育信息化的重要工作，为顺利推进我国的学前教育信息化建设提供保障。

6. 发展学前教育信息化产业

教育信息化产业是教育信息化的要素之一。我国学前教育信息化总体处于起步阶段，困难或障碍并不只是在于投入和技术本身，专业人员、专业内容及专业产品与服务严重匮乏。电子白板和数字电视在少数条件好的幼儿园开始使用，但起的作用有限；基于信息技术和其他高科技的幼儿学习工具的设计和开发专业化水平不高。目前研制符合学前教育特点、适合

在幼儿园所使用的信息化设施和装备还未专业化、产业化，绝大多数的信息化设施建设还是按照中小学、高中，甚至高校的标准。我们要发展学前教育信息化产业，就要生产适用于学前儿童的设备与资源。

7. 利用信息技术促进幼儿园、家庭及社区间合作

学前教育中的家园共育、幼儿园与社区间、家庭与社区间的合作是幼儿教育的一大特色和重要组成部分。利用信息技术促进幼儿园、家庭及社区间合作是学前教育信息化的重要特色，学前教育信息化不仅是幼儿园内的信息化，还需要在幼儿园与家长、社区间的合作与沟通环节实现信息化。《幼儿园教育指导纲要（试行）》中明确指出："家庭是幼儿园重要的合作伙伴。应本着尊重、平等、合作的原则，争取家长的理解、支持和主动参与，并积极支持、帮助家长提高教育能力。""幼儿园应与家庭、社区密切配合，综合利用各种教育资源，共同为幼儿的发展创造良好条件。"借助现代信息技术可以改善传统的家园共育方式，为幼儿园、家长及社区的联系和沟通拓宽渠道，整合各种学前教育资源，为幼儿的全面发展营造良好的环境。

四、学前教育信息化建设应注意的问题

学前教育信息化的对象是学前教育，学前教育的对象是学龄前儿童，要充分了解学龄前儿童独特的生理和心理特征。所以，在学前教育信息化建设中应注意以下几方面的问题。

1. 牢记学前教育信息化的根本目的

学前教育信息化是为学前教育服务的，不管技术如何改变，环境如何改变，在学前教育信息化建设当中，必须牢记学前教育信息化的根本目的在于促进幼儿的全面发展。学前教育信息化更加强调信息时代下信息技术对幼儿学习和认知的支持，因此，我们要牢记幼儿健康快乐地学习是学前教育信息化的根本，要让幼儿在信息化环境中快乐地游戏和学习。

2. 运用信息技术必须"恰当"

在学前教育信息化建设当中，教师要恰当地运用信息化技术进行教育，根据国家或者地方的教育经费来选取合适的教学设备，使得教育经费的拨付遵循整体发展、特色化发展相结合的方式，促进教育的均衡发展，逐渐实现学前教育的信息化，避免教育出现较大的盲区。

3. 开发信息化课程必须"适宜"

在学前教育信息化建设当中，教师要运用信息技术开发适宜的信息化课程，加强课程资源的及时更新和管理工作，使幼儿确实能够在新颖的课堂环境中学习到新知识，有效地提高幼儿的综合素养。

任务二　认识信息技术在幼儿园中的应用

一、信息技术

1. 信息

信息是现代社会普遍使用的一个概念。信息无处不在，刮风下雨、春华秋实，表达了天

气和季节变化的信息；喜怒哀乐表现出人的情感活动信息；手机、电视、计算机网络承载着更加丰富的信息。目前，人们普遍认为，这些用语言、文字、符号场景、图像和声音等方式表达的新闻、消息、情报和数据等内容都是信息。

2. 信息技术

人们可以通过手、鼻、口和其他感官获得信息，也可以用照相机、度量工具、计算机、传感器和卫星等仪器设备更快、更多、更准确地获得信息。我们所说的信息技术是指自20世纪70年代以来，随着微电子技术、计算机技术和通信技术的发展，围绕信息的产生、收集、存储、处理、检索和传递，形成的一个全新的、用于开发和利用信息资源的高技术群，包括微电子技术、新型元器件技术、通信技术、计算机技术、各类软件及系统集成技术、光盘技术、传感技术、人工智能技术和高清晰度电视技术等。因此，信息技术是指人们获取、存储、传递、处理、开发和利用信息资源的相关技术。

在现代信息处理技术中，传感技术、计算机技术、通信技术和网络技术是主导技术。计算机在其中起到了关键作用，它首先是一种信息处理机，通过计算机可以高速度、高质量地完成信息的整理、加工、分析和存储等工作；其次，计算机通常也是其他技术中的关键设备，例如，传感技术，常用于信息的收集过程，但是如果没有计算机的支持，其结果是不可想象的。在现代通信技术中，计算机更是起到了核心作用，而网络技术则是计算机技术的进一步延伸。所以，信息处理过程的每一个环节都是由计算机直接或间接参与完成的。

二、信息技术在幼儿园中的应用

信息技术在幼儿园应用的过程中，信息技术是手段与工具，其最终目的是实现教育效果的最优化，从而达到提升幼儿园整体办园质量的目的。在实践探索中，我们将二者的整合归结为优化幼儿园管理，助力教育教学，促进家园共育三个方面。

1. 优化幼儿园管理

（1）提升硬件水平，筑牢信息化发展基础

抓好基础设施建设是实现学前教育信息化的前提。为了更好地监管教育过程，幼儿园引入一键报警系统，安装先进的网络监控系统，便于及时发现问题。建立专门的信息化控制室，实时显示监控画面，园长通过查看监控画面来了解幼儿园各个部门的工作状况，在提高园长工作效率的同时，对于幼儿教师的工作也是一种有效的保护途径。幼儿园人员出入使用脸部和指纹识别系统，门禁出入引入通道闸，可直接通过管理计算机实现远程控制与管理。

（2）运用信息管理平台，建立电子成长档案

幼儿园通过信息管理平台，根据对园长、教师、保健员、后勤工作人员的不同要求分别建立工作档案，实现人员细致管理。同时，建立幼儿电子档案，其中包括个人信息、电子作品、学习活动记录、学习评价信息等内容。幼儿离园时，电子成长档案加上毕业典礼录像、教师评语和园长祝福等，以光盘的形式送给孩子和家长，成为幼儿成长过程中的宝贵记忆。

（3）运用专业软件系统，提高后勤人员工作效率

在财务管理方面，幼儿园运用国有固定资产信息系统，准确反映资产的新增、减少；运

用年初预算、年终决算系统,做到有计划、有总结地使用资金。同时,建立幼儿电子健康档案,保健医生每日对幼儿进行早、中、晚三检,同时做好数据记录,为以后对幼儿进行健康状况分析提供依据,结合相关程序对数据进行综合处理,做好卫生防疫工作的发现、处理和上报工作。

2. 助力教育教学

(1) 丰富教学内容

信息技术在教育教学中的应用可以有效地丰富教学资源,还能将抽象难懂的知识进行模拟演示,或者通过直观形象的动画、视频展示出来,让幼儿容易接受和理解,既实现了教学方法的创新,还能有效地吸引幼儿的学习注意力。例如,在社会活动课《夏天真有趣——蝉的蜕变》中,为了说明知了是由蝉蜕变来的,就可以利用信息技术展示更多"夏天""蝉的蜕变""知了"的相关图片、音频、视频、动画等资源作补充,来丰富课堂学习内容,这样不仅能辅助教师教学,还能最大限度地调动幼儿参与学习的主动性,使教学过程变得丰富多彩。

(2) 优化教学过程

信息技术在幼儿园教育教学中的应用,改变了幼儿教师单向单一传递知识的教学过程。例如,应用希沃触摸一体机既可以为教学提供大量丰富的多媒体资源,还可以让幼儿直接参与设置好的游戏活动,和幼儿进行人机互动,实现了多向互动式教学,提高了幼儿学习的积极性,增进了幼儿和老师之间的交流,同时让幼儿学到了更多的知识,开拓了幼儿思维,提高了教学效率。

(3) 创建教学情境

在主题活动中应用信息技术创建适宜的教学情境,引导幼儿投入地学习知识、参与活动是最常用的教学方式,并且教学效果显著。例如,在语言课《红红火火过大年》中,为了提高幼儿对语言的灵活应用能力,就可以创建一个PPT,为幼儿营造新年的气氛,让幼儿在带有年味的语言学习环境中进行语言的练习,来提高幼儿的语言运用能力。例如,在科学课《认识单数双数》中,也可以利用信息技术制作闯关游戏,用幼儿喜欢的动态图片作为数数对象,这样就能有效地激发幼儿的学习积极性,还能提高学习质量。

3. 促进家园共育

(1) 利用网络开展家园互动协作

推进学前教育信息化强调幼儿园、家庭和社区借助信息技术的交流合作共同支持儿童的学习和发展。网络及网络应用的发展让幼儿园的家园沟通共育工作实现了信息化。例如,幼儿园的各种通知都通过幼儿园官方网站进行发布告知家长,班级内通过QQ群、微信群直接发布;通过美篇、微信朋友圈等网络应用分享幼儿园的教育教学活动、优秀育儿案例、育儿经验;通过信息技术记录幼儿成长数据、视频,再通过网络展示给家长,及时、有效地实现了家园互动协作共育。

(2) 通过微信公众号为家长提供多元服务

微信公众平台是幼儿园实现家园共育的新途径,具有传播便捷、交流灵活的特点。可以通过幼儿园微信公众平台在手机等移动端为家长提供多元服务。例如,在微信公众平台建立园所动态、外媒宣传、育儿经验等栏目为家长提供各种需求服务；利用微信公众平台的投票功能，可以征求家长对幼儿园发展的建议，也可以对教师进行多元评价，对幼儿发展进行评估，让家长协助做好育儿工作，切实提高幼儿园的管理效率。

任务三　熟知幼儿教师应具备的信息技术应用能力

信息技术应用能力是信息化社会中教师必备的专业能力。随着教育信息化的发展，幼儿园的教育信息化正如火如荼地建设着，这就要求幼儿教师必须具备一定的信息技术知识和应用能力，适应幼儿园信息化发展，以及更好地支撑教学和自身可持续发展，做合格幼儿教师。

一、幼儿教师具备信息技术应用能力的必要性

1. 教育信息化飞速发展的需求

2016 年，教育部颁布的《教育信息化"十三五"规划》中强调，"鼓励教师利用信息技术创新教学模式，推动形成'课堂用、经常用、普遍用'的信息化教学新常态""建立健全教师信息技术应用能力标准，将信息化教学能力培养纳入师范生培养课程体系"，有效推动教育信息化发展。

2. 幼儿园教育信息化的需要

2012 年，《教育信息化十年发展规划（2011—2020 年）》提出，要推动幼儿园实现基础设施、教学资源、软件工具、应用能力等信息化建设与应用水平的全面提升。幼儿园的教育信息化建设和层次大大提高，硬件、软件、信息化资源、基于网络环境的信息化平台等在幼儿园逐步建设起来。

3. 幼儿教师专业标准的要求

2011 年 12 月 12 日，教育部正式公布《幼儿园教师专业标准（试行）》，该标准中要求"幼儿教师具有一定的现代信息技术知识"，"具有终身学习与持续发展的意识和能力，做终身学习的典范"。终身学习与持续发展的要求，需要幼儿教师具备信息技术应用能力，以支持自身学习及未来教学。教育部在印发的《幼儿园园长专业标准》通知中也明确提出，"幼儿园园长要了解国内外幼儿园保育教育的发展动态和改革经验，了解教育信息技术在幼儿园管理和保育教育活动中应用的一般原理和方法。"

4. 师范生信息化教学能力的要求

2018 年 6 月发布的《师范生信息化教学能力标准》明确提出：师范生的信息化教学能力体现在能够服务于支持自身学习及支持未来教学两大目的。《师范生信息化教学能力标准》为 2011 年《幼儿园教师专业标准》提供了信息技术支撑。

二、幼儿教师应具备的信息技术应用能力

参照《中小学教师信息技术应用能力标准（试行）》（幼儿园参照执行）、《师范生信息

化教学能力标准》、《幼儿园教师专业标准》，结合对幼儿教师调研的情况，把幼儿教师应具备的信息技术应用能力概括为三个方面。

1. 数字资源获取能力

幼儿园教学中，为了给幼儿更直观的感受，可能需要获取一些图片、音频、视频等多媒体数字资源，互联网中有非常丰富的数字资源，但如何能够在包罗万象的网络中找寻到需求的数字资源，这就需要学前教师具备相关的信息检索能力和获取能力。

2. 数字媒体应用能力

对于数字媒体的应用，涵盖两个层面：

（1）数字媒体硬件设备的操作与使用

幼儿教师应对多媒体计算机、数字投影机、交互式电子白板等现代教育媒体设备熟练应用，并熟知相关设备的教学特性，以便更好地应用信息技术开展幼儿教学活动。

（2）相关软件的应用

幼儿教师必须掌握最基本的 Windows 操作系统、Office 办公软件、课件制作软件、图像处理软件、音频视频处理软件、QQ 和微信及电子邮件收发，其中 Office 办公软件中的 Word 文字处理软件、Excel 电子表格处理软件和 PowerPoint 演示文稿制作软件是开展信息化教育教学必备的软件，必须熟练掌握。此外，幼儿教师也有必要掌握一些多媒体数字资源处理及课件制作软件，如 Photoshop 图像处理软件、Audition 音频处理软件、Camtasia Studio 微课视频制作软件、希沃白板课件制作软件、美篇制作软件、Dreamwave 网页制作软件等，这些对于教师制作并应用个性化的教学资源非常重要。

3. 信息技术与课程深度融合能力

如何从教育观念、主题活动中真正地将信息技术融入整个幼儿园教育教学内部，与教育教学一体化，常态化于教育教学系统，这就需要幼儿教师不仅熟练掌握相关信息技术和课程融合的知识技能，还要在教学过程中不断实践探索和反思总结信息技术与幼儿教学活动融合的相关经验，从而逐步转化成自身的信息技术与课程深度融合能力。

学前教育专业学生作为未来的幼儿教师，在职前就要牢固掌握信息技术应用能力，以便入职后较快地胜任幼儿园各岗位工作，充分利用信息技术优势，优化教育教学，促进幼儿信息意识的养成。因此，学前教师必须充分认识具备信息技术应用能力的必要性和紧迫性，积极学习信息技术知识和技能，为我国学前教育事业的健康发展做贡献。

三、创新实践

① 学前教育信息化的主要内容包括哪些？

② 列举信息技术在幼儿园中的应用实例。

③ 对照幼儿教师应具备的信息技术应用能力的三个方面，你还需要学习哪些方面的知识与技能？

项目二
管理幼儿园教学资源

知识地图

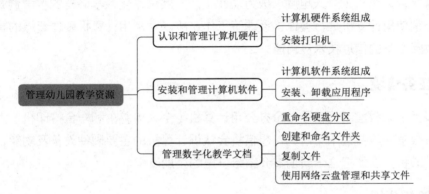

学习目标

1. 能说出个人计算机硬件系统中的主要设备及其功能。
2. 能说出计算机 CPU 的主要性能指标及其含义。
3. 能说出存储器的分类，会区分不同存储器的特征和作用。
4. 能安装和共享打印机。
5. 能在个人计算机上安装需要的应用程序。
6. 能使用文件夹对本地计算机资源进行分类管理。
7. 能使用网络云盘管理和共享文件。

教学资源指的是在学校教学过程中,支持教与学的所有资源,即一切可以被师生开发和利用的、在教与学过程中使用的物质、能量和信息,包括各种学习材料、媒体设备、教学环境及人力资源等。幼儿园的教学资源,根据其表现形态,可以划分为硬件资源和软件资源。其中硬件资源包括各种机器、设备和场所;软件资源又可分为媒体化教学材料和支持教学活动的工具性软件。在幼儿园日常教学中所使用的计算机硬件系统属于硬件资源,计算机软件系统和教学文档则属于软件资源。

本项目通过三个任务,介绍幼儿园教育教学常用的计算机硬件、计算机软件和教学文档等教学资源的管理。

任务一 认识和管理计算机硬件

信息时代,计算机(个人电脑)成为幼儿教师开展信息化教学必备的教学资源,在日常教学中,经常使用计算机进行备课、授课等工作,所以对常用计算机硬件资源的管理和使用成为幼儿教师必备的信息技术应用能力之一。

一、任务情境

幼儿园为各班教室新配备了一台办公用计算机(个人电脑)和一台打印机,大班的王老师对计算机很感兴趣并且乐于研究,想借机会认识计算机的主要硬件设备及功能,并在计算机上安装打印机,以便把这个新朋友介绍给班里的小朋友们。

二、任务分析

认识计算机硬件设备及功能可以帮助幼儿教师更好地把握计算机的工作性能,能够对常见计算机硬件设备进行简单维护。在常见计算机硬件设备中,有些插入正确接口就可以直接使用,而有些连接到计算机以后,还需要正确安装驱动程序才能够使用。本任务分解为两个子任务。

子任务1:认识计算机硬件设备及各部分功能
子任务2:为电脑安装打印机并测试打印效果

三、任务实施

认识硬件

子任务1:认识计算机硬件设备及各部分功能

1. 键盘和鼠标

键盘和鼠标是最常用和最基本的输入设备。键盘将按键的位置信息转换为对应的数字编码送入计算机主机,用户通过键盘键入指令才能实现对计算机的控制。使用键盘可以将英文字母、数字、标点符号等输入计算机中,从而向计算机发出命令、输入数据等。鼠标则是一种控制屏幕上光标的输入设备,它可以对当前屏幕上的光标进行定位,并通过按键和滚轮对光标所经过位置的屏幕元素进行操作,只要通过操作鼠标的左键或右键,就能告诉计算机做什么。

根据不同的标准，可以把键盘和鼠标分为不同类型。从与电脑的连接方式来看，目前主流分为有线键鼠和无线键鼠两大类。传统的有线键盘和鼠标通过键盘、鼠标的连接线与主机设备接口相连；目前主流的有线键盘和鼠标都是使用 USB 口进行连接，如图 2-1 所示，使用时只需将连接线末端插入电脑 USB 接口即可。

无线键盘和鼠标则是通过特殊的无线信号接收器或蓝牙与电脑连接，如图 2-2 所示，键盘右侧是无线信号接收器。一般需要为无线键盘和鼠标安装电池，再将无线信号接收器插入电脑 USB 接口，键盘和鼠标指示灯亮时，就可以正常使用了。

图 2-1　有线鼠标

图 2-2　无线键盘

2. 显示器

显示器是最常见、最基本的输出设备，它将计算机内部的信息以人们易于接收的形式传送出来。实际使用中，仅有显示屏幕还不能完成输出显示，计算机的显示系统由显示器和显示适配器（又称显卡）共同组成。

显示适配器是连接外部显示器与计算机内部总线及微处理器的接口电路，它把信息从计算机中取出并显示到显示器上，它决定了能看到的颜色数目和出现在屏幕上的图形效果。目前绝大多数主板集成了显示适配器，能满足一般用户的需求。

显示器的种类很多，按照所采用的显示器件材料分类，有阴极射线管（CRT）显示器、液晶显示器（LCD）、等离子显示器等，如图 2-3 所示。显示系统的主要性能指标有显示分辨率、颜色质量和刷新速度等，其中最主要的是分辨率和颜色质量。

3. CPU

计算机的 CPU 又称中央处理器或微处理器，是将运算器、控制器和高速缓存集成在一起的超大规模集成电路芯片，是计算机的核心部件。CPU 作为计算机系统的运算和控制核心，是信息处理、程序运行的最终执行单元。主频又称时钟频率，是指 CPU 在单位时间内发出的脉冲数，它在很大程度上决定了计算机的运算速度，是 CPU 的主要性能指标。主频的单位是赫兹（Hz）。

目前，CPU 的主流产品有 Intel 公司的酷睿系

图 2-3　液晶显示器

列、赛扬系列；AMD 公司的羿龙、闪龙和速龙系列。近几年，我国也开始了微处理器的研发，龙芯系列芯片是由中国科学院中科技术有限公司设计研制的具有自主知识产权的芯片。而目前全球最快的超级计算机"神威·太湖之光"采用的是我国自主研发的拥有完全自主知识产权的申威 SW26010 处理器。如图 2-4 所示，图 2-4（a）是 Intel 公司 CPU，图 2-4（b）是龙芯系列 CPU。

图 2-4　Intel CPU 和龙芯系列 CPU

4. 硬盘

硬盘是计算机上最重要的外存储器，其特点是存储容量大、可靠性高、价格低，断电后可以永久保存信息，如图 2-5 所示。目前主流硬盘分为固态硬盘、机械硬盘、混合硬盘三种，固态硬盘采用闪存颗粒来存储，读写速度上有优势；机械硬盘采用磁性碟片来存储，价格上有优势；混合硬盘是把磁性硬盘和闪存集成到一起的一种硬盘，目前使用较少。

存储容量是硬盘最主要的参数，目前主流硬盘容量以千兆字节（GB）为单位，从几百 GB 到 TB 级别不等。

5. 主板

主板是微型计算机系统中最大的一块电路板，又称为母板或系统板，是一块带有各种插口的大型印刷电路板，安装在机箱内，是微型计算机最重要也是最基本的部件之一。主板集成有电源接口、控制信号传输线路（控制总线）、数据传输线路（数据总线）及相关控制芯片等。它将主机的 CPU 芯片、存储器芯片、控制芯片、ROM BIOS 芯片等各个部分有机地组合起来。此外，主板还有连接着硬盘、键盘、鼠标的 I/O（输入/输出）接口插座及供插入接口卡的 I/O 扩展槽等组件。通过主板，CPU 可以控制硬盘、键盘、鼠标、内存等各种设备。

主板中最重要的部件之一是芯片组，它决定了主板所能够支持的功能，如图 2-6 所示。目前常见的芯片组有 Intel、AMD、nVIDIA 等公司的产品。

图 2-5　电脑硬盘

图 2-6　电脑主板

6. 内存

内存也被称为内存储器或主存储器，是 CPU 可直接访问的存储器，其作用是暂时存放 CPU 中的运算数据，以及与硬盘等外部存储器交换的数据。计算机中所有程序的运行都是在内存中进行的，当前正在运行的程序与数据都必须存放在内存中。计算机工作时，所执行的指令及操作数都是从内存中取出的，处理的结果也放在内存中。内存储器分为只读存储器（ROM）、随机存储器（RAM）和高速缓冲存储器（Cache）。

只读存储器（ROM）中的数据或程序一般是在将 ROM 装入计算机前事先写好的。一般情况下，计算机工作过程中只能从 ROM 中读出事先存储的数据，而不能改写。ROM 常用于存放固定的程序和数据，并且断电后仍能长期保存。ROM 的容量较小，一般存放系统的基本输入/输出系统（BIOS）等。

随机存储器（RAM）的容量比 ROM 的大得多。目前主流 RAM 容量一般配置几 GB 到十几 GB。CPU 从 RAM 中既可读出信息，又可写入信息，但断电后所存的信息就会丢失。人们常说的内存一般是指随机存储器，常用的内存有 SDRAM 和 DDR SDRAM 两种，其中 DDR SDRAM 理论上具有双倍于 SDRAM 内存的带宽，目前主流内存是 DDR4 内存。图 2-7 所示为 DDR 内存条。

图 2-7　DDR 内存条

高速缓冲存储器（Cache），又叫高速缓存，是位于 CPU 与内存之间，读写速度比内存更快的存储器。随着 CPU 速度不断提高，CPU 对内存的存取速度加快了，而内存的响应速度相对较慢，造成 CPU 等待，降低了处理速度，浪费了 CPU 的能力。为协调 CPU 与内存之间的速度差，在内存和 CPU 之间设置一个与 CPU 速度接近的、高速的、容量相对较小的存储器，这对提高程序的运行速度有很大的帮助。

子任务 2：为电脑安装打印机并测试打印效果

打印机是计算机常用的输出设备之一，用于将计算机处理结果打印在相关介质上，打印内容可以是文书、图形、图像等。打印机的种类很多，根据工作原理不同，可以将打印机分为点阵打印机、喷墨打印机和激光打印机等。要使用打印机进行打印输出，既可以将打印机直接连接到计算机，也可以使用网络上共享的打印机。

1. 将打印机连接到电脑

安装打印机之前，首先要将打印机与电脑进行物理连接，也就是要将打印机插到电脑的对应接口。目前主流的打印机接口是 USB 接口，只需将打印机的线插入电脑 USB 接口就可以完成物理连接。

2. 安装本地打印机

打印机插到 USB 接口后，还需要安装正确的驱动程序才能够正常使用。打开"控制面板"，在"硬件和声音"下单击"查看设备和打印机"，打开"设备和打印机"窗口，单击窗口上方"添加打印机"按钮，弹出"添加设备"对话框，系统会自动搜索已连接的打印机，根据安装向导即可完成安装，如图 2-8 所示。

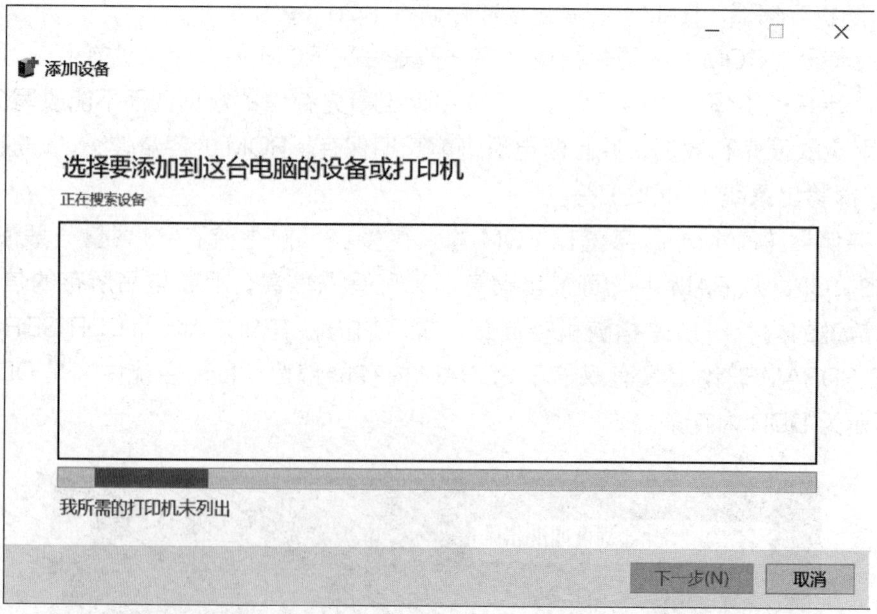

图 2-8　自动添加打印机

如果搜索不到打印机，可以单击"我所需的打印机未列出"，弹出"添加打印机"对话框，按照提示可以完成安装，如图 2-9 所示。

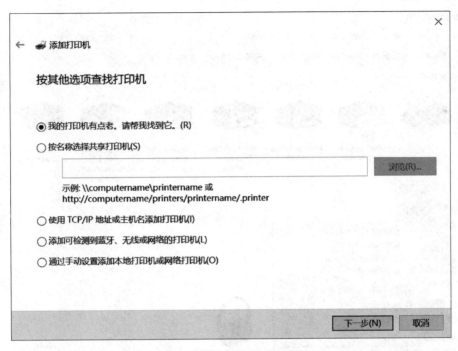

图 2-9　手动添加打印机

3. 添加网络打印机

如果办公环境有网络共享打印机，同样可以按照以上方法将网络打印机连接到你的电脑共享。在"设备和打印机"窗口单击"添加打印机"按钮，可以自动搜索已经联网的共享打印机，根据安装向导进行连接即可。

4. 打印测试页

根据安装向导将打印机安装完成后，会自动提示打印测试页，根据提示进行操作，查看打印效果就可以了。

5. 设置默认打印机

如果工作中相对固定地使用某一台打印机，可以将它设置为默认打印机。在"控制面板"中打开"设备和打印机"窗口，可以看到所有已经安装的设备和打印机，找到常用的打印机名称，在打印机图标上单击右键，弹出快捷菜单，选择"设置为默认打印机"，就可以将这台打印机设置为默认打印机，如图 2-10 所示。

四、梳理与讨论

① 用思维导图梳理常见计算机硬件设备及其功能。

② 如何从互联网工作组中找到共享的网络打印机？

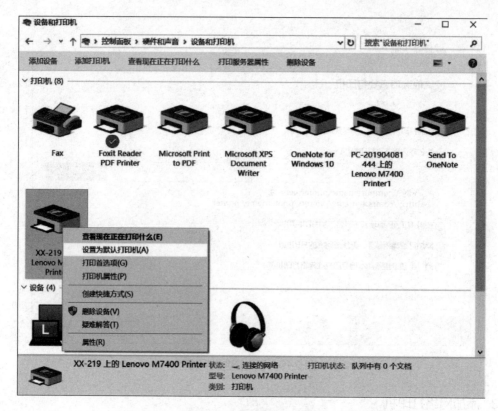

图 2-10　设置默认打印机

五、相关知识

计算机硬件是指计算机系统中由电子、机械和光电元件等组成的各种计算机部件和计算机设备。这些部件和设备依据计算机系统结构的要求构成一个有机整体，称为计算机硬件系统。未配置任何软件的计算机叫裸机，它是计算机完成工作的物质基础。

根据计算机存储程序工作原理，其硬件系统由五个基本部分组成，分别是输入设备、存储器、运算器、控制器和输出设备。这五个基本组成部分的关系如图 2-11 所示。

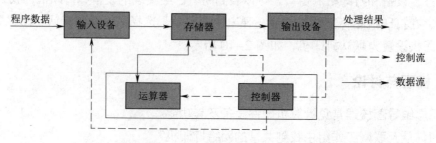

图 2-11　计算机硬件系统组成框图

1. 输入设备

输入设备的主要功能是，把原始数据和处理这些数据的程序转换为计算机能够识别的二进制代码，通过输入接口输入计算机的存储器中，供 CPU 调用和处理。常用的输入设备除了键盘和鼠标以外，还有扫描仪、数码相机、条码阅读器、数码摄像机等。

2. 运算器

运算器是计算机中执行数据处理指令的器件，它负责对信息进行加工和运算，它的速度决定了计算机的运算速度。运算器的功能除了对二进制编码进行算术运算、逻辑运算外，还可以进行数据的比较、移位等操作。参加运算的数据由控制器指示从存储器或寄存器中取出并运送到运算器中。

3. 控制器

控制器是整个计算机系统的控制中心，它指挥计算机各部分协调工作，保证计算机按照预先规定的目标和步骤有条不紊地进行操作及处理。控制器一方面向各个部件发出执行指令的命令，另一方面又接收执行部件向控制器发回的有关指令执行情况的反馈信息，根据这些信息来决定下一步发出哪些操作命令。这样逐一执行一系列的指令，就使计算机能够按照这一系列的指令组成的程序要求自动完成各项任务。因此，控制器是指挥和控制计算机各个部件进行工作的"神经中枢"。

通常把控制器和运算器合称为中央处理器（CPU），它是计算机的核心部件，它的工作速度等对计算机的整体性能有着决定性的影响。

4. 存储器

存储器是计算机用于存放程序和数据的部件，并能在计算机运行过程中高速、自动地完成程序或数据的存取。

存储器是具有"记忆"功能的设备，由成千上万个存储单元构成。每个存储单元存放一定位数的二进制数，每个存储单元都有唯一的编号，称为存储单元的地址，不同的存储单元用不同的存储地址来区分。计算机采用按地址访问的方式到存储器中存取数据。存储器的存入和取出的速度是计算机系统的一个非常重要的性能指标。

存储器分为内存储器和外存储器两大类，简称内存和外存。内存储器又称为主存储器，外存储器又称为辅助存储器。常见存储器分类如图 2-12 所示。

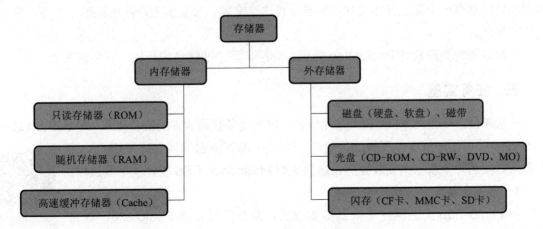

图 2-12 常见存储器分类

5. 输出设备

输出设备是指从计算机中输出信息的设备。它的功能是将计算机处理的数据、计算结果等内部信息转换成人们习惯接收的信息形式，如字符、图形、声音等，然后将其输出。最常用的输出设备是显示器、打印机和音箱，此外，还有绘图仪及各种数/模转换器等。

从信息的输入/输出角度来说，磁盘驱动器和磁带机既可以看作输入设备，又可以看作输出设备。

六、创新实践

① 用思维导图梳理计算机硬件系统组成。
② 为幼儿园教师办公室设置网络共享打印机，从而让全园教师可以共用一台打印机。

任务二　安装和管理计算机软件

硬件系统是计算机工作的基础，但仅有硬件还不能直接对它进行操作，想要用它帮助人们完成各项工作任务，必须在硬件设备的基础上安装各种软件系统。

一、任务情境

"六一"儿童节来临，幼儿园组织了丰富多样的节日活动，为了更好地向家长和小朋友展示活动内容，老师要用 Photoshop 设计和制作一组活动海报。各班新配置的电脑上没有 Photoshop，需要安装 Photoshop 软件。

二、任务分析

新配置的电脑一般已经安装了操作系统软件和一些常用的应用软件，但有很多应用软件需要根据用户需求安装。安装和卸载应用软件是常用到的操作。安装程序时，对于绿色软件，只要将组成该软件系统的所有文件复制到本机硬盘，然后双击主程序就可以运行了。而非绿色软件都有一个安装程序文件，需要运行这个文件，根据安装程序的提示一步一步完成软件的安装。

下面以图像处理软件 Photoshop 为例，介绍典型的非绿色应用软件安装方法。

三、任务实施

一般来说，要在计算机上安装应用软件，首先需要获得软件的安装程序。Photoshop 软件是 Adobe 公司的一款专业图像处理软件，可以从 Adobe 公司网站或专门的软件下载网站找到并下载它的安装程序，这里省略 Photoshop CS6 软件的下载过程。

1. 双击安装程序开始软件安装

将 Photoshop 安装程序下载到电脑以后，双击安装程序 Setup.exe，首先对安装程序初始化，即可开始安装，如图 2-13 所示。

安装和管理计算机软件

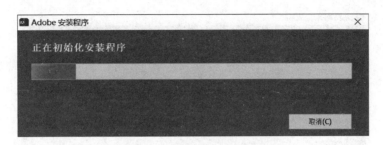

图 2-13　初始化安装程序

2. 选择安装方式

Photoshop CS6 提供了两种安装方式，如图 2-14 所示。如果有软件序列号，可以单击"安装"按钮，进入正式版软件安装；如果暂时没有安装序列号，可以单击"试用"按钮，安装软件试用版，可以免费试用 30 天，试用结束后购买序列号，将软件激活为正式版即可。这里单击"试用"按钮，安装 Photoshop CS6 试用版。

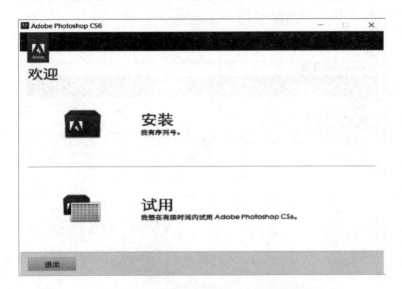

图 2-14　Photoshop CS6 安装选择

3. 登录 Adobe ID

选择安装试用版后，需要将该次试用注册到 Adobe 账户。如果已经有了 Adobe ID，直接登录即可；如果还没有 Adobe ID，需要先注册一个，然后登录，如图 2-15 所示。

4. 设置 Photoshop CS6 安装选项

登录 Adobe ID 后，进入 Photoshop CS6 安装选项设置界面，如图 2-16 所示。勾选"Adobe Photoshop CS6（64 Bit）"选项，会安装 64 位版 Photoshop CS6；勾选"Adobe Photoshop CS6"选项，则安装 32 位版 Photoshop CS6。在"语言"选项区中，从下拉列表可以选择安装语言选项；在"位置"选项下方，可以单击默认安装路径后面的"浏览"按钮重新设置软件安装路径。设置好安装选项后，单击"安装"按钮，开始安装软件。

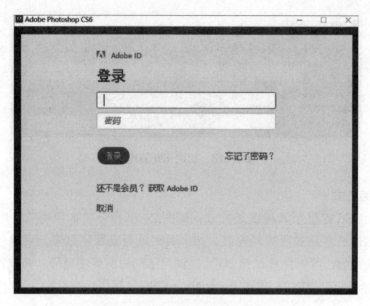

图 2-15　Adobe ID 登录界面

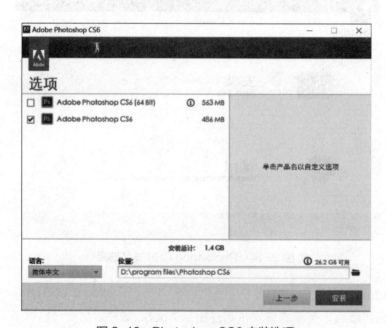

图 2-16　Photoshop CS6 安装选项

5. 完成安装

软件的安装过程可能需要几分钟，待出现"安装完成"的提示后，单击下方"关闭"按钮，如图 2-17 所示。

至此，Photoshop CS6 的安装全部完成，在电脑的桌面上和"开始"菜单中都会出现 Photoshop CS6 的图标，双击桌面图标或单击"开始"菜单中的程序，就可以启动 Photoshop CS6 进行图像的处理。

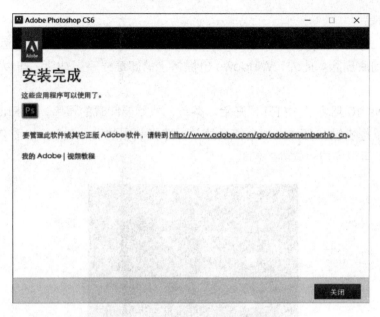

图 2-17　Photoshop CS6 安装完成

四、梳理与讨论

① 尝试从 Photoshop 安装过程归纳总结应用软件的安装大致有几个步骤。
② 说一说你知道哪几种卸载应用软件的方法。

五、相关知识

1. 计算机软件系统

软件是指使计算机运行所需的程序、数据和有关文档的总和。计算机软件的作用在于对计算机硬件资源的有效控制与管理，提高计算机资源的使用效率，协调计算机各组成部分的工作，并在硬件提供的基本功能基础上扩展计算机的功能，提高计算机实现和运行各类应用任务的能力。计算机软件通常分为系统软件和应用软件两大类。其中，系统软件一般由软件厂商提供，应用软件是为解决某一问题而由用户或软件公司开发的。

（1）系统软件

系统软件是管理、监控和维护计算机资源（包括硬件和软件）及开发应用软件的软件，它居于计算机系统中最靠近硬件的一层，主要包括操作系统、语言处理程序、数据库管理系统和支撑服务软件等。例如，Windows 系列就是最典型的操作系统软件。

（2）应用软件

为解决计算机各类应用问题而开发的软件称为应用软件。应用软件具有很强的实用性，它只为完成某一特定专业的任务，针对某行业、某用户的特定需求而专门开发的。日常工作中使用的软件绝大多数都是应用软件，例如，图像处理软件 Photoshop、办公软件 Microsoft Office、WPS Office 等。

2. 软件卸载

应用软件在安装时会生成一个卸载程序，如果要将已安装的软件卸载，运行这个卸载程序就能将软件彻底删除。此外，Windows 也提供了"卸载程序"功能，可以帮助用户完成软件的卸载。

在 Windows 10 环境下，打开"开始"菜单，找到要卸载的程序，如 Photoshop CS6，在程序上单击鼠标右键，会弹出一个辅助菜单，选择其中的"卸载"，如图 2-18 所示，按照提示操作，就可以完成对软件的卸载。

图 2-18　在"开始"菜单中卸载 Photshop CS6

或者，打开"控制面板"，选择其中的"程序"，打开当前安装的程序列表，在列表中单击需要卸载的软件，单击列表上方的"卸载"按钮，如图 2-19 所示，根据提示即可完成软件卸载。

图 2-19　程序列表

六、创新实践

① 为幼儿园课件制作安装办公软件 WPS Office。
② 将已安装的 Photoshop CS6 软件卸载，以便安装新版本 Photoshop 软件。

任务三　管理数字化教学文档

在幼儿园教学工作中，种类繁杂的数字化教学文档是最主要的教学资源，能科学、规范地对这些教学文档进行管理，是幼儿教师日常工作的基本要求。对教学文档的有效管理，不仅能够合理利用计算机硬盘空间，还能方便对教学资料的查找，大大提高工作效率。对数字化教学文档的管理主要包括计算机硬盘管理、分门别类创建和管理文件与文件夹、为文件与文件夹命名等操作。

一、任务情境

幼儿园组织童话剧演出，王老师负责整场演出需要的图像背景、文字解说、背景音乐、音效等文件整理。各班将准备好的声音、图像、文字等素材存储到优盘交给王老师，王老师需要根据演出顺序将每个班级童话剧的演出素材进行存储管理。

二、任务分析

在这个任务中，王老师需要根据演出顺序将不同班级需要的不同文件进行归类整理。一般来说，文件管理最常用的方法就是借助文件夹进行分类。根据实际需要和应用习惯创建文件夹，并对文件和文件夹进行有意义的命名，最后将相应文件存放到对应的文件夹内即可。

三、任务实施

1．为电脑硬盘分区命名

在安装好操作系统的个人计算机上，硬盘已经被划分好区域，各种文件存储在这些硬盘分区内。给硬盘分区取一个有意义的名字，有助于合理安排和使用硬盘分区。在这里，专门为工作文档分配一个硬盘分区，并将该分区命名为"工作文档"，用来存储日常工作中用到的各种资料文件。

双击桌面图标"此电脑"，打开本地计算机管理窗口，可以看到此电脑所有硬盘分区，如图 2-20 所示。

找到需要修改名称的硬盘分区，单击鼠标右键，弹出一个快捷菜单，选择"重命名"菜单命令，如图 2-21 所示。在这里输入"工作文档"作为修改后的分区名称，按 Enter 键确认。用同样方法可以为其他硬盘分区设置一个有意义的名称。

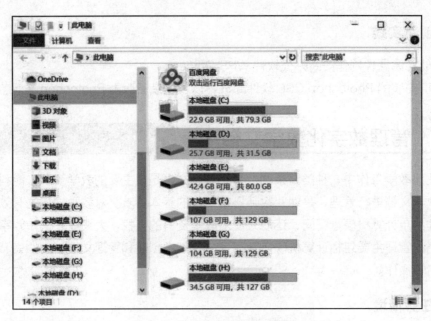

图 2-20 本地计算机管理窗口

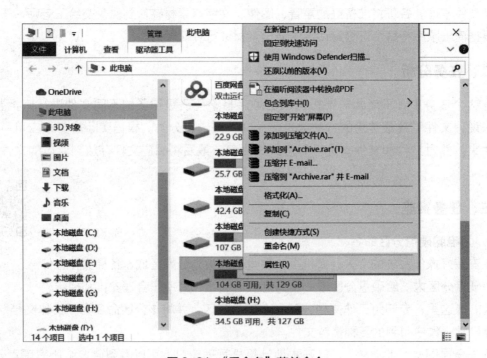

图 2-21 "重命名"菜单命令

2. 创建并命名文件夹

双击打开"工作文档"磁盘,在窗口空白处单击鼠标右键,弹出快捷菜单,鼠标移动到"新建"上,弹出二级菜单,选择其中的"文件夹"就可以在该磁盘目录下创建一个新的文件夹,如图 2-22 所示。

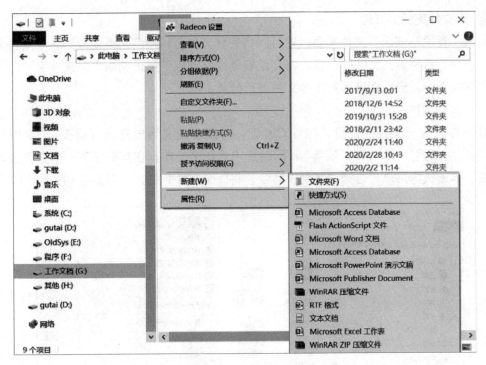

图 2-22 创建文件夹

文件夹创建后,可以直接在"新建文件夹"文字处输入文字为文件夹命名,在这里输入"童话剧演出",按 Enter 键为新创建的文件夹命名,如图 2-23 所示。

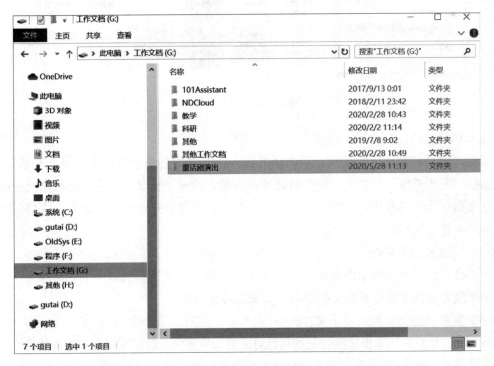

图 2-23 命名文件夹

3. 用文件夹归类文件

有了"童话剧演出"文件夹后，就可以将各种文件资料分门别类地放到这个文件夹目录下。打开存有各种演出文件的优盘，将文件复制或移动到"童话剧演出"文件夹；还可以在这个文件夹下创新子文件夹来对多个文件进行分类。

（1）复制文件

打开存有演出文件的优盘，按住 Ctrl 键，分别单击"演出开场背景图""演出开场音乐""演出主持词""演出领导致辞"，同时选中这四个文件，在其中任意一个文件上单击鼠标右键，弹出快捷菜单，选择"复制"命令，将四个文件复制，如图 2-24 所示。

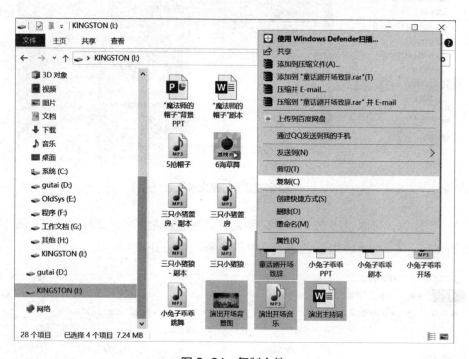

图 2-24　复制文件

（2）粘贴文件

回到"童话剧演出"文件夹，双击将其打开，在这里创建子文件夹"演出开场"。打开新创建的"演出开场"文件夹，在空白处单击右键，选择"粘贴"命令，将刚刚复制的四个文件粘贴到这个文件夹中，如图 2-25 所示。至此，与演出开场相关的音乐、主持词、舞台背景等文件整理完毕。

（3）创建其他子文件夹

用同样方法，在"童话剧演出"文件夹下，为每一个童话剧创建一个子文件夹，分别按照演出顺序为文件夹进行有意义的命名，如图 2-26 所示。

（4）复制其他文件到对应子文件夹中

将存储在优盘中的演出文件分别复制到对应的文件夹中，就实现将原本繁杂的多个文件分类存储管理了。图 2-27 所示是第 2 个出场的童话剧"魔法师的帽子"需要的所有文件。

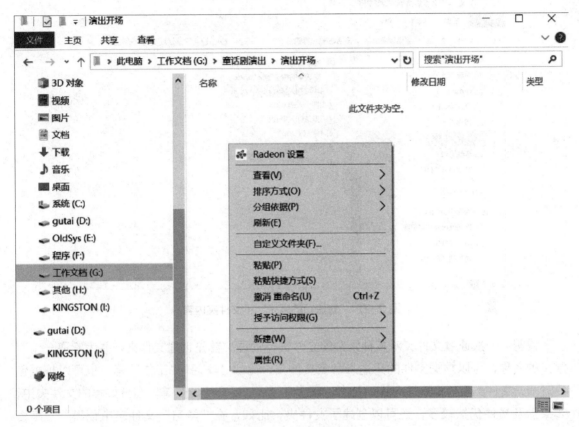

图 2-25　粘贴文件

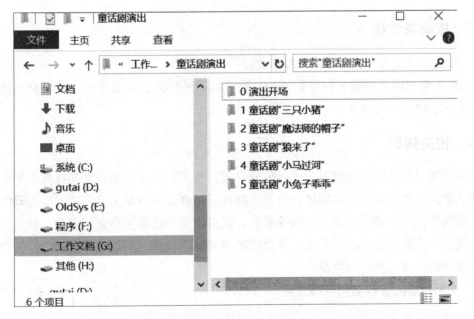

图 2-26　按童话剧文件夹整理文件

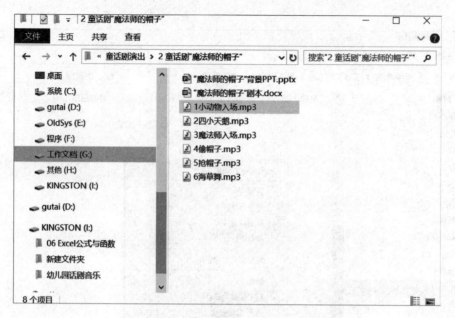

图 2-27 "魔法师的帽子"子文件夹内容

说明：一般通过文件夹对各种繁杂的文件进行管理。首先创建文件夹，并为它取一个有意义的名称，可以根据文件的用途来命名文件夹，比如"学习""工作"等，也可以根据创建时间、文件类型等命名文件夹，比如"图片资源""视频资源"等。在分好类的文件夹中，如果涉及文件仍然较多，还可以创建子文件夹，比如，在"学习"文件夹中创建"文字资源""学习视频"等子文件夹。需要注意的是，不要创建层次太多的文件目录，这样反而不便于文件的查找。

四、梳理与讨论

① 尝试总结整理文件资源的一般步骤。

② 除了前文所述创建文件夹的方法，还可以通过什么方法新建一个文件夹？请尝试通过其他方法新建一个文件夹。

五、相关知识

随着计算机网络和云计算等技术的快速兴起，使用网络云盘进行文件存储与管理成为一种方便快捷的文件管理方式。网络云盘是一种基于互联网的存储工具，可以通过网络为企业和个人提供信息的存储、共享、下载等服务，能够为用户提供大容量、安全、稳定、便捷的网络存储空间。国内著名的百度网盘是比较常用的网络云盘，下面以百度网盘为例介绍如何通过网络云盘存储、管理和共享文件。

1. 使用百度网盘存储和管理文件

（1）注册并登录百度网盘

要使用百度网盘进行文件管理，首先需要拥有一个百度账号。启动浏览器，在地址栏输入"https://pan.baidu.com/"并按 Enter 键,打开百度网盘网页。如果没有百度账号,可以单击右下角的"立即注册"按钮,根据提示获得一个账号;如果已经有百度账号,可以直接输入账号和密码登录网盘,如图 2-28 所示。

图 2-28　百度网盘登录界面

(2)在网盘上创建文件夹并上传文件

登录百度网盘后,单击"新建文件夹"按钮,可以创建一个新的文件夹并为其命名。单击"上传"按钮,可以将文件或文件夹上传到网盘相应的文件夹内,如图 2-29 所示。

图 2-29　上传文件或文件夹到网盘

(3)从网盘下载资源

如果需要将网盘上的资源下载到本地,只需选中要下载的资源,在这条资源右侧单击

"下载"按钮,或者在页面上方单击"下载"按钮,就可以将选中的资源下载到本地计算机,如图 2-30 所示。

图 2-30　从网盘下载资源到本地计算机

2. 使用百度网盘共享文件

网络云盘除了可以存储和管理文件,还可以方便地将网盘中的文件与他人共享。在百度网盘中,勾选需要与他人共享的文件,单击资源右侧的"分享"按钮,或者在页面上方单击"分享"按钮,打开"分享文件"对话框,分享形式默认为"有提取码",分享有效期默认为 7 天。设置完成后,单击"创建链接"按钮,如图 2-31 所示。

图 2-31　"分享文件"对话框

分享链接创建完成后，会生成一个文件共享地址，单击地址右侧的"复制链接及提取码"按钮，可以一键复制分享链接，如图2-32所示，然后通过QQ、微信等软件发送给好友，对方就可以通过该链接和提取码查看分享的文件。

图2-32　复制链接及提取码

六、创新实践

① 幼儿园举办"新年读书节"活动，大班王老师要求所有幼儿及家长提供读书相关主题的视频、照片、朗读录音、亲子共读感悟、推荐书目等内容。请在计算机D盘中创建"新年读书节"文件夹，在该文件夹下再分别创建"视频""照片""朗读录音""亲子共读感悟""推荐书目"等子文件夹，分别归类整理每个幼儿提交的文件。

② 学期末幼儿园对教师进行考核，需要各班将考核材料提交到规定的百度网盘，请在网盘上创建班级文件夹，并将本班考核材料上传到班级文件夹。

项目三
制作幼儿园教学文档

知识地图

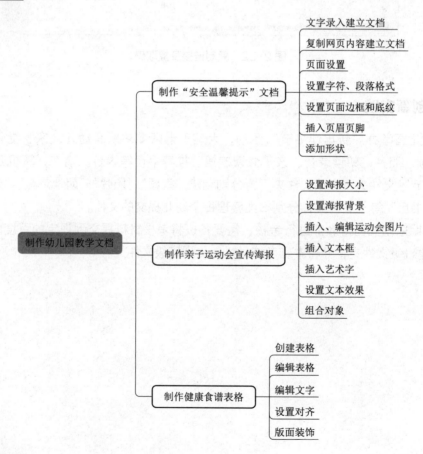

学习目标

1. 能利用 Word 2016 对幼儿园教学文档进行字符、段落等格式设置。
2. 能利用 Word 2016 制作和编辑幼儿园表格类文档。
3. 能利用 Word 2016 制作图文混排的幼儿园活动海报。

制作幼儿园教学文档
项目三

作为一名幼儿教师，工作中经常要制作各类教学文档，如教学活动方案、教学心得、计划总结、食谱表、家园互动海报等。要制作这些文档，常用的软件是 Office 办公软件中的 Word 文字处理软件，中文版 Word 2016 具有强大的文本编辑和文件处理功能，是实现无纸化办公和网络办公不可或缺的应用软件之一。

本项目通过三个典型任务，介绍如何利用 Word 2016 文字处理软件制作幼儿园常用教学文档。

任务一　制作"安全温馨提示"文档

建立一个 Word 文档，生成文档的内容，最后进行保存，这是幼儿教师利用 Word 制作教学文档的入门技能。通过完成本任务，熟悉 Word 文档建立、保存、录入、查找替换、选择性粘贴等基本操作。

一、任务情境

为了保障家长接送幼儿入园离园安全，维护幼儿园周边的安全秩序，保护幼儿的人身安全，幼儿园分管安全的张园长需要制作一份入园安全温馨提示文档，并张贴到幼儿园门口，以告知家长接送幼儿的时间、需要注意的问题等。样例如图 3-1 所示。

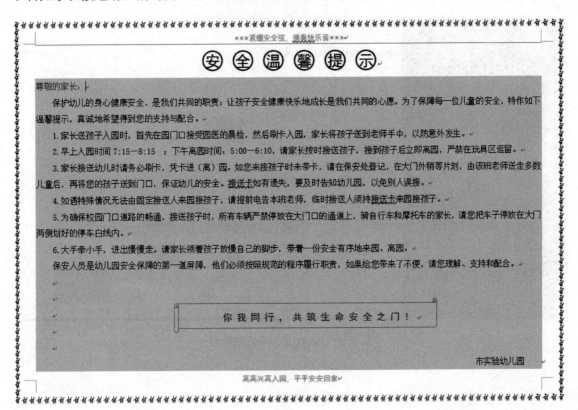

图 3-1　幼儿园安全温馨提示样例

二、任务分析

要制作安全温馨提示文档,首先要生成文档内容,其次要对文档进行格式化排版,使其美观易读。将该任务分解为两个子任务。

子任务 1:生成文档内容

子任务 2:对文档进行格式化排版

三、任务实施

子任务 1:生成文档内容

Word 文档的内容一般有两个形成途径:一是在新建文档中通过键盘进行录入;二是从网上进行复制粘贴。录入过程中会涉及文档的新建与保存、页面设置、中英文切换、插入符号等,从网上复制粘贴的内容,涉及字体及段落格式的修改、手动换行符的查找与替换、选择性粘贴等。以下介绍两种生成文档内容的方法。

方法一:通过文字录入建立文档。

① 启动 Word 2016,新建一空白文档。单击"开始"按钮,在主菜单中单击 Word 2016,启动 Word 2016,打开"启动"界面,选择"空白文档",如图 3-2 所示。

生成文档内容

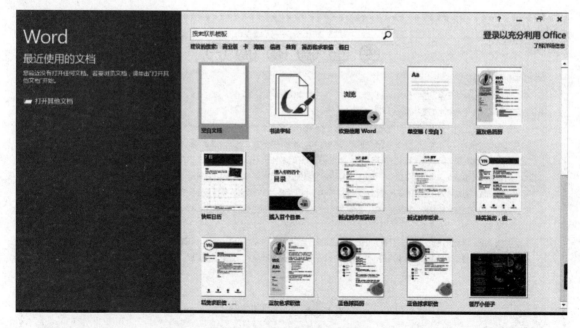

图 3-2 Word 2016 启动界面

说明:

在这个界面中,可以新建文档或者是从模板创建文档。单击"空白文档",新建空白文档进行编辑,自行对编辑内容进行格式、颜色等调整,完成需要的文档。如果要实现一些特殊格式文档的编写和调整,单击某个模板;也可以使用模板搜索功能,搜索需要创建的文档模板,如在搜索栏输入"简历",搜索完成后,Word 会列出很多的简历模板,单击相应模板后,就能直接应用到 Word 文档,简单修改编辑后,就能完成简历的制作。

② 新建空白文档。单击"空白文档",新建一个空白文档"文档 1",进入 Word 2016 工作窗口,此窗口有标题栏、功能区、编辑区、状态栏等,如图 3-3 所示。

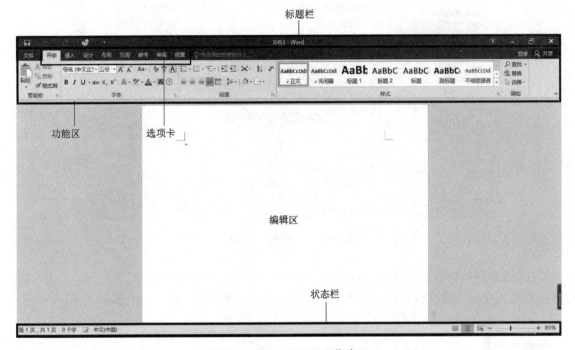

图 3-3 Word 2016 工作窗口

③ 录入文档内容。参照图 3-1,录入文档内容,自然段按 Enter 键换行,每段开头直接输入内容,不要按空格键。

④ 保存文件。录入过程中,单击"文件"中的"保存"或"另存为"命令,第一次保存时,会打开"另存为"对话框,输入文件名为"幼儿园安全温馨提示",保存类型为"Word 文档(*.docx)",单击"浏览"按钮,选择 D 盘,单击"保存"按钮,如图 3-4 所示。

方法二:通过复制粘贴网页中的内容建立文档。

从网页中复制需要的文本粘贴到 Word 文档中,也是常常使用的建立文档方法。但从网页中粘贴的内容,会带着网页文档的一些格式,在 Word 中需要把这些格式清除。

张老师从网页中复制粘贴一段文字到新建的 Word 文档中,如图 3-5 所示。这段文字与直接录入的文字有一些差别:文字区域有底纹、行间距比较大、每段后面有一个称为手动换行符的向下小箭头、段与段之间都多了一个空行、每段段首都有一些空格符号。张老师要清除掉这些格式,然后再进行格式化排版。

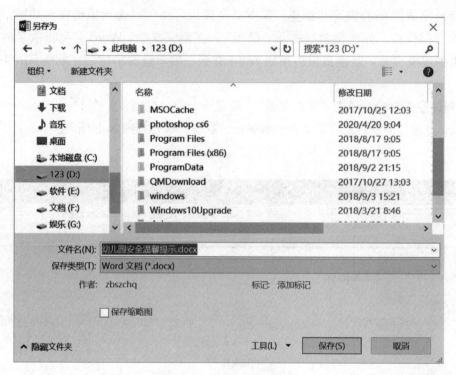

图 3-4 "另存为"对话框

① 清除所有格式。选中文字区域,单击"开始"选项卡"字体"组中的 按钮,清除所有格式命令,将底纹清除,字体字号和行间距变成默认值,效果如图 3-6 所示。

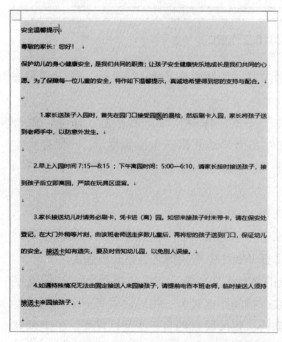

图 3-5 从网页中复制文字到 Word 文档中

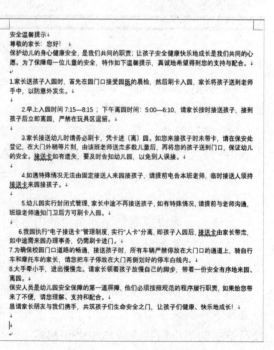

图 3-6 清除格式后的效果

② 打开"查找和替换"对话框。单击"开始"选项卡"编辑"组中"替换"命令，打开"查找和替换"对话框，如图 3-7 所示。

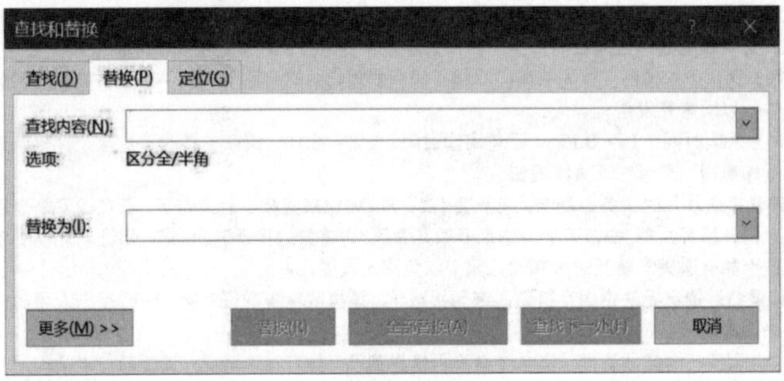

图 3-7 "查找和替换"对话框

③ 将手动换行符替换成段落标记。将光标定位到"查找内容"后的输入框中，单击左下角的"更多"按钮，单击"特殊格式"按钮，在出现的菜单中选择"手动换行符"，输入框中出现"^l"。将光标定位到"替换为"后的输入框中，单击"特殊格式"按钮，在出现的菜单中选择"段落标记"，输入框中出现"^p"，如图 3-8 所示。单击"全部替换"按钮，文中的手动换行符全部被替换为段落标记"↵"。

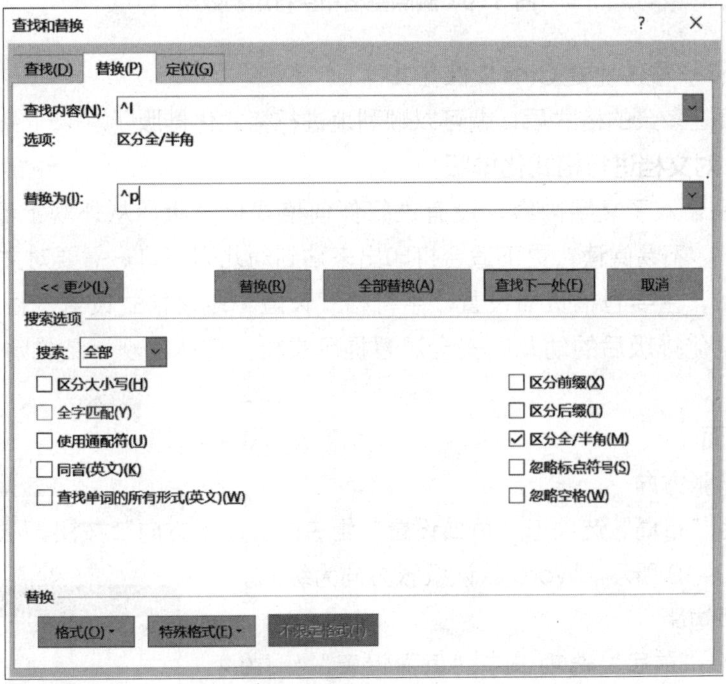

图 3-8 将手动换行符替换为段落标记

④ 删除空格和空行。选中每段开始的空格，按 Delete 键删除；选中段与段之间多余的段落标记"↵"，按 Delete 键删除。完成后的效果如图 3-9 所示。

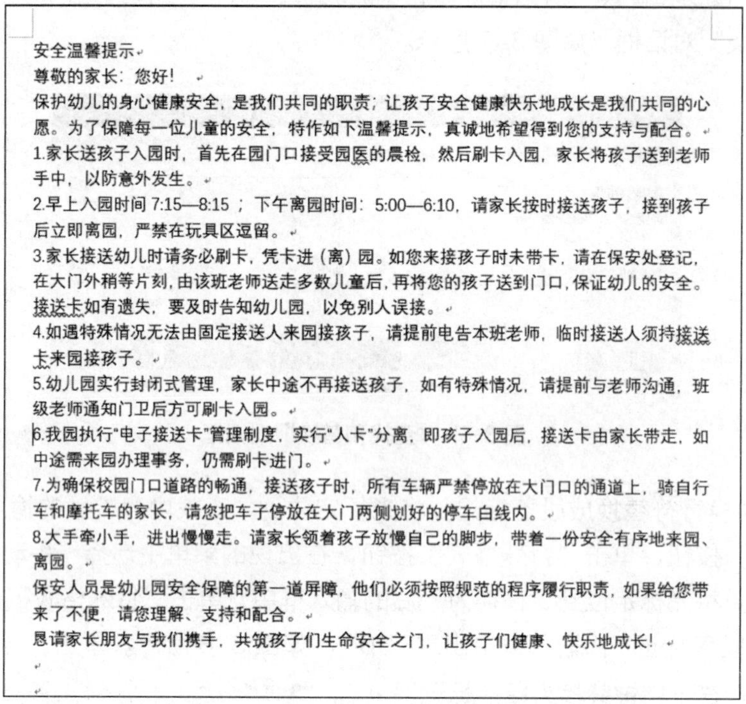

图 3-9 删除空格和空行后的效果

对文档格式化排版

⑤ 保存文件。按快捷键 Ctrl+S 保存文件。

清除掉网页上多余的格式后,就可以顺利地进行格式化排版了。

子任务 2:对文档进行格式化排版

子任务 1 只录入了文字内容,没有进行任何格式化排版,从外观上看,不仅不美观,而且重点不突出,不易阅读,更不适合打印出来贴到幼儿园门口。需要对文字和段落进行一系列的编辑排版,主要包括页面设置、字符格式设置、段落格式设置、插入图片及形状等操作。经过格式化排版后的幼儿园安全温馨提示文档,整体美观,结构清晰,可以打印后张贴。

1. 设置页面

(1)设置纸张方向

单击功能区"布局"选项卡"页面设置"组中的"纸张方向"按钮,从下拉列表中选择"横向",如图 3-10 所示。Word 默认纸张方向为纵向。

(2)设置页边距

单击功能区"布局"选项卡中"页面设置"组中的"页边距"按钮,弹出下拉列表,如图 3-11 所示,从中选择一种合适的页边距。也可以选择"自定义边距",弹出"页面设置"对话框,如图 3-12 所示。在对话框中定义上、下、左、右页边距都为 2 厘米。

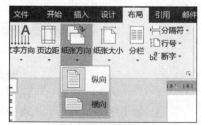

图 3-10 设置纸张方向

制作幼儿园教学文档
项目三

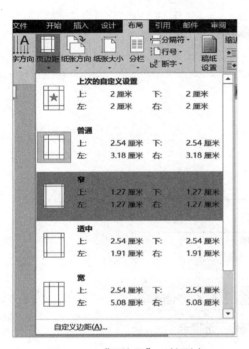

图 3-11 "页边距"下拉列表

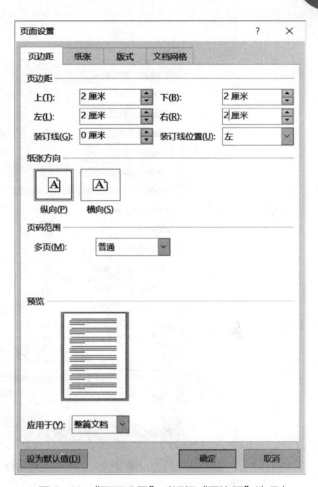

图 3-12 "页面设置"对话框"页边距"选项卡

提示　在"页面设置"对话框中还可以设置纸张大小、文字方向、页眉/页脚距边界的距离等。

2. 设置字符格式

（1）设置字体字号

选中标题文字"安全温馨提示",单击"开始"选项卡"字体"组中相应的字体字号下拉按钮,将标题设为黑体二号,如图 3-13 所示。使用同样的方法,选中其他字符,设置为宋体小四号。

（2）设置字符间距

选中标题文字"安全温馨提示",单击功能区"开始"选项卡"字体"组右下角的"对话框启动器"按钮，打开"字体"对话框,单击"高级"选项,将"字符间距"→"间距"项中字符间距加宽为 3 磅,如图 3-14 所示。

图 3-13 "字体"组

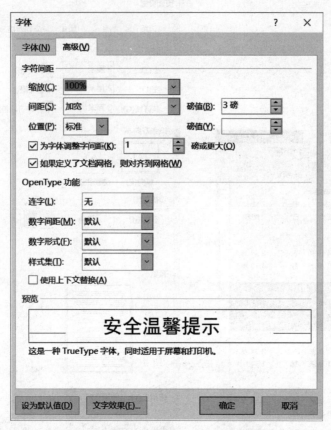

图 3-14 "字体"对话框"高级"选项卡

（3）设置字符颜色

选中文字"尊敬的家长："，单击"开始"选项卡"字体"组中"字体颜色"右侧的下拉按钮，选择红色，如图 3-15 所示。

（4）设置字符加粗

选中文字"尊敬的家长："，单击"开始"选项卡"字体"组中的"**B**"按钮，将选中的文字加粗。

（5）设置带圈字符

依次选中标题"安全温馨提示"中的每个字，单击"字体"组中的"带圈字符"按钮 字，出现"带圈字符"对话框，在"样式"栏中选中"增大圈号"，在"圈号"中选择第一个圆圈，单击"确定"按钮，如图 3-16 所示。

① 制作带圈字符，要先设置好字体、字号、字符间距，最后加圆圈。
② 如果加宽了字符间距，需要执行两次"带圈字符"命令。
③ 有些字体制作的带圈字符可能效果不太好，尽量选用常用的四种字体：黑体、宋体、楷体、仿宋。

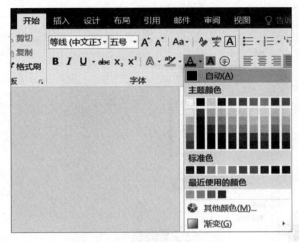

图 3-15　字体颜色下拉列表

图 3-16　"带圈字符"设置对话框

3. 设置段落格式

（1）设置对齐方式

选中标题文字或将光标定位到标题区域某个位置，单击"开始"选项卡"段落"组中的"居中"按钮 ，使标题居中。将光标定位到落款处，单击"开始"选项卡"段落"组中的"右对齐"按钮 ，使落款右对齐。

（2）设置行间距和缩进

在正文第二段左侧单击并拖动鼠标，选中要设置行间距和缩进的段落，单击"开始"选项卡"段落"组右下角的"对话框启动器"按钮 ，打开"段落"对话框，单击"缩进和间距"选项卡，将"特殊格式"设置为"首行缩进"2字符，将"行距"设置为"1.5倍行距"，单击"确定"按钮，如图3-17所示。

4. 设置页面边框和底纹

为了突出显示某部分内容，或使其更加美观，可以对部分内容或整个文档添加边框或底纹。

（1）为页面添加边框

单击"设计"选项卡"页面背景"组中的"页面边框"按钮，打开"边框和底纹"对话框，单击"页面边框"选项卡，选择合适的方框、样式、颜色、宽度和艺术型，在"应用于"下拉列表框中选择"整篇文档"，单击"确定"按钮，如图3-18所示。

图 3-17　"段落"设置对话框

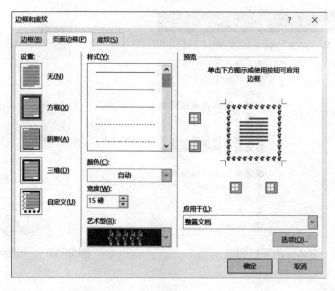

图 3-18 "页面边框"设置对话框

说明:

① 单击"开始"选项卡"段落"组中的"边框"按钮 右侧的下拉箭头,在出现的下拉列表中选择"边框和底纹"命令,也可以打开"边框和底纹"对话框。

② "边框和底纹"对话框中有 3 个选项卡,其中"边框"选项卡可以设置文字边框,"页面边框"选项卡可以为整个文档设置边框,"底纹"选项卡可以设置文字的底纹。

(2)为文字设置底纹

选中文档正文中的所有文本,单击"底纹"选项卡,分别从"填充"和"图案"下拉列表中选择合适的填充或图案,在"应用于"下拉列表中选择"段落",单击"确定"按钮,为所选段落区域添加底纹,如图 3-19 所示。

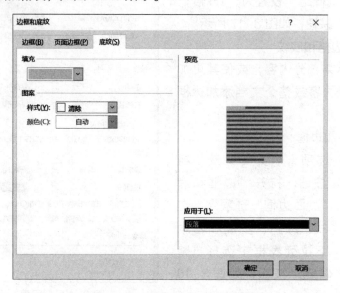

图 3-19 "底纹"设置对话框

提示 在设置文本底纹时,如果在"应用于"下拉列表中选择"文字"范围,则只是在有文字的地方添加底纹。

5. 插入页眉/页脚

页眉位于页面顶部,可以添加一些关于书名或者章节的信息。页脚位于最下端,通常显示文档页码等信息。对页眉/页脚进行编辑,可以起到美化文档的作用。

(1)插入页眉

单击"插入"选项卡"页眉和页脚"组中的"页眉"按钮,从下拉列表框中选择一种适当的页眉样式,或选择"编辑页眉"命令,如图3-20所示,进入页眉编辑状态,选项卡自动切换为"页眉和页脚工具/设计",如图3-21所示。在页眉中输入"※※※紧绷安全弦,弹奏快乐音※※※",并设置为5号字,居中对齐,单击"设计"选项卡"关闭"组中的"关闭页眉和页脚"按钮。

图 3-20 "页眉"下拉列表

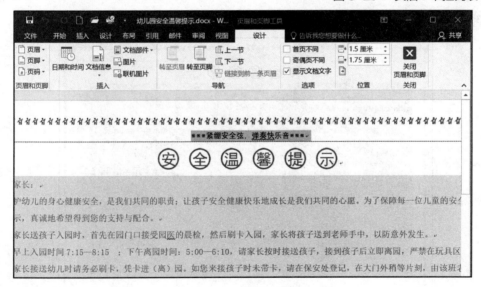

图 3-21 页眉编辑状态

(2)插入页脚

单击功能区"插入"选项卡"页眉和页脚"组中的"页脚"命令,从下拉列表框中选择一种适当的页脚样式,或选择"编辑页脚"命令,进入页脚编辑状态,选项卡也自动切换为

"页眉和页脚工具/设计"。在页脚中输入"高高兴兴入园,平平安安回家",并设置为 5 号字,居中对齐,单击"设计"选项卡"关闭"组中的"关闭页眉和页脚"按钮。

提示
① 页眉/页脚与正文不可同时编辑。页眉/页脚处于编辑状态时,不能编辑正文,只有关闭页眉/页脚编辑状态时,才可以编辑正文。
② 可以通过页面设置,调整页眉/页脚与纸张边界的距离。

6. 添加形状

（1）添加形状

单击"插入"选项卡"插图"组中的"形状"按钮,在下拉列表中选择"星与旗帜"中的"横卷形",在页面上的恰当位置单击并拖动鼠标添加横卷形。

（2）设置形状格式

选中形状,单击"格式"选项卡"形状样式"组中的"形状填充"按钮,在下拉列表中单击"无填充颜色";单击"形状轮廓"按钮,在下拉列表中单击"橙色"。

（3）添加文字

右键单击形状,在弹出的菜单中单击"添加文字",在形状中输入文字"你我同行,共筑生命安全之门！",并设置合适的字体、字号、颜色。

7. 保存文件

按快捷键 Ctrl+S 保存文件。

最终效果如图 3-22 所示。

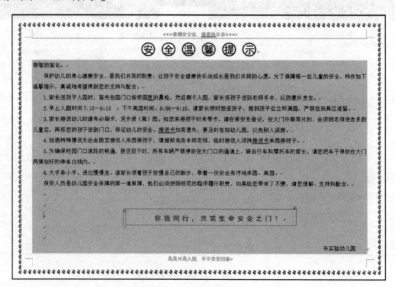

图 3-22 文档最终效果

四、梳理与讨论

① 梳理本任务中对文档进行的编辑排版操作。

② 在替换标点符号和空格时，应该注意什么问题？
③ 从网页上复制的内容，如何在 Word 中粘贴时自动清除格式？
④ Word 文档中字符格式设置、段落格式设置，分别可以设置哪些项目？
⑤ 插入文档中的形状，是否可以把它拖动到文档的任意位置？
⑥ 文字边框、段落边框、页面边框有什么区别？文字底纹和段落底纹有什么区别？

五、相关知识

1. Word 2016 界面组成

（1）标题栏

标题栏位于窗口最上方，从左到右依次为快速访问工具栏、正在编辑的文档的文件名及所使用的软件名、窗口控制按钮。

① 快速访问工具栏。常用命令位于此处，例如"保存""撤销"和"恢复"。单击快速访问工具栏右侧的按钮可打开下拉菜单，在其中可以添加其他常用命令或经常需要用到的命令。

② 窗口控制按钮。其中包括"功能区显示选项""最小化""最大化/还原"和"关闭"按钮。

（2）功能区

功能区是从 Word 2007 开始的一种全新的设计，它以选项卡的方式对命令进行分组和显示。Word 2016 默认包含"文件""开始""插入""设计""布局""引用""邮件""审阅""视图"9 个选项卡。功能区的外观会根据屏幕的大小而改变，Word 通过更改控件的排列来压缩功能区，以便适应不同屏幕大小的显示。用户可以根据需要对功能区进行个性化设置。

每个选项卡由若干个组组成，如"开始"选项卡包含"剪贴板""字体""段落""样式"和"编辑"5 个组。每个组又包含多个命令，如"剪贴板"组中包含"剪切""复制""粘贴""格式刷"等命令。

当在文档中选择图片、艺术字或文本框等对象时，功能区会显示对所选对象进行相关设置的上下文选项卡。如选中一幅图片时，功能区中会显示"图片工具/格式"选项卡。

在有些组的右下角有一个左上矩形右下箭头的小按钮，即"对话框启动器"按钮，将鼠标指向它，可预览对应的对话框或窗格，单击该按钮，可弹出对应的对话框或窗格。

（3）编辑窗口

位于窗口中央，显示正在编辑的文档内容。

（4）状态栏

状态栏位于窗口底部，显示正在编辑的文档的相关信息，可以根据需要进行自定义设置。状态栏左侧用于显示文档的当前页数、总页数、字数等。状态栏右侧有"视图"按钮和显示比例调节滑块。视图按钮可用于更改正在编辑的文档的显示方式。有五种视图，分别是页面视图、阅读版式视图、Web 版式视图、大纲视图、草稿视图。状态栏仅显示阅读视图、页面视图和 Web 版式视图,另外两种视图可通过"视图"选项卡"视图"组进行切换。Word 文档编辑状态下默认为页面视图。显示比例调节滑块可用于更改正在编辑的文档的显示比例。

2. 文档操作

对文档进行编辑时,为防止内容丢失,可以利用 Word 的保存功能存储到外存中。

(1)保存新建文档

通过下列任一方法可对新建文档进行保存。

① 单击快速访问工具栏中的"保存"按钮。

② 使用快捷键 Ctrl+S 进行保存。

③ 选择"文件"选项卡中的"保存"命令或"另存为"命令。

(2)保存已有的文档

对已经保存过的文档进行新的编辑后,如果要进行保存,方法与保存新建文档一样,但不会出现"另存为"对话框,而直接保存到原文件中。

(3)文档另存为

对已保存的文档,如果想进行备份或修改原文档的名称、存储位置、文件类型,可将文档进行另存。单击"文件"选项卡,选择"另存为"命令,其他操作与保存新建文档类似。

3. 文本的选择

要对文本内容进行复制、移动、格式设置,必须先选中文本。

(1)选择连续文本

将鼠标移到要选择文本的开始处,按下鼠标并拖动,至要选择文本的结束处,松开鼠标即可。

(2)选择多个区域的文本

先选中第一个文本区域,按住 Ctrl 键不放,依次选中其他区域的文本,选择完后松开 Ctrl 键即可。

(3)选择文本行

将鼠标移到文本行左侧的空白处,鼠标变成斜向空心箭头,单击鼠标即可选中该行文本。按住鼠标不放,上下拖动,可选中连续的多行文本。

(4)选择矩形区域文本

先按下 Alt 键,然后按下鼠标拖动一个矩形区域,选择完后松开 Alt 键即可。

(5)选择一个段落

将鼠标移到段落左侧空白处,鼠标变成斜向空心箭头,双击鼠标即可选中该段落文本。

(6)选择全部文档

将鼠标移到文本左侧空白处,鼠标变成斜向空心箭头,连续单击鼠标三次即可选中全部文档。也可以利用快捷键 Ctrl+A 选择全部文档。

4. 文本的复制与移动

(1)复制文本

在录入文档内容时,重复出现的内容可以利用复制功能来实现。先选中要复制的内容,单击"开始"选项卡"剪贴板"组中的"复制"命令，或按快捷键 Ctrl+C，选中的内容将被复制到剪贴板中，然后将光标定位到需要复制的目标位置，单击"开始"选项卡"剪贴板"组中的"粘贴"命令，或按快捷键 Ctrl+V，剪贴板中的内容就被复制到当前位置。可以对剪贴板中的内容进行多次复制。

（2）移动文本

如果要将文本内容从一个位置移到另一个位置，可以先选中要移动的内容，单击"开始"选项卡"剪贴板"组中的"剪切"命令，或按快捷键 Ctrl+X，选中的内容将被剪切到剪贴板中，然后将光标定位到需要移动到的目标位置，单击"开始"选项卡"剪贴板"组中的"粘贴"命令，或按快捷键 Ctrl+V，剪贴板中的内容就被复制到当前位置。

5．插入符号或编号

在文档内容录入过程中，有时需要插入一些特殊符号或编号。

（1）插入符号

将光标定位到插入位置，单击"插入"选项卡"符号"组中的"符号"命令，在下拉列表中选择要插入的符号，如图 3-23 所示。

如果需要的符号不在下拉列表中，选择"其他符号"命令，打开"符号"对话框，如图 3-24 所示，选择适当的字体，在列表框中选中要插入的字符，单击"插入"按钮，关闭对话框。

图 3-23 "符号"下拉列表

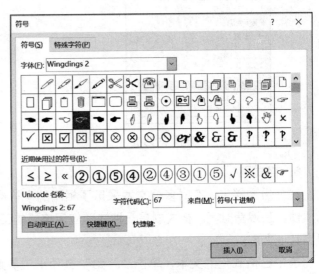

图 3-24 "符号"对话框

（2）插入编号

将光标定位到插入编号的位置，单击"插入"选项卡"符号"组中的"编号"命令，出现"编号"对话框，在编号下的文本框中输入一个编号，如 3，从编号类型中选择一种合适的类型，单击"确定"按钮即可，如图 3-25 所示。

6．查找与替换

（1）查找文本

单击"视图"选项卡，单击勾选"显示"组中的"导航窗格"复选项，在文档左侧出现

"导航窗格",可以帮助用户快速查找。如在搜索栏中输入"查找与替换",文档就会快速定位到包含该关键词的内容。

（2）替换文本

当发现文档中的某个字或词全部输错了,可以通过"替换"功能进行批量修改。应用"查找和替换"对话框不仅可以对文字进行查找和替换,还可以查找指定的格式、段落标记、分页符和其他项目等,有时还可以用于删除文中多处不需要的相同字符（只需要将替换目标设为空即可）。

7. 设置首字下沉

将光标定位到某一自然段,单击"插入"选项卡"文本"组中的"首字下沉"按钮,在下拉列表框中选择"首字下沉选项",弹出"首字下沉"对话框,在"位置"列表中选择"下沉"或"悬挂",在"字体"下拉列表中选择合适的字体,在"下沉行数"文本框中设置相应的下沉行数,在"距正文"后的文本框中设置下沉文字与正方的距离,单击"确定"按钮,如图3-26所示。

图3-25 "编号"对话框

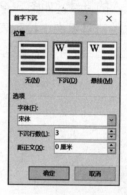

图3-26 "首字下沉"对话框

8. 格式刷

在一份文档中,有时多处文本采用了相同的字符格式或段落格式,如果逐个进行设置,既烦琐,又浪费时间。格式刷是一种快速应用格式的工具,利用它可以快速地将某种格式应用到其他文本。

选中已格式化的文本,单击"开始"选项卡"剪贴板"组中的"格式刷"按钮,如图3-27所示。鼠标变成刷子形状,拖动鼠标选择另一文本,即可对其应用前面选中的文本格式。如果需要把一种文本格式应用到多个文本上,即需要连续使用格式刷,选中已格式化的文本后,双击格式刷即可。如果要停止使用格式刷,鼠标再次单击"格式刷"按钮。

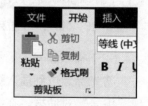

图3-27 "格式刷"按钮

六、创新实践

① 从网上搜索一份幼儿园健康教育活动教案,复制粘贴到Word中,利用选择性粘贴

清除所有格式，删除多余的空格和段落标记。

② 制作一份幼儿园中班美术活动方案，参考样例如图 3-28 所示。

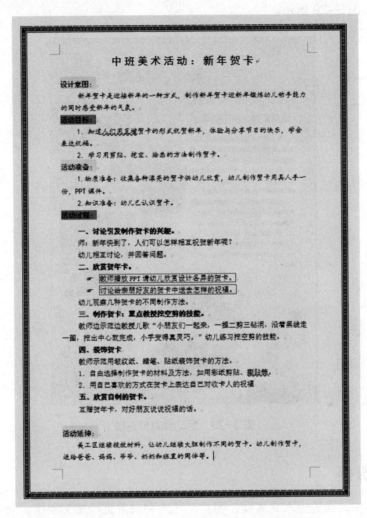

图 3-28　幼儿园中班美术活动方案

任务二　制作亲子运动会宣传海报

Word 不仅有强大的文字处理功能，还可以在文档中插入图片、艺术字、文本框等图形对象，将文字与图形对象混合排版，即图文混排。图文混排使文档图文并茂，更有感染力，在幼儿园教育教学工作中，常常需要编辑图文并茂的文档，宣传幼儿园开展的丰富多彩的主题活动。

一、任务情境

幼儿园正在举行一场亲子运动会，中班的魏老师拍下了小朋友们快乐运动的精彩瞬间，魏老师想用 Word 把照片和文字进行图文混排，制作成一张 A4 纸大小的运动会宣传海报，向家长和孩子展示本班宝宝们的运动风采。

海报样例如图 3-29 所示。

图 3-29　运动会宣传海报

二、任务分析

运动会海报中，通过插入文本框、图片、艺术字对象进行图文混排，通过页面背景设置海报背景，通过对图片格式的设置，让图片呈现多种立体形状，并实现与文本的混排。

三、任务实施

1. 新建空白文档

启动 Word 2016，新建空白文档，保存文件为"亲子运动会海报.docx"。

2. 设置海报大小

单击"布局"选项卡"页面设置"组中的"纸张大小"，选择"A4"。

制作亲子运动会海报

3. 设置海报背景

将图片作为页面背景，有多种方法，本任务使用在页眉中插入图片的方法，其他方法见相关知识。

单击"插入"选项卡"页眉和页脚"组中的"页眉"按钮，在下拉列表中选择"编辑页眉"命令,进入页眉编辑状态,单击"插入"选项卡"插图"组中的"图片",打开"插入图片"对话框,选中背景图片文件,单击"插入"按钮。单击"格式"选项卡"排列"组中的"环绕文字",选择"衬于文字下方",如图 3-30 所示,调整图片大小,充满整个页面,单击"关闭页眉和页脚编辑"按钮。

4. 插入、编辑运动会图片

① 插入图片。参照步骤 3 中插入图片的方法插入一张运动会图片。

② 设置环绕方式为四周型。选中图片,设置"环绕文字"为"四周型",调整图片大小,移动图片至合适位置。

③ 裁剪图片。选中图片,单击图片工具"格式"选项卡"大小"组中的"裁剪"按钮的下拉箭头,在弹出的下拉菜单中选择"裁剪为形状",选中"云形"。

④ 设置图片效果。选中云形图片,单击"图片样式"组中的"图片效果",给图片添加阴影和发光效果,让图片有立体感。

⑤ 旋转图片。选中图片,图片上方出现旋转按钮,鼠标按住此按钮,旋转图片至合适角度。

⑥ 参照以上步骤,添加更多运动会图片,并设置图片样式效果。效果如图 3-31 所示。

图 3-30 "环绕文字"下拉列表

图 3-31 海报图片效果

提示：选中图片,单击"图片样式"组左边的任一样式,可为图片快速添加系统定义好的图片效果。

5. 插入文本框

单击"插入"选项卡"文本"组中的"文本框",在弹出的菜单中选择"绘制文本框"命令,鼠标变成黑色十字状,按住鼠标向下拖动,绘制文本框。

在文本框中输入运动会文字，设置文字字体、字号、颜色。设置合适的行间距。移动文本框至合适位置。

6. 插入园徽

插入幼儿园园徽图片，调整大小和位置，并设置为"四周型"。

7. 插入艺术字

单击"插入"选项卡"文本"组中的"艺术字"按钮，在下拉列表中选择一种艺术字，输入文字"苗苗快乐幼儿园"，调整大小至合适。

8. 设置文本效果

选中艺术字，单击"格式"选项卡"艺术字样式"组"文本效果"中的"转换"中的"倒三角"弯曲，如图 3-32 所示。

9. 组合园徽和艺术字

分别移动园徽和艺术字的位置至合适，先选中园徽，按住 Shift 键，再单击艺术字，如图 3-33 所示，同时选中两个对象，单击"格式"选项卡"排列"组中的"组合"按钮，在弹出的菜单中选择"组合"命令，将两个对象组合为一个对象，然后移动组合图片至合适的位置。

图 3-32　文本效果下拉列表

图 3-33　同时选中图片与艺术字

10. 保存文件

按快捷键 Ctrl+S 保存文件。

至此，亲子运动会海报制作完成。

四、梳理与讨论

① 梳理制作海报的主要操作。

② 梳理编辑图片的主要操作。

③ 如何将图片设置为页面背景？

④ 如何把文本放置在页面任意位置？

⑤ 如何把图片放置在页面任意位置？

⑥ 为什么要进行"组合"操作，如何将一个图片、一个文本框组合成一个对象？

五、相关知识

1. 设置图片格式

单击需要编辑的图片，单击功能区中的"图片工具/格式"选项卡，此时功能区如图 3-34 所示。

图 3-34 "图片工具/格式"选项卡

"调整"组，可以删除图片背景，调整图片颜色亮度、对比度、饱和度等。

"图片样式"组，可以应用内置样式，也可以设置阴影、映像、柔滑边缘等效果。

"排列"组，可以调整图片的位置、设置环绕方式等。

"大小"组，可以调整图片大小和裁剪等操作。

2. 图文混排

Office 的图文混排就是将文字与图片混合排列，文字可在图片的四周、嵌入图片下方、浮于图片上方等。

（1）环绕方式

单击选中文档中的图片，单击"图片工具/格式"选项卡"排列"组中的"环绕文字"按钮，弹出下拉菜单，有七种环绕方式，分别是嵌入型、四周型、紧密型、穿越型、上下型、衬于文字下方、浮于文字上方。

① 插入的图片默认环绕方式是嵌入型。

② 多张浮动式的图片可以通过"图片工具/格式"选项卡"排列"组中的"组合"按钮组合在一起，但嵌入式图片不能组合。

（2）其他布局选项

从下拉菜单中选择一种合适的环绕方式，也可选择"其他布局选项"，打开"布局"对话框，如图 3-35 所示。在对话框中可以对文字环绕进行更详细的设置。

3. 将图片作为页面背景

方法一：插入一张背景图片，将文字环绕方式设置为"衬于文字下方"，调整图片大小，使其充满整个页面。

方法二：单击"设计"选项卡"页面背景"组中的"页面颜色"按钮，如图 3-36 所示。在下拉列表中选择"填充效果"，出现"填充效果"对话框，单击"图片"标签，单击"选择图片"按钮，单击"从文件"，在"选择图片"对话框中选择背景图片，单击"插入"按钮，返回"填充效果"对话框，单击"确定"按钮，如图 3-37 所示。

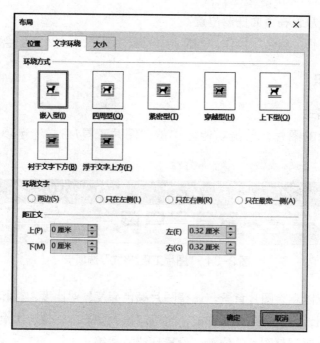

图 3-35 "布局"对话框

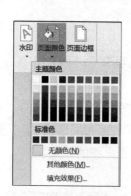

图 3-36 "页面颜色"下拉列表

图 3-37 "填充效果"对话框

提示 通过"页面颜色"设置文档背景,背景图片如果小于文档页面尺寸,则会以拼接的形式作为页面背景。

4. 插入和编辑艺术字

（1）插入艺术字

单击功能区"插入"选项卡"文本"组中的"艺术字"按钮，出现如图3-38所示的下拉列表。在下拉列表中选择一种合适的艺术字效果，文档编辑区会出现艺术字文本输入框，如图3-39所示。在文本框中，输入需要编辑的文字，可以设置字体和字号。单击空白位置，该艺术字将被插入光标所在的位置。

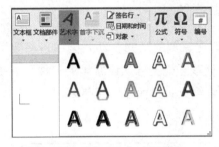

图3-38 "艺术字"下拉列表

图3-39 艺术字文本输入

（2）编辑艺术字

单击艺术字边框，可对艺术字进行整体编辑。单击功能区的"绘图工具/格式"选项卡，如图3-40所示，通过该选项卡，可以设置形状样式、艺术字样式、环绕方式等。

图3-40 艺术字"绘图工具/格式"选项卡

5. 插入和编辑文本框

要让文字能够出现在页面中的任意位置，可以通过插入文本框来实现。

（1）插入文本框

定位到要插入文本框的页面，单击"插入"选项卡"文本"组中的"文本框"按钮，出现如图3-41所示的下拉列表。在下拉列表中选择合适样式的文本框，也可以选择菜单中的"绘制文本框"或"绘制竖排文本框"。

（2）编辑文本框

鼠标单击需要编辑的文本框，周围会出现调整控制点，可以调整文本框的位置和大小。通过"绘图工具/格式"选项卡，可以对文本框进行详细设置，如编辑形状及设置文本框填充、文本框轮廓、文本方向、对齐文本等。

图3-41 "文本框"下拉列表

6. 设置分栏

Word 中的分栏就是把文字分成几列来排列，常用于日常图书报纸排版。分栏可以让文章层次感更强，排版更加美观。

选中要分栏的文本，单击"页面布局"选项卡"页面设置"组中的"分栏"按钮，在下拉列表中选择"更多分栏"命令，弹出"分栏"对话框，设置栏数，调整好宽度和间距，单击"确定"按钮，如图 3-42 所示。

六、创新实践

快过年了，为了让小朋友们对"新年"这个节日有更深刻的认识，幼儿园中班将要举办一次"红红火火过大年"亲子活动，通过亲子活动，让孩子们充分认识新年的各种风俗礼仪。为了更好地宣传这次活动，特要求各班设计一份"红红火火过大年"宣传海报。

样例如图 3-43 所示。

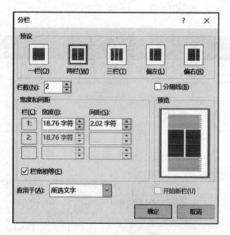

图 3-42 "分栏"对话框

图 3-43 "红红火火过大年"宣传海报

任务三　制作健康食谱表格

Word 不仅具有强大的文字处理功能，还能快捷、高效地制作工作中需要的各种表格。表格与普通文本相比，具有分类清晰、简明、直观等优点，有时一个简单的表格往往比一大段文字更能说明问题。

一、任务情境

为了让家长更好地了解小朋友在幼儿园的饮食情况，分管后勤工作的王园长想利用 Word

制作幼儿园每周食谱表，分享给家长和孩子，促进家园共育工作，促进幼儿的健康成长。

样例如图 3-44 所示。

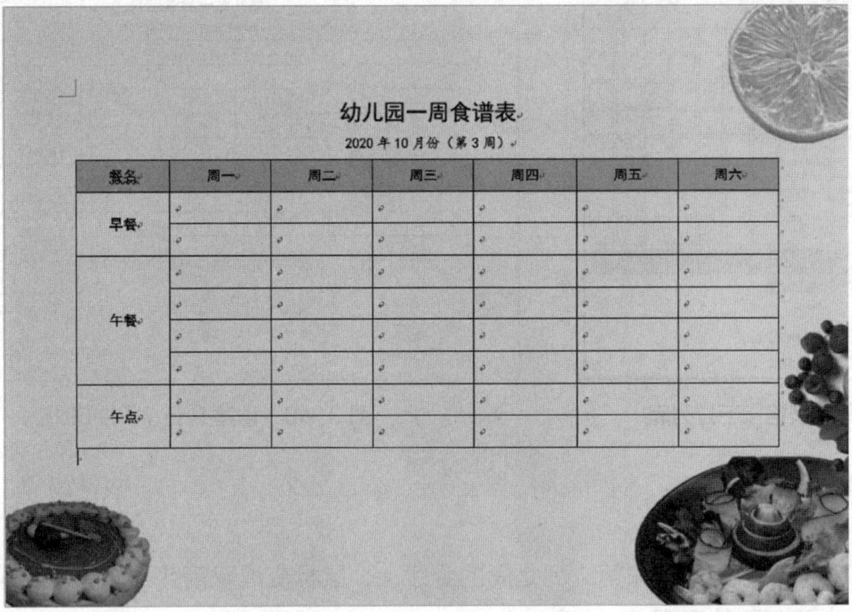

图 3-44　幼儿园一周食谱表样例

二、任务分析

利用 Word 中的插入表格功能创建表格，然后对表格进行行高与列宽、表格底纹、合并单元格等编辑操作。

三、任务实施

1. 新建空白文档

启动 Word 2016，新建空白文档，保存文件为"一周食谱表 .docx"。

2. 页面设置

将纸张方向设置为"横向"，其他参数采用默认值。

制作健康
食谱表格

3. 设置页面颜色

单击"设计"选项卡"页面背景"组中的"页面颜色"按钮，选择"淡蓝色"作为页面颜色。

4. 输入表格标题

输入标题"幼儿园一周食谱表"和副标题"2020 年 10 月份（第 3 周）"，并将标题设置为黑体、二号字，居中排列，副标题设置为楷体四号字，居中排列。

5. 创建表格

单击"插入"选项卡"表格"组中的"表格"按钮，在下拉菜单中选择"插入表格"命令，如图 3-45 所示，弹出"插入表格"对话框。在对话框中设置列数为 7，行数为 9，单击"确定"按钮，即可创建 9 行 7 列的表格，如图 3-46 所示。

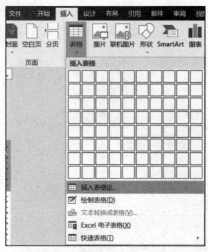

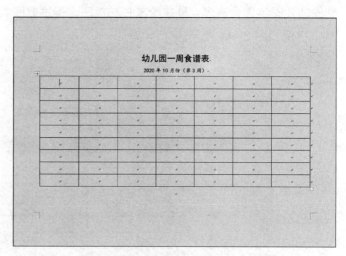

图 3-45 "表格"下拉列表　　　　图 3-46 创建 9 行 7 列的表格

6. 编辑表格

（1）调整列宽

将鼠标移到表格第一列和第二列之间的竖线上，鼠标变成双箭头形状，按住鼠标左键向左拖动，缩小第 1 列的宽度。

（2）平均分布列宽

将鼠标移到第二列最上面的边框线上，鼠标变成实心向下的箭头状，按下鼠标向右拖动到最后一列，即选中除第一列之外的所有列。单击"布局"选项卡"单元格大小"组中的"分布列"按钮，平均分布选中各列的列宽。

（3）合并单元格

选中表格中"早餐"所占的 2 个单元格，单击"表格工具/布局"选项卡"合并"组中的"合并单元格"按钮，将两个单元格合并为一个单元格。用同样的方法，将"午餐"所占的 4 个单元格合并为一个单元格，"午点"所占的 2 个单元格合并为一个单元格。

（4）设置底纹

将鼠标移到第一行左侧空白处，鼠标变成斜向箭头状，单击鼠标，选中第一行，单击"表格工具/设计"选项卡"表格样式"组中的"底纹"按钮，选择"淡橙色"作为底纹。

效果如图 3-47 所示。

7. 编辑文字

在表格中录入文字，其中第一行表头文字和第一列文字设置为黑体四号字，其他食谱内容文字设置为仿宋四号字。

8. 设置对齐

将鼠标移到表格左上角，单击表格，选中按钮 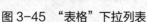，选中整个表格。单击"表格工具/布局"选项卡"对齐方式"组中的"水平居中"按钮 ，使文字在单元格中水平方向和垂直方向都居中排列。

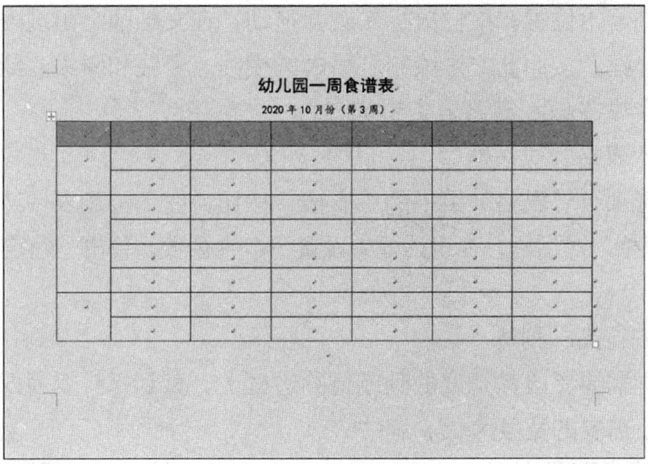

图 3-47　设置底纹

9. 版面装饰

单击"插入"选项卡"插图"组中的"图片"按钮，插入几张水果和食物图片，并设置环绕方式为"衬于文字下方"。将图片拖动到合适的位置，使版面美观大方。

10. 保存文件

单击"文件"菜单中的"保存"命令保存文件。

四、梳理与讨论

① 梳理 Word 制作表格的主要操作。
② 制作一份不规则的表格，如何判断要插入表格的行数和列数？
③ 如何调整表格的行高和列宽？
④ 如何设置表格外框线和内线的颜色、线形？
⑤ 如何让单元格中的文字居中？

五、相关知识

在幼儿园工作中，使用的 Word 表格功能主要包括创建表格、编辑表格和格式化表格。

1. 创建表格

Word 2016 有多种创建表格的方法，包括插入表格、绘制表格、将文本转换成表格、Excel 电子表格、快速表格。

（1）使用虚拟表格

单击"插入"选项卡"表格"组中的"表格"按钮，在下拉列表中会有一个 10 列 8 行的虚拟表格，此时移动鼠标选择表格的行数、列数，单击鼠标左键即可生成相应行、列的表格。

（2）绘制表格

在上述下拉列表框中选择"绘制表格"命令，这时光标指针就变成铅笔的形状，将鼠标定位到要插入表格的起始位置，按住鼠标左键并拖动，在文档区会出现一个虚线框，松开鼠标即可绘制出表格外框。按照此方法绘制表格内的横线、竖线和斜线。绘制完成后，再次单击"绘制表格"命令或按 Esc 键退出绘制状态。

（3）使用"插入表格"对话框

单击"插入"选项卡"表格"组中的"表格"按钮，在下拉列表中选择"插入表格"命令，会弹出"插入表格"对话框，在对话框中设置行数、列数，单击"确定"按钮即可。

2. 编辑表格

（1）调整表格的行高、列宽

将鼠标指针指向需要更改其宽度的列或行的边框上，直到指针变为双箭头形状，然后拖动边框，直到得到所需要的宽度为止。

如果需要多行或多列具有同样的高度或宽度，先选定这些行或列，然后选择"表格工具/布局"选项卡"单元格大小"组中的"分布行"或"分布列"命令。

（2）增加行或列

将光标定位在某个单元格中，单击"表格工具/布局"选项卡"行和列"组中的"在上方插入""在下方插入""在左侧插入""在右侧插入"按钮即可在当前单元格的上方、下方、左侧、右侧插入行或列。

（3）删除单元格、行或列

选中需要删除的单元格、行或列，从"表格工具/布局"选项卡"行和列"组中选择"删除"命令，在出现的下拉菜单中选择相应的删除命令。

3. 格式化表格

（1）应用表格样式

选中需要格式化的表格，单击"表格工具/设计"选项卡，在"表格样式"组中单击要选择的表格样式，即可应用于当前表格上，如图 3-48 所示。

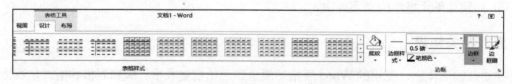

图 3-48 "表格工具/设计"选项卡功能区

（2）为表格设置边框和底纹

选中表格，单击"表格工具/设计"选项卡"边框"组中的"边框"按钮，或单击"边框"组右下角的"对话框启动器"按钮，打开"边框和底纹"对话框，如图 3-49 所示。

单击"边框"选项卡，设置表格的边框类型、样式、颜色和线条宽度，在"预览"中单击相应按钮应用边框；单击"底纹"选项卡，设置所需的底纹效果。

（3）在后续页上重复表格标题

表格的内容超过一页时，如果希望在后续表格中自动重复该表格的标题行，以增强表格的可读性，可以采用下面的操作方法：

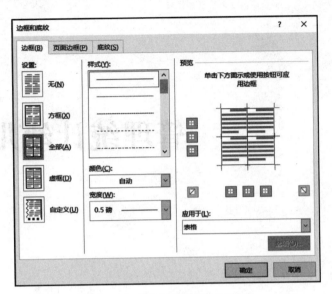

图 3-49 “边框和底纹”对话框

选择需要在后续表格中作为标题重复出现的一行或多行，选定内容必须包括表格的第一行，然后单击“表格工具/布局”选项卡中的“重复标题行”命令即可。

六、创新实践

新学期开始了，你作为苗苗班的班主任，需要拟定一份本学期主题教学计划表。样例如图 3-50 所示。

苗苗幼儿园主题教学计划

时间	主题	次主题	教学目标	教育活动				社会实践与环境展示
				生活活动	安全活动	区域活动	集体活动	
九月份	香喷喷甜蜜蜜	甜甜的						
		香香的						
		亲亲的						

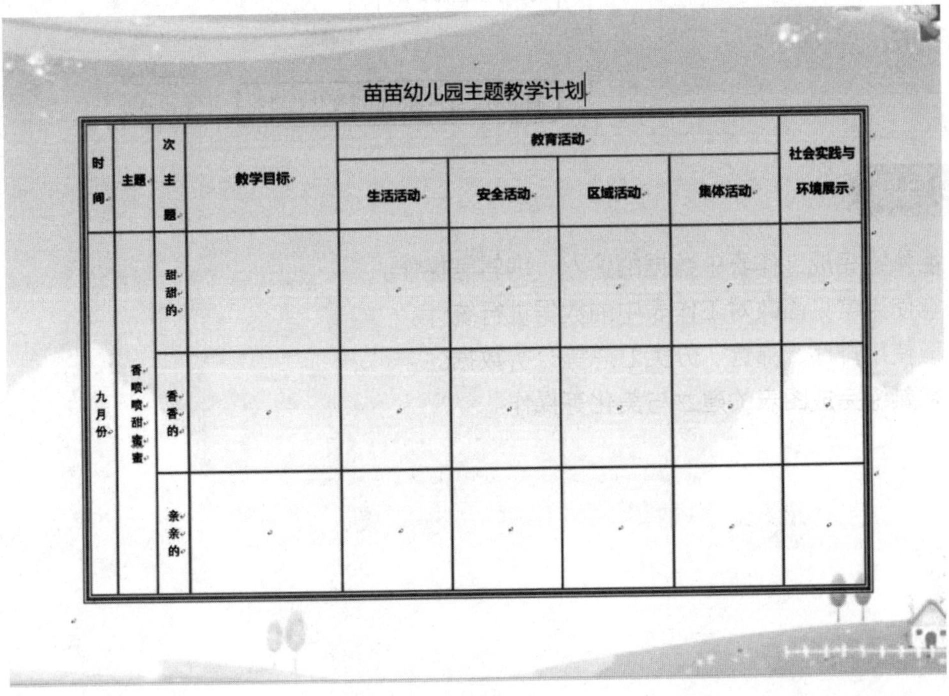

图 3-50 主题教学计划表

项目四
管理统计幼儿园数据

知识地图

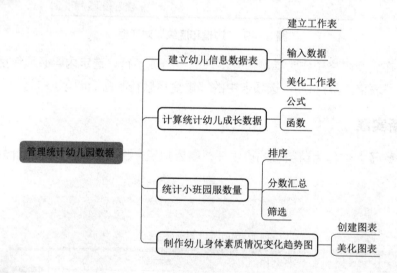

学习目标

1. 能熟练完成工作表中数据的输入、编辑等操作。
2. 能使用常见函数对工作表中的数据进行统计。
3. 能使用排序、筛选、分类汇总等分析数据。
4. 能熟练完成图表的建立与美化等操作。

信息时代，人们之间的交流越来越密切，幼儿园所涉及的人和事都很多，无论是幼儿教师还是幼儿园管理人员，都不可避免地与各种数据打交道。面对众多的数据，我们要做的是管理好数据、从数据中获得有价值的信息，从而助推基于数据的精细化和个性化指导。

本项目根据幼儿园工作所需，设计了四个典型任务，通过完成任务达到掌握幼儿园各项数据统计与分析的学习目标。

任务一　建立幼儿信息数据表

提升教师信息素养是促进幼儿园信息化管理，增进家园互动的有效手段。无论是对幼儿园的管理人员还是幼儿园的教师，幼儿信息管理都是一项很重要的任务。幼儿信息的准确和全面，能让幼儿教师更好地开展工作。

一、任务情境

又是一年开学季，快乐幼儿园小班新来了一批可爱的小朋友。为了方便家园共育，班主任张老师要把新入园小朋友的相关信息，例如姓名、出生年月、身份证号码、家长的姓名和联系方式等进行收集统计，生成信息化数据。

样例效果如图4-1所示。

豆豆班学籍信息表

学号	姓名	性别	出生日期	身高(cm)	体重(kg)	身份证号	家长姓名	家长电话
20190101	赵一一	女	2016年1月1日	70	20	373301****01011263	赵爸爸	1*312340123
20190102	钱小宝	男	2016年3月2日	65	21	373302****03021234	钱妈妈	1*288881230
20190103	孙大山	男	2016年1月3日	62	18	373301****01031235	孙妈妈	1*614321123
20190104	李思成	女	2015年12月4日	67	17	373304****12041221	李爸爸	1*601234070
20190105	周如意	女	2015年10月5日	63	16	373301****10051281	周爸爸	1*188881670
20190106	吴大陆	男	2016年3月6日	67	19	373301****03061255	吴妈妈	1*143211234
20190107	郑乔乔	男	2016年1月7日	60	16	273307****01071237	郑爸爸	1*712340001
20190108	王丽霞	女	2016年4月1日	61	15	373301****04011263	赵爸爸	1*112340123
20190109	刘大宝	男	2016年5月2日	63	23	373302****05021234	刘妈妈	1*288881230
20190110	赵大山	男	2016年2月3日	62	18	373301****02031235	赵妈妈	1*143211234
20190111	刘成成	女	2015年11月4日	67	16	373304****11041221	刘爸爸	1*012340707
20190112	柳小艺	女	2015年11月5日	67	17	373301****11051281	柳爸爸	1*188881670
20190113	鲁晓	男	2016年3月16日	67	19	373301****03161255	鲁妈妈	1*143211234
20190114	张历程	男	2016年2月27日	60	16	273307****02271237	张爸爸	1*712340001
20190115	李成城	女	2016年1月18日	61	15	373303****01181262	李妈妈	05331*34567

图4-1　豆豆班学籍信息表

二、任务分析

Excel 2016中文版是微软Office 2016中文版家族成员之一，是功能强大的电子表格处理软件，具有简单方便的表格制作功能、快捷的数据处理和分析功能、强大的图形和图表功能等，不仅可以用于统计、财务、会计、金融和贸易等行业，也可以用于教师进行班级数据的管理统计。本任务将使用 Excel 2016 录入幼儿相关信息数据，建立幼儿信息数据表，方便对数据进行统计、管理、更新。本任务分解为三个子任务，重点学习 Excel 2016 中电子表格数据的输入、格式的设置和工作表的相关操作。

子任务 1：创建工作簿并保存

子任务 2：输入数据

子任务 3：美化工作表

新建工作簿并输入数据

三、任务实施

子任务 1：创建工作簿并保存

1. 启动 Excel 2016，认识窗口组成

单击"开始"按钮，在列表中找到 ，单击启动 Excel 2016，单击"空白工作簿"，系统会创建一个默认名为"工作簿 1"的空白工作簿，并包含名为 Sheet1 的工作表，如图 4-2 所示。

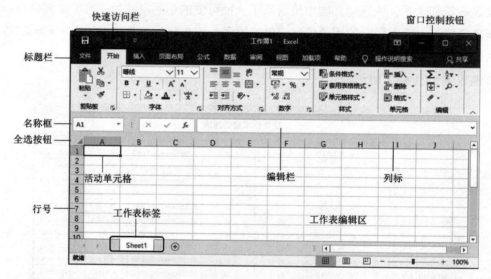

图 4-2　Excel 2016 窗口组成

2. 重命名工作表

在工作表标签 Sheet1 上单击鼠标右键，在弹出的快捷菜单中选择"重命名"，如图 4-3 所示，将 Sheet1 重命名为"豆豆班学籍信息表"。也可以双击工作表标签 Sheet1，将 Sheet1 重命名为"豆豆班学籍信息表"。

3. 保存工作簿

单击"文件"菜单中的"保存"按钮，第一次保存时，系统弹出"另存为"对话框，输入文件名为"豆

图 4-3　重命名工作表

豆豆班信息管理表",文件类型选默认"Excel 工作簿(*.xlsx)",保存到个人文件夹中,如图 4-4 所示。

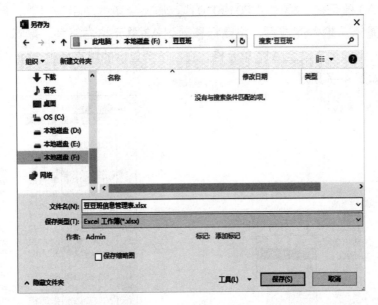

图 4-4 "另存为"对话框

子任务 2：输入数据

在 Excel 中,不同的数据类型有不同的输入方法和技巧,注意掌握,以保证输入正确,提高输入速度。

1. 输入标题和表头信息

单击选中 A1 单元格,输入"豆豆班学籍信息管理表"后按 Enter 键,单击选中 A2 单元格,输入"学号",然后按→或 Tab 键,选中 B2 单元格,输入"姓名"。用同样的方法依次在 C2、D2、E2、F2、G2、H2、I2 单元格输入"性别""出生日期""身高""体重""身份证号""家长姓名""家长电话"。

2. 录入数据

（1）输入姓名数据

单击选中 B3 单元格,输入"赵——",按下光标键↓或 Enter 键跳转到 B4 单元格,输入下一位学生姓名,按此方法完成幼儿姓名的输入。

（2）输入性别数据

使用选项方式填充。在"性别"列中选中要填充数据的单元格区域 C3:C17,单击"数据"选项卡"数据工具"组中的"数据验证"按钮,弹出"数据验证"对话框,如图 4-5 所示。在对话框中设置如下：允许：序列,来源：男,女。单击"确定"按钮。单击选中 C3 单元格,单击右侧出现的选项按钮,弹出选项,选择"男"或"女"即可,如图 4-6 所示。依次输入其他

图 4-5 "数据验证"对话框

幼儿性别数据。

（3）输入学号数据

单击选中 A3 单元格，输入“'20190101”。加上半角的单引号“'”，目的是把数字作为文本型数据输入。输入完成后，将鼠标移动到 A3 单元格右下角，鼠标形状变成黑色十字，按住鼠标左键向下拖动至 A17 单元格，在右下角显示的填充柄中选择“填充序列”，完成自动填充，如图 4-7 所示。

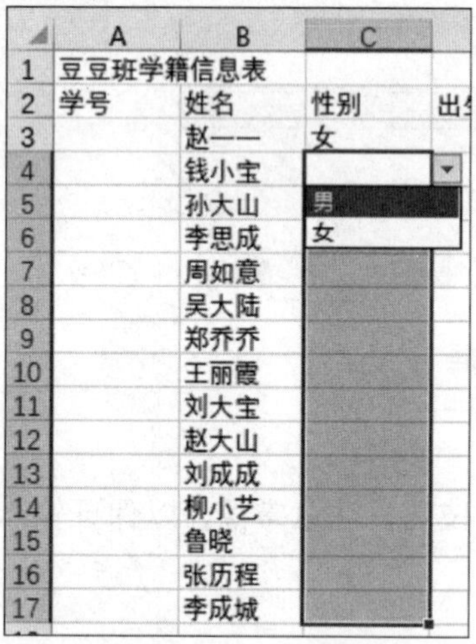

	A	B	C
1	豆豆班学籍信息表		
2	学号	姓名	性别
3		赵一一	女
4		钱小宝	
5		孙大山	男
6		李思成	女
7		周如意	
8		吴大陆	
9		郑乔乔	
10		王丽霞	
11		刘大宝	
12		赵大山	
13		刘成成	
14		柳小艺	
15		鲁晓	
16		张历程	
17		李成城	

图 4-6 选择性输入

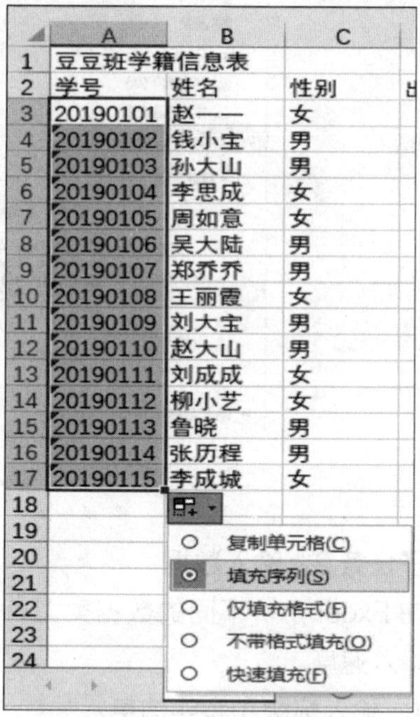

	A	B	C
1	豆豆班学籍信息表		
2	学号	姓名	性别
3	20190101	赵一一	女
4	20190102	钱小宝	男
5	20190103	孙大山	男
6	20190104	李思成	女
7	20190105	周如意	女
8	20190106	吴大陆	男
9	20190107	郑乔乔	男
10	20190108	王丽霞	女
11	20190109	刘大宝	男
12	20190110	赵大山	男
13	20190111	刘成成	女
14	20190112	柳小艺	女
15	20190113	鲁晓	男
16	20190114	张历程	男
17	20190115	李成城	女

图 4-7 自动填充

（4）输入出生日期数据

右键单击 D 列标，在弹出的菜单中单击“设置单元格格式”，在打开的对话框中，单击“数字”选项卡“分类”中的“日期”，在右侧选择类型为“2012 年 3 月 14 日”，单击“确定”按钮，日期数据格式设置结束，如图 4-8 所示。单击选中 D2 单元格，输入“2013/1/1”或“2013-1-1”，按 Enter 键，出生日期数据自动变为年月日的格式，依次输入其他幼儿出生日期。

（5）输入身份证号数据

在学籍信息表中，学号、身份证号、家长电话这些并不代表数值大小的数字通常按文本型数据处理。输入时，输入方法与学号的相同。输入法切换到英文状态，单击选中 G3 单元格，先输入英文的单引号，再输入“373301201601011263”，按下光标键↓或 Enter 键跳转到 B4 单元格，再依次输入其他幼儿身份证号数据。

说明：Excel 中数值型数据达到 12 位的时候，将以科学记数法的方式显示在单元格内，数值型数据最多能存储 15 位有效数字，如果超过 15 位，右边的数字都会用 0 代替。当在单元格内直接输入 18 位身份证号码时，在单元格内以科学记数法显示，并且身份证末尾 3 位会变成 000，如图 4-9 所示。

图 4-8　设置日期数据格式

图 4-9　科学记数显示

（6）输入其他数据

"身高""体重"的数据是数值型数据，单击选中相应单元格，直接输入数值即可。"家长姓名"栏目数据按"姓名"的输入方法输入，"家长电话"栏目用"身份证号"的输入方法输入。

数据录入完成后，效果如图 4-10 所示。

子任务 3：美化工作表

数据录入完成后，对表格进行美化，不仅让表格更美观，而且让表格中的数据更清晰易读。通过设置单元格数据的对齐方式、设置行高与列宽、添加表格边框和填充效果等操作，对表格进行美化。

美化工作表

1．设置标题行格式

选中单元格区域 A1:I1，单击"开始"选项卡"对齐方式"组中的"合并后居中"按钮，合并单元格后标题居中显示。在"字体"组中，设置字体格式为"黑体""16""加粗"；设置字体颜色为主题颜色"黑色，文字 1，淡色 15%"。右键单击行号"1"，在弹出的菜单中单击"行高"，弹出"行高"对话框，输入"30"，单击"确定"按钮，效果如图 4-11 所示。

图4-10 数据录入完成效果图

图4-11 标题设置效果图

2. 设置表格内容格式

（1）设置表头格式

选中单元格区域A2:I2，分别单击"对齐方式"组中的"居中"和"垂直居中"两个按钮，设置表头数据在水平方向和垂直方向都居中。设置字体格式为"仿宋""14"；设置字体颜色为"黑色，文字1，深色5%"；设置行高为"20"，列宽为"自动调整列宽"。

（2）设置数据格式

选中单元格区域A3:I17，分别设置字体格式为"仿宋""12"；对齐方式为"居中"；设置行高为"18"，选中单元格区域A2:I17，单击"单元格"组中的"格式"按钮，在下拉菜单中单击"自动调整列宽"。效果如图4-12所示。

图4-12 表格内容设置效果图

3. 设置表头填充效果和表格边框

（1）设置表头填充效果

选中单元格区域 A2:I2，单击"开始"选项卡"字体"组中的"填充颜色"按钮 ，打开"主题颜色"，选择"蓝色，个性色5，淡色60%"。

（2）设置表格边框

选中单元格区域 A2:I17，单击"开始"选项卡"字体"组右下角的 按钮，打开"设置单元格格式"对话框，单击"边框"选项卡，在"样式"列表框中选择"双实线"，单击"预置"中的"外边框"按钮；在"样式"列表框中选择"单实线"，单击"预置"中的"内部"按钮，最后单击"确定"按钮应用设置，如图4-13所示。

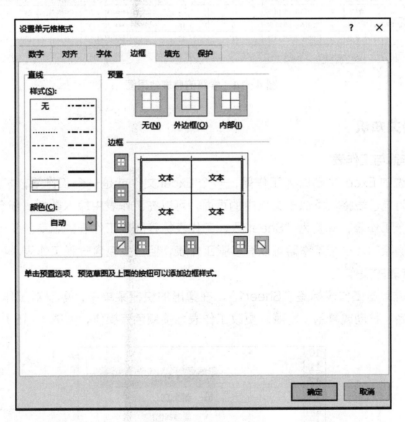

图4-13 "边框"设置

4. 保存文件

按快捷键 Ctrl+S 保存工作簿文件。

美化后的工作表最终效果如图4-14所示。

四、梳理与讨论

① Excel 能接收的数据类型有哪几种？梳理不同的数据类型输入方法和技巧。

② Excel 如何美化表格？

	A	B	C	D	E	F	G	H	I
1	豆豆班学籍信息表								
2	学号	姓名	性别	出生日期	身高（cm）	体重（kg）	身份证号	家长姓名	家长电话
3	20190101	赵一一	女	2016年1月1日	70	20	373301****01011263	赵爸爸	1*312340123
4	20190102	钱小宝	男	2016年3月2日	65	21	373302****03021234	钱妈妈	1*288881230
5	20190103	孙大山	男	2016年1月3日	62	18	373301****01031235	孙妈妈	1*614321123
6	20190104	李思成	女	2015年12月4日	67	17	373304****12041221	李爸爸	1*601234070
7	20190105	周如意	女	2015年10月5日	63	16	373301****10051281	周爸爸	1*188881670
8	20190106	吴大陆	男	2016年3月6日	67	19	373301****03061255	吴妈妈	1*143211234
9	20190107	郑乔乔	男	2016年1月7日	60	16	273307****01071237	郑爸爸	1*712340001
10	20190108	王丽霞	女	2016年4月1日	61	15	373301****04011263	赵爸爸	1*112340123
11	20190109	刘大宝	男	2016年5月2日	63	23	373302****05021234	刘妈妈	1*288881230
12	20190110	赵大山	男	2016年2月3日	62	18	373301****02031235	赵妈妈	1*143211234
13	20190111	刘成成	女	2015年11月4日	67	16	373304****11041221	刘爸爸	1*012340707
14	20190112	柳小艺	女	2015年11月5日	65	17	373301****11051281	柳爸爸	1*188881670
15	20190113	鲁晓	男	2016年3月16日	67	19	373301****03161255	鲁妈妈	1*143211234
16	20190114	张历程	男	2016年2月27日	60	16	273307****02271237	张爸爸	1*712340001
17	20190115	李成城	女	2016年1月18日	61	15	373303****01181262	李妈妈	05331*34567

图 4-14　学籍信息表效果图

五、相关知识

1. 工作簿与工作表

通常所说的 Excel 文档即为工作簿，一个 Excel 文件就是一个工作簿，扩展名为 .xlsx。工作表又称为电子表格，类似于文档中的页面，可以在工作表中输入数据。新创建的工作簿默认包含 1 张工作表，标签为"Sheet1"，工作表标签即是工作表的名字。工作表的数目是可以增加和删除的，一个工作簿可以有多张工作表，但至少包含一张工作表。

2. 工作表的操作

鼠标右键单击工作表标签"Sheet1"，在弹出的快捷菜单中，可以对工作表进行插入、删除、重命名、移动或复制、隐藏、更改工作表标签颜色等操作，如图 4-15 所示。

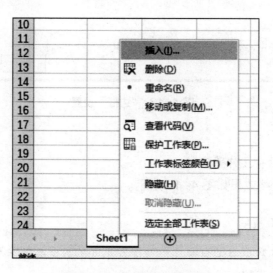

图 4-15　工作表相关操作

3. 工作表行和列

工作表是由若干行和列组成的表格。每一行左侧都会显示一个数字，即为该行的行号，每一列顶部都会显示一个大写字母，即为该列的列标。其中，行号用阿拉伯数字表示，有效范围为 1~1 048 576；列标用英文字母表示，有效范围为 A~XFD，共计 16 384 列。

4. 单元格

行和列相交形成的方格即为单元格。单击选中某个单元格时，这个单元格即为活动单元格，数据的输入和编辑处理均在活动单元格中完成。单元格的地址由其所在的列标和行号组成，又称为单元格引用。如 F4 表示位于第 F 列和第 4 行交叉处的单元格，活动单元格的地址在左上角名称框显示。

5. 单元格区域

若干个连续的单元格组成的矩形区域称为单元格区域。单元格区域通常使用其左上角和右下角的单元格来表示，中间用冒号":"分隔，如 A2:G22。

6. 数据类型

在单元格中，输入的数据包括文本型、数值型及日期和时间型。数据类型不同，输入的方法也不尽相同。

（1）文本型数据

一般直接输入，但如果是数字型文本，如学号、身份证号，在输入前将单元格格式设置为文本型，再进行输入；或者事先不进行设置，在输入时先在数字前面输入一个单引号"'"，强制将输入的数字作为文本型处理。

（2）数值型数据

一般数字直接输入，输入分数时，要先输入"0"，再加一个空格，然后再输入"n/m"样式的分数，否则，Excel 会将其视为日期型数据。例如，若输入"0 1/3"，可得到"1/3"，若输入"1/3"，将得到"1月3日"。

（3）日期和时间型数据

输入日期型数据的格式为"年/月/日"或"年－月－日"。其中月可以是 1~12 中的数字，日是 1~31 中的数字，年可以是两位数字，也可以是四位数字，还可以省略。如果省略年份，则以当前的年份作为默认值。输入完毕后，按 Enter 键，单元格内显示为"××××－××－××"或"××月××日"的样式。

时间的输入格式是"时:分:秒"，输入的时间，系统默认为上午时间。例如，若输入"3:32:09"，会视为"3:32:09AM"。若要输入下午时间，可在输入的时间后加空格和"PM"或"P"字样。例如，输入"3:32:09 PM"或"3:32:09 P"，都表示下午时间。也可以采用 24 小时制表示时间，如输入"15:32:09"。

7. 套用表格格式

Excel 提供了多种表格样式可供选择，利用它可以节省时间，从而提高工作效率。选择要套用表格样式的数据区域，单击"开始"选项卡"样式"组中的"套用表格格式"，在下拉列表中选择自己喜欢的格式，如图 4-16 所示。

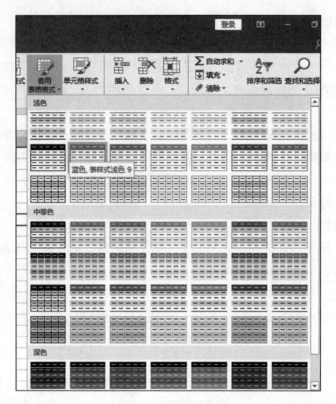

图 4-16　套用表格格式

8. 条件格式

在工作表中突出显示满足设定条件的数据，可以通过"条件格式"功能实现。当选定区域中单元格数据值满足设定的条件"体重 <16"时，单元格自动设置为"浅红填充色深红色文本"格式，如图 4-17 和图 4-18 所示。

图 4-17　条件格式设置　　　　　　图 4-18　突出显示体重小于 16 kg 的记录

六、创新实践

① 将"豆豆班学籍信息表"套用表格格式进行美化。

② 设计制作大班小朋友的家园联系表，包括姓名、性别、出生日期、身高、体重、家长电话、家庭住址、是否有保险，并对表进行美化。

任务二　计算统计幼儿成长数据

为做好幼儿保育工作，幼儿园每学期初都要对全园小朋友进行身高、体重测量，通过对采集到的数据进行计算统计，分析幼儿成长健康情况，合理改善膳食结构，促进幼儿全身心发展，从而更好地实现家园共育。

一、任务情境

又是一年开学季，小班的小朋友升到中班了。中班张老师要测量孩子们的身高和体重，然后用电子表格计算身体质量指数，分析小朋友们的健康情况，更好地做好幼儿保育工作。

二、任务分析

幼儿身体质量指数（Body Mass Index，BMI）是国际上常用的衡量人体肥胖程度和是否健康的重要标准，主要用于统计分析幼儿的体重。本任务以采集到的幼儿身高体重为基础数据进行统计分析，重点学习公式和函数的相关操作。用 COUNTIF() 函数统计出男生人数和女生人数，用 AVERAGE() 函数计算出小朋友平均身高和体重。

三、任务实施

1. 用 Excel 2016 制作电子表格

用 Excel 2016 将采集到的数据制作成电子表格，如图 4-19 所示。

2. 计算 BMI 指数

体重指数 BMI= 体重/身高的平方（国际单位 kg/m^2）。

计算统计幼儿成长数据

方法一：用公式计算。

① 计算第一个小朋友的 BMI 值。单击选中 I3 单元格，输入"=D3/（C3*C3）"，输入完成后，按 Enter 键确认，得到计算结果，如图 4-20 所示。

② 自动填充其他幼儿的 BMI 值。将鼠标移动到 I3 单元格右下方的填充柄上，鼠标指针将变为黑十字，按住鼠标左键拖动到所需位置，松开鼠标，即可自动填充其他小朋友的 BMI 值。

方法二：用函数计算。

在 I3 单元格中输入"=D3/POWER(C3,2)"，输入完成后，按 Enter 键确认，如图 4-21 所示。

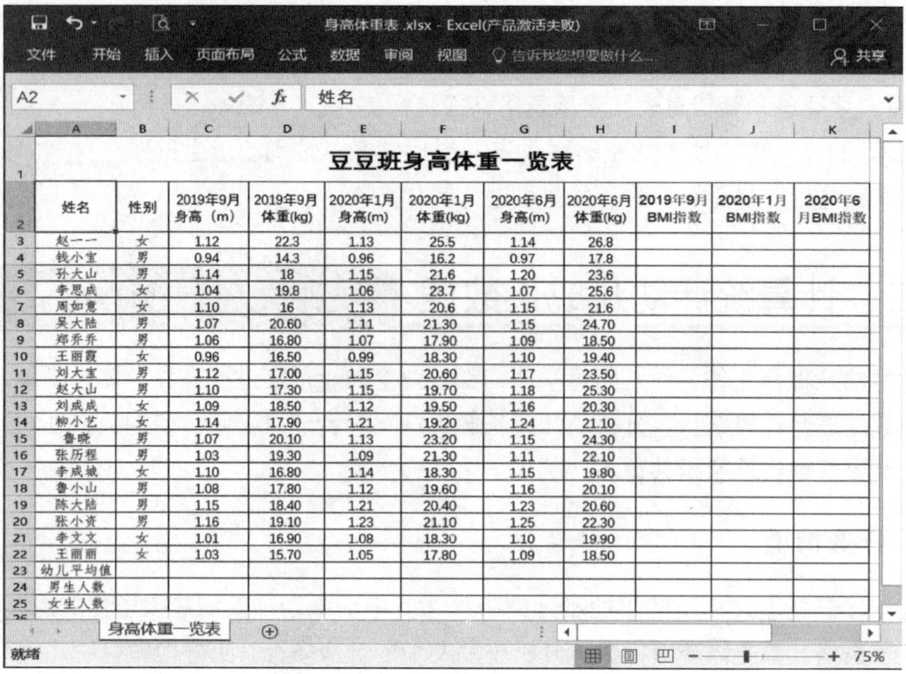

姓名	性别	2019年9月身高（m）	2019年9月体重(kg)	2020年1月身高(m)	2020年1月体重(kg)	2020年6月身高(m)	2020年6月体重(kg)	2019年9月BMI指数	2020年1月BMI指数	2020年6月BMI指数
赵一一	女	1.12	22.3	1.13	25.5	1.14	26.8			
钱小宝	男	0.94	14.3	0.96	16.2	0.97	17.8			
孙大山	男	1.14	18	1.15	21.6	1.20	23.6			
李思成	女	1.04	19.8	1.06	23.7	1.07	25.6			
周如意	女	1.10	16	1.13	20.6	1.15	21.6			
吴大陆	男	1.07	20.60	1.11	21.30	1.15	24.70			
郑乔乔	男	1.06	16.80	1.07	17.90	1.09	18.50			
王丽霞	女	0.96	16.50	0.99	18.30	1.10	19.40			
刘大宝	男	1.12	17.00	1.15	20.60	1.17	23.50			
赵大山	男	1.10	17.30	1.15	19.70	1.18	25.30			
刘成成	女	1.09	18.50	1.12	19.50	1.16	20.30			
柳小艺	女	1.14	17.90	1.21	19.20	1.24	21.10			
鲁晓	男	1.07	20.10	1.13	23.20	1.15	24.30			
张历程	男	1.03	19.30	1.09	21.30	1.11	22.10			
李成城	女	1.10	16.80	1.14	18.30	1.15	19.80			
鲁小山	男	1.08	17.80	1.12	19.60	1.16	20.10			
陈大陆	男	1.15	18.40	1.21	20.40	1.23	20.60			
张小资	男	1.16	19.10	1.23	21.10	1.25	22.30			
李文文	女	1.01	16.90	1.08	18.30	1.10	19.90			
王丽丽	女	1.03	15.70	1.05	17.80	1.09	18.50			
幼儿平均值										
男生人数										
女生人数										

图 4-19　豆豆班身高体重一览表

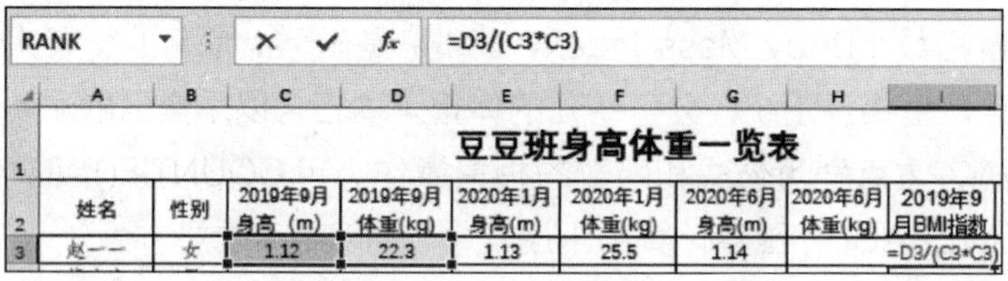

图 4-20　用公式计算 BMI 指数

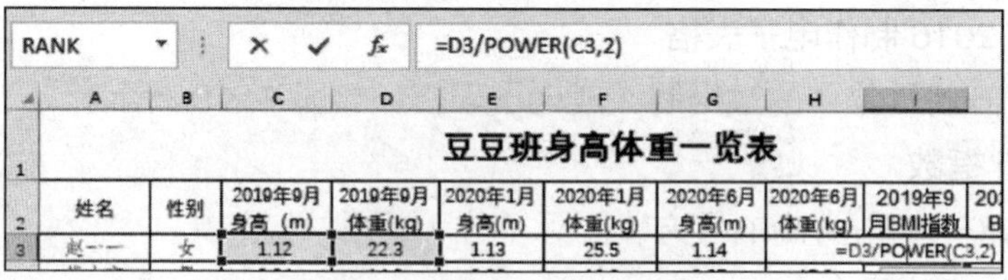

图 4-21　用函数计算 BMI 指数

3. 分别统计出男生、女生的人数

（1）统计男生人数

单击选中 B24 单元格，输入 “=COUNTIF(B3:B22,"= 男")”，按 Enter 键，得到计算结果，如图 4-22 所示。

（2）统计女生人数

单击选中 B25 单元格，输入 “=COUNTIF(B3:B22,"= 女")”，按 Enter 键，得到计算结果，如图 4-23 所示。

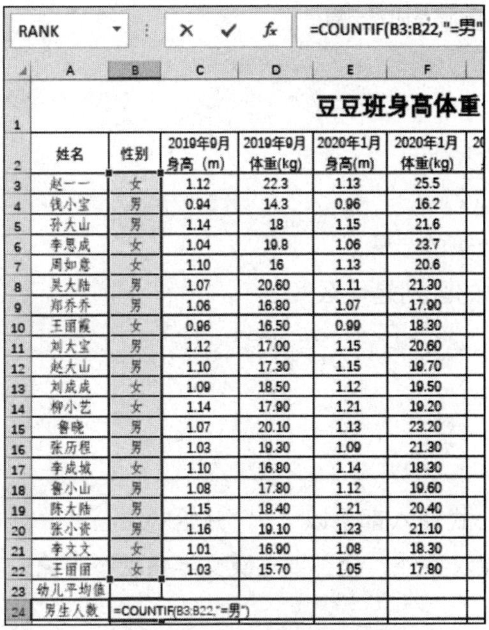

RANK =COUNTIF(B3:B22,"=男"

	A	B	C	D	E	F
1	豆豆班身高体重					
2	姓名	性别	2019年9月身高（m）	2019年9月体重(kg)	2020年1月身高(m)	2020年1月体重(kg)
3	赵一一	女	1.12	22.3	1.13	25.5
4	钱小宝	男	0.94	14.3	0.96	16.2
5	孙大山	男	1.14	18	1.15	21.6
6	李思成	女	1.04	19.8	1.06	23.7
7	周如意	女	1.10	16	1.13	20.6
8	吴大陆	男	1.07	20.60	1.11	21.30
9	郑乔乔	男	1.06	16.80	1.07	17.90
10	王丽霞	女	0.96	16.50	0.99	18.30
11	刘大宝	男	1.12	17.00	1.15	20.60
12	赵大山	男	1.10	17.30	1.15	19.70
13	刘成成	女	1.09	18.50	1.12	19.50
14	柳小艺	女	1.14	17.90	1.21	19.20
15	鲁晓	男	1.07	20.10	1.13	23.20
16	张历程	男	1.03	19.30	1.09	21.30
17	李成城	女	1.10	16.80	1.14	18.30
18	鲁小山	男	1.08	17.80	1.12	19.60
19	陈大陆	男	1.15	18.40	1.21	20.40
20	张小资	男	1.16	19.10	1.23	21.10
21	李文文	女	1.01	16.90	1.08	18.30
22	王丽丽	女	1.03	15.70	1.05	17.80
23	幼儿平均值					
24	男生人数	=COUNTIF(B3:B22,"=男")				

图 4-22　统计男生人数

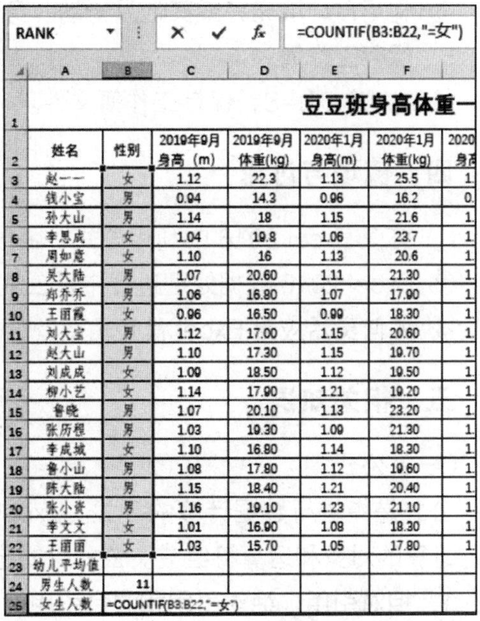

RANK =COUNTIF(B3:B22,"=女")

	A	B	C	D	E	F
1	豆豆班身高体重一					
2	姓名	性别	2019年9月身高（m）	2019年9月体重(kg)	2020年1月身高(m)	2020年1月体重(kg)
3	赵一一	女	1.12	22.3	1.13	25.5
4	钱小宝	男	0.94	14.3	0.96	16.2
5	孙大山	男	1.14	18	1.15	21.6
6	李思成	女	1.04	19.8	1.06	23.7
7	周如意	女	1.10	16	1.13	20.6
8	吴大陆	男	1.07	20.60	1.11	21.30
9	郑乔乔	男	1.06	16.80	1.07	17.90
10	王丽霞	女	0.96	16.50	0.99	18.30
11	刘大宝	男	1.12	17.00	1.15	20.60
12	赵大山	男	1.10	17.30	1.15	19.70
13	刘成成	女	1.09	18.50	1.12	19.50
14	柳小艺	女	1.14	17.90	1.21	19.20
15	鲁晓	男	1.07	20.10	1.13	23.20
16	张历程	男	1.03	19.30	1.09	21.30
17	李成城	女	1.10	16.80	1.14	18.30
18	鲁小山	男	1.08	17.80	1.12	19.60
19	陈大陆	男	1.15	18.40	1.21	20.40
20	张小资	男	1.16	19.10	1.23	21.10
21	李文文	女	1.01	16.90	1.08	18.30
22	王丽丽	女	1.03	15.70	1.05	17.80
23	幼儿平均值					
24	男生人数	11				
25	女生人数	=COUNTIF(B3:B22,"=女")				

图 4-23　统计女生人数

4. 计算幼儿身高、体重平均值

① 计算幼儿身高平均值。在 C23 单元格中输入 "=AVERAGE(C3:C22)"，按 Enter 键，得到计算结果，如图 4-24 所示。

② 计算幼儿体重平均值。在 D23 单元格中输入 "=AVERAGE(D3:D22)"，按 Enter 键，得到计算结果，如图 4-25 所示。

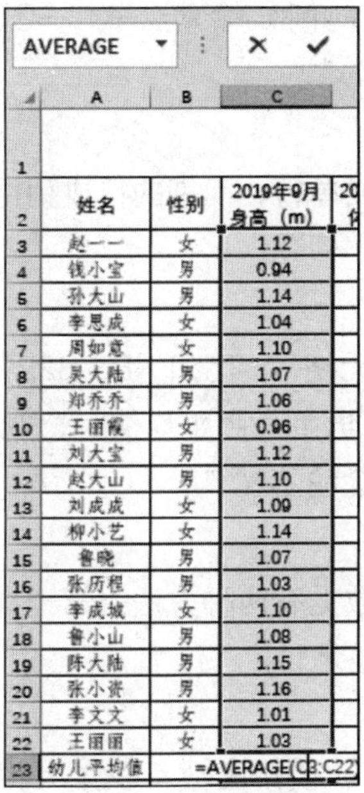

AVERAGE

	A	B	C
1			
2	姓名	性别	2019年9月身高（m）
3	赵一一	女	1.12
4	钱小宝	男	0.94
5	孙大山	男	1.14
6	李思成	女	1.04
7	周如意	女	1.10
8	吴大陆	男	1.07
9	郑乔乔	男	1.06
10	王丽霞	女	0.96
11	刘大宝	男	1.12
12	赵大山	男	1.10
13	刘成成	女	1.09
14	柳小艺	女	1.14
15	鲁晓	男	1.07
16	张历程	男	1.03
17	李成城	女	1.10
18	鲁小山	男	1.08
19	陈大陆	男	1.15
20	张小资	男	1.16
21	李文文	女	1.01
22	王丽丽	女	1.03
23	幼儿平均值	=AVERAGE(C3:C22)	

图 4-24　身高平均值

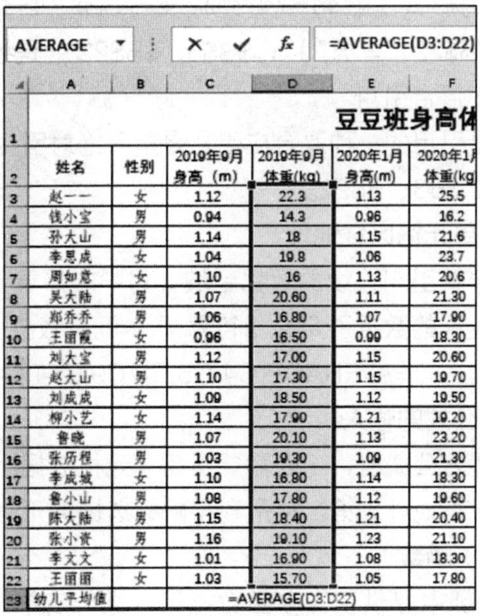

AVERAGE =AVERAGE(D3:D22)

	A	B	C	D	E	F
1	豆豆班身高体					
2	姓名	性别	2019年9月身高（m）	2019年9月体重(kg)	2020年1月身高(m)	2020年1月体重(kg)
3	赵一一	女	1.12	22.3	1.13	25.5
4	钱小宝	男	0.94	14.3	0.96	16.2
5	孙大山	男	1.14	18	1.15	21.6
6	李思成	女	1.04	19.8	1.06	23.7
7	周如意	女	1.10	16	1.13	20.6
8	吴大陆	男	1.07	20.60	1.11	21.30
9	郑乔乔	男	1.06	16.80	1.07	17.90
10	王丽霞	女	0.96	16.50	0.99	18.30
11	刘大宝	男	1.12	17.00	1.15	20.60
12	赵大山	男	1.10	17.30	1.15	19.70
13	刘成成	女	1.09	18.50	1.12	19.50
14	柳小艺	女	1.14	17.90	1.21	19.20
15	鲁晓	男	1.07	20.10	1.13	23.20
16	张历程	男	1.03	19.30	1.09	21.30
17	李成城	女	1.10	16.80	1.14	18.30
18	鲁小山	男	1.08	17.80	1.12	19.60
19	陈大陆	男	1.15	18.40	1.21	20.40
20	张小资	男	1.16	19.10	1.23	21.10
21	李文文	女	1.01	16.90	1.08	18.30
22	王丽丽	女	1.03	15.70	1.05	17.80
23	幼儿平均值		=AVERAGE(D3:D22)			

图 4-25　体重平均值

③ 利用自动填充完成其他月份幼儿身高、体重平均值计算。

5. 保存工作簿

按快捷键 Ctrl+S，保存工作簿文件。

四、梳理与讨论

① 梳理 Excel 2016 中利用公式、函数进行计算的步骤。
② Excel 2016 数据处理过程中，公式和函数的区别是什么？
③ 如何灵活应用 Excel 常用函数？

五、相关知识

（一）公式

公式是指进行数据计算的等式。Excel 中的公式输入都是以"="开始的，公式一般由参与运算的对象和运算符组成。公式中的符号，除汉字外，全部要在英文半角状态下输入。

1. 相对引用、绝对引用和混合引用

（1）相对引用

相对引用是指单元格地址会随公式所在位置的改变而改变，公式的值将会依据更改后的单元格地址的值重新计算。如 I3 单元格中有公式"=D3/(C3*C3)"，当将公式复制到 J3 单元格时，变为"=E3/(D3*D3)"。相对引用在实际的应用中使用较多。

（2）绝对引用

绝对引用是指公式中的单元格或单元格区域地址不随公式位置的改变而改变。不论公式的单元格处在什么位置，公式中所引用的单元格位置都是其在工作表中的确切位置。绝对引用的形式是在每一个列标及行号前加一个"$"符号，例如输入公式"=COUNTIF($B$3:$B$22,"=男")"，$B$3、$B$22 就是绝对引用。

（3）混合引用

这是引用的一种混合应用，是指只绝对引用固定的单列或单行，而别的行或列用相对引用，例如 $B3、B$22。

2. 单元格区域地址

如果要引用连续的数据区域，用"起始单元格:结束单元格"，比如"B3:B22"；如果遇到不连续的数据引用，用符号","间隔数据。如在只计算男生身高平均值时，在 C24 单元格中输入"=AVERAGE(C4:C5,C8:C9,C11:C12,C15:C16,C18:C20)"。

3. 公式的输入

在输入公式时，一般需要引用单元格数据。引用单元格数据有两种方法：第一种是直接输入单元格地址，第二种是利用鼠标选择单元格来填充单元格地址。

（二）函数

Excel 中提供了许多函数，可以进行简单或复杂的计算。使用函数可以大大提高工作效率。

1. 函数的结构

一个完整的函数由函数名和一对圆括号括起来的参数组成，其结构为：函数名（参数1,参数2,...）。函数名：用来标识函数功能的名称，由系统预定义。参数：可以是具体的数值、文本、逻辑值、表达式，也可以是单元格地址或单元格区域，还可以是公式或其他函数。

2. 常用函数介绍

（1）SUM 函数

功能：计算单元格区域中所有数值的和。

格式：SUM(number1,number2,...)

说明：number1,number2,... 为需要求和的参数，参数的个数为 1 个到多个不等；可以是单元格，也可以是单元格区域。

（2）AVERAGE 函数

功能：计算各参数的算数平均值。

格式：AVERAGE(number1,number2,...)

说明：number1,number2,... 为需要求平均值的参数，参数的个数为 1 个到多个不等；可以是单元格，也可以是单元格区域。

（3）COUNTIF 函数

功能：计算某个区域中满足给定条件的单元格的数目。

格式：COUNTIF(range,criteria)。

说明：range 表示某指定的区域；criteria 为给定的条件，可以是数字、表达式或文本。

（4）IF 函数

功能：根据指定的条件来判断其"真"(True)、"假"(False)，根据逻辑计算的真假值，从而返回相应的内容。

格式：IF(logical_test,[value_if_true],[value_if_false])

说明：logical_test 参数为必选，其计算结果可能为 True 或 False 的任意值或表达式；value_if_true 参数是计算结果为 True 时所需返回的值；value_if_false 参数是计算结果为 False 时所需返回的值。

（5）RANK 函数

功能：返回某数字在一列数字中的排名。

格式：RANK(Number,Ref,[Order])

说明：Number 表示需要排名的数字；Ref 表示需要排位的范围；Order 是一个数字，用于指明排序的方式，0 或忽略，表示降序，非 0 值，表示升序。

（6）MAX 函数

功能：求出一组数的最大值。

格式：MAX(number1,number2,...)

说明：number1,number2,... 代表需要求最大值的数值或引用单元格区域。

（7）MIN 函数

功能：求出一组数的最小值

格式：MIN(number1,number2,...)

说明：number1,number2,... 代表需要求最小值的数值或引用单元格区域。

3. 函数的输入

在 Excel 中，输入函数需要遵守 Excel 对函数所制定的语法结构，否则，将会产生语法错误。

（1）直接输入函数

如果用户知道函数的名称及参数的使用方法和含义，与输入公式相同，输入函数时，应首先在单元格中输入“=”，然后输入函数名，最后在圆括号中输入参数。在输入过程中，还可以根据参数工具提示来保证参数输入的正确性。

（2）通过“插入函数”按钮输入函数

单击“公式”选项卡“函数库”组中的“插入函数”按钮，打开“插入函数”对话框，选择需要的函数，然后分别设置对应的参数即可。

六、创新实践

① 在“豆豆班身高体重一览表”中增加“身体健康”一列，利用 IF 函数判断幼儿 2019 年 9 月的 BMI 指数是否在标准区间。如果 15 ≤ BMI ≤ 18，在“身体健康”一列显示“健康”；如果 BMI 指数小于 15，显示“偏瘦”；如果 BMI 指数大于 18，显示“偏胖”。如图 4-26 所示。

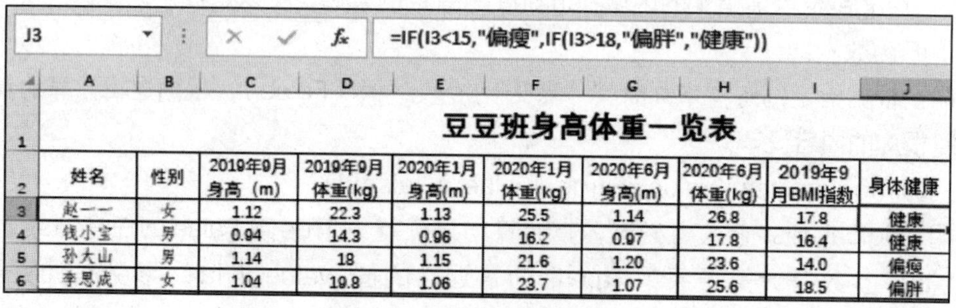

姓名	性别	2019年9月身高（m）	2019年9月体重(kg)	2020年1月身高(m)	2020年1月体重(kg)	2020年6月身高(m)	2020年6月体重(kg)	2019年9月BMI指数	身体健康
赵一一	女	1.12	22.3	1.13	25.5	1.14	26.8	17.8	健康
钱小宝	男	0.94	14.3	0.96	16.2	0.97	17.8	16.4	健康
孙大山	男	1.14	18	1.15	21.6	1.20	23.6	14.0	偏瘦
李思成	女	1.04	19.8	1.06	23.7	1.07	25.6	18.5	偏胖

图 4-26　IF 函数判断结果

② 在“豆豆班身高体重一览表”中增加“身高排名”一列，依据 2020 年 6 月的身高值由大到小排名，名次填充到“身高排名”一列。

任务三　统计小班园服数量

一、任务情境

新入园的小班小朋友需要订制园服，班主任张老师采集到每个孩子定的尺码，在 Excel 2016

中建立了“园服统计表”，因为男孩女孩园服颜色不一样，张老师需要分性别、分尺码统计园服数量。

二、任务分析

要实现分类统计，使用 Excel 中的分类汇总功能，可以快速、高效地完成。分类汇总，先分类，再汇总。本任务中，既要按性别分类，还要按尺码分类；汇总是对分类的项目计数。分类汇总的操作分两步：第一步，按分类的列排序；第二步，进行分类汇总。

三、任务实施

统计小班园服数量

1. Excel 2016 制作电子表格

用 Excel 2016 将采集到的数据制作成电子表格，如图 4-27 所示。

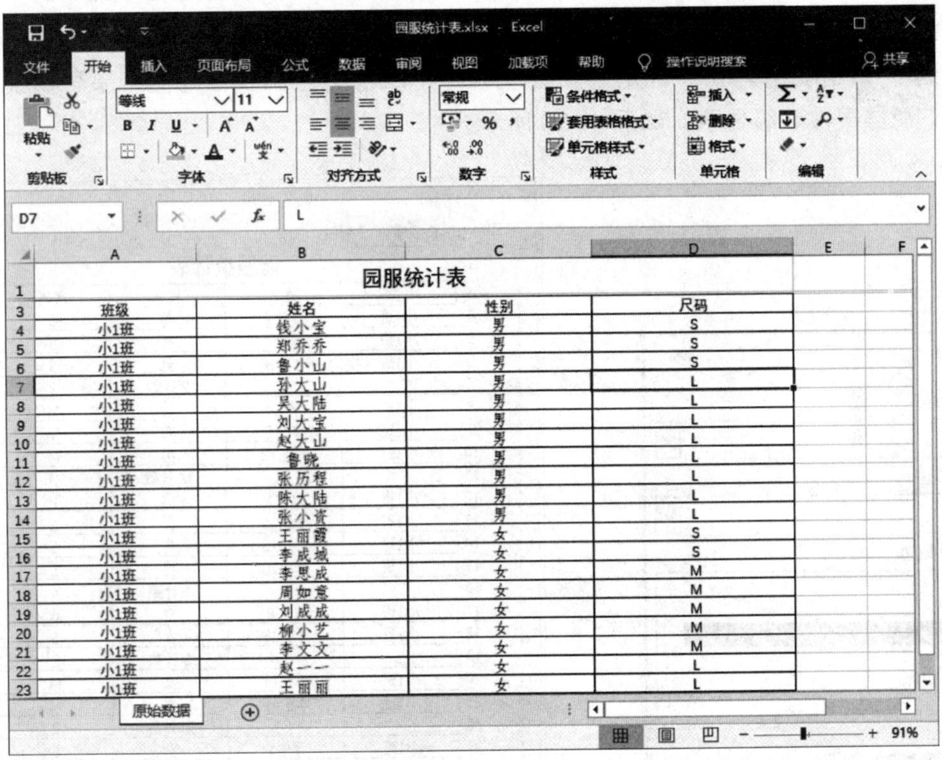

园服统计表

班级	姓名	性别	尺码
小1班	钱小宝	男	S
小1班	郑乔乔	男	S
小1班	鲁小山	男	S
小1班	孙大山	男	L
小1班	吴大陆	男	L
小1班	刘大宝	男	L
小1班	赵大山	男	L
小1班	鲁晓	男	L
小1班	张历程	男	L
小1班	陈大陆	男	L
小1班	张小资	男	L
小1班	王丽霞	女	S
小1班	李成城	女	S
小1班	李思成	女	M
小1班	周如意	女	M
小1班	刘成成	女	M
小1班	柳小艺	女	M
小1班	李文文	女	M
小1班	赵一一	女	L
小1班	王丽丽	女	L

图 4-27　园服统计表

2. 按分类的字段排序

以性别为主要关键字、尺码为次要关键字排序。选中数据区域内的任意单元格，单击“数据”选项卡“排序和筛选”组中的“排序”按钮，打开“排序”对话框。单击主要关键字的下拉按钮，在下拉列表中选择“性别”，单击次序的下拉按钮，选择“升序”。单击“添加条件”按钮添加一个次要条件，单击次要关键字的下拉按钮，在下拉列表中选择“尺码”，单击次序的下拉按钮，选择“降序”，单击“确定”按钮，如图 4-28 所示。

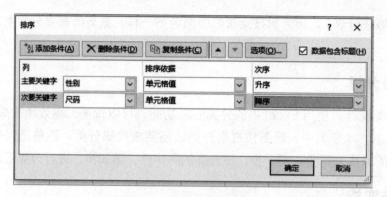

图 4-28　多关键字排序

3. 汇总各尺码所需园服的数量

在排序好的数据中单击任意单元格，单击"数据"选项卡"分级显示"组中的"分类汇总"按钮，打开"分类汇总"对话框。分别设置分类字段为"尺码"，汇总方式为"计数"，汇总项选中"性别"，单击"确定"按钮，如图 4-29 所示。分类汇总的结果有 3 级显示方式，将汇总结果按 3 级显示，如图 4-30 所示。

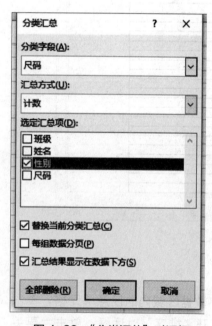

图 4-29　"分类汇总"对话框　　　　　图 4-30　分类汇总结果

4. 保存工作簿

按快捷键 Ctrl+S，保存工作簿文件。

四、梳理与讨论

① 梳理分类汇总的操作步骤。
② 分类汇总中，汇总方式有哪些？

五、相关知识

（一）数据排序

数据排序是指按照规定的顺序重新排列工作表中的数据。排序以记录为单位，即排序前后处于同一行的数据记录不会发生相对位置的改变，改变的只是行的顺序。

1. 默认排序规则

Excel 自带的排序规则，以升序排序为例，默认的排序规则如下：
① 文本按照首字拼音的第一个字母排序，默认 a 最小，z 最大。
② 数字按照从小到大的顺序排序。
③ 日期按照从最早的日期到最晚的日期排序。
④ 逻辑值按照 FALSE 在前，TRUE 在后的顺序排序。
降序排列时的排序规则与升序排列的相反。

2. 简单排序

简单排序又称为单字段排序，是指数据根据某一个字段的内容排序。

3. 复杂排序

复杂排序又称多关键字排序，是指根据多列的内容对数据排序，简单地说，就是先按照第一个关键字排序，当参与排序的记录所依据的第一个关键字相同时，再按照第二个关键字（次要关键字）排序，如果第二个关键字也相同，再依次设置"次要关键字"。

（二）数据分类汇总

分类汇总是指根据特定的类别将数据以指定的方式汇总，这样可以快速地汇总分析数据，以获得想要的统计数据。在使用 Excel 分类汇总功能时，要注意数据区域必须先按照分类字段排序，通过排序将同一类关键字排列在相应的行中，否则，在汇总时对同一个关键字将会产生多个分类结果。

在"分类汇总"对话框中，单击"全部删除"按钮，删除分类汇总结果。

（三）数据筛选

数据筛选就是按照一定的条件对数据进行选择，隐藏不需要的数据，显示有用的数据。

1. 自动筛选

这是用户常用的快速筛选方式，可从数据中快速筛选出满足某个条件的记录并显示。单击"数据"选项卡"排序和筛选"组中的"筛选"，数据中所有的字段后面都出现一个下拉按钮，单击某个字段后的下拉按钮，勾选需要显示的数据，单击"确定"按钮，将在数据区域中呈现满足条件的记录。

2. 自定义筛选

如果筛选的条件不能简单地通过勾选来实现，可以自定义筛选。在执行"筛选"后，单击某个字段名后的下拉按钮，在弹出的下拉列表中单击"数字筛选"，在弹出的对话框中输入参数即可，如图4-31所示。

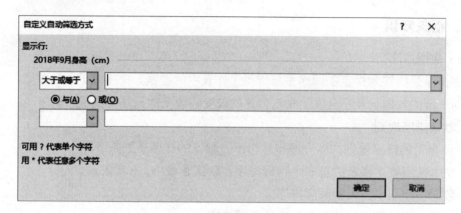

图4-31 自定义筛选

六、创新实践

① 使用分类汇总计算任务二"豆豆班身高体重一览表"中各个时期男孩、女孩的身高、体重、BMI的平均值。

② 在"园服统计表"中完成如下操作：

a. 筛选出所有订制S号的女孩信息，把筛选结果复制到新工作表"S女"中。

b. 筛选出所有订制L号的男孩信息，把筛选结果复制到新工作表"L男"中。

c. 用分类汇总统计小1班男孩人数和女孩人数。

任务四 制作幼儿身体素质情况变化趋势图

学前儿童身体生长发育是有规律的，家长和幼儿园都要关注幼儿的生长发育，在幼儿成长过程中定期记录幼儿成长数据，科学分析幼儿健康状况，通过家园共育让幼儿的身心得到健康发展。幼儿园对孩子们健康教育的高度重视，提高了家长们的健康认识水平，改善了孩子们的健康状况，使孩子们的身心得到了健康的发展。

一、任务情境

豆豆班的孩子们入园一年了，班主任张老师和小朋友家长每半年记录下孩子们的身高、体重数据，张老师想把每个小朋友入园后的身高、体重数据制作成一个变化趋势图，和全班平均值做对比分析，从而得到幼儿身体素质成长发展情况，更好地指导家长关注孩子的身体成长，为孩子提供合理、均衡的营养。

二、任务分析

Excel 2016 中的图表将数据图形化表示，更加直观地表达数据的大小、比例、变化趋势等。本任务中通过创建折线图表示幼儿成长数据的大小、走向和趋势，通过设定图表对象的格式，本之更美观、清晰，让数据信息变得一目了然。

三、任务实施

1. 打开工作表

启动 Excel 2016，打开"豆豆班身高体重一览表"。

制作变化趋势图

2. 创建折线统计图

（1）选择数据源

按住 Ctrl 键，依次单击"赵一一"及她的三个时间段的 BMI 值，然后再依次单击"女生平均值"及对应的三个时间段的 BMI 值，如图 4-32 所示。

姓名	性别	2019年9月身高（cm）	2019年9月体重(kg)	2020年1月身高(cm)	2020年1月体重(kg)	2020年5月身高(cm)	2020年5月体重(kg)	2019年9月BMI指数	2020年1月BMI指数	2020年5月BMI指数
赵一一	女	1.12	22.3	1.13	25.5	1.14	26.8	17.8	20.0	20.8
钱小宝	男	0.94	14.3	0.96	16.2	0.97	17.8	16.4	17.8	18.8
孙大山	男	1.14	18	1.15	21.6	1.20	23.6	14.0	16.3	16.4
李思成	女	1.04	19.8	1.06	23.7	1.07	25.6	18.5	21.3	22.6
周如意	女	1.10	16	1.13	20.6	1.15	21.6	13.3	16.3	16.5
吴大陆	男	1.07	20.60	1.11	21.30	1.15	24.70	17.9	17.4	18.7
郑乔乔	女	1.06	16.80	1.07	17.90	1.09	18.50	15.1	15.6	15.6
王丽霞	女	0.96	16.50	0.99	18.30	1.10	19.40	18.1	18.9	16.0
刘大宝	男	1.12	17.00	1.15	20.60	1.17	23.50	13.6	15.7	17.2
赵大山	男	1.10	17.30	1.15	19.70	1.18	25.30	14.2	14.8	18.2
刘成成	男	1.09	18.50	1.12	19.50	1.16	20.30	15.6	15.5	15.1
柳小艺	女	1.14	17.90	1.21	19.20	1.24	21.10	13.8	13.1	13.7
鲁晓	男	1.07	20.10	1.13	23.20	1.15	24.30	17.6	18.2	18.4
张历程	男	1.03	19.30	1.09	21.30	1.11	22.10	18.2	17.9	17.9
李成城	女	1.10	16.80	1.14	18.30	1.15	19.80	13.9	14.1	15.0
李小山	男	1.07	17.80	1.12	19.60	1.15	20.20	15.3	15.6	14.9
陈大陆	男	1.15	18.40	1.21	20.40	1.23	20.60	13.9	13.9	13.6
张小资	男	1.16	19.10	1.23	21.10	1.25	22.30	14.2	13.9	14.3
李文文	女	1.01	16.90	1.08	18.30	1.10	19.90	16.6	15.7	16.4
李丽丽	女	1.03	15.70	1.15	17.80	1.09	17.60	14.8	16.1	15.6
男生平均值		1.08	18.28	1.12	20.35	1.15	22.29	15.68	16.22	16.88
女生平均值		1.06	17.82	1.10	20.13	1.13	21.44	15.81	16.78	16.85

图 4-32 豆豆班身高体重一览表

（2）创建折线图

单击"插入"选项卡"图表"组中的"插入折线图或面积图"按钮，从中选择"二维折线图"中的"折线图"，在图表工具栏的"设计"选项卡"图表样式"组中选择"样式 9"，得到赵一一三个时间段 BMI 值的折线图及所有女生这三个时间段 BMI 值的折线图，如图 4-33 所示。图中可清晰看出赵一一的 BMI 值比平均值高。

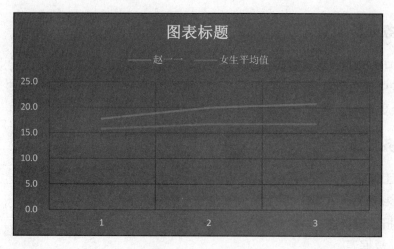

图 4-33 折线图

3. 设置图表

（1）修改图表标题

选中"图表标题"文字，输入"赵一一身体素质一览表"，完成图表标题的更改。

（2）设置图表布局

选中图表，在图表工具栏的"设计"选项卡中选择"图表布局"中的"快速布局"中的"布局5"，如图4-34所示。得到的布局效果如图4-35所示。

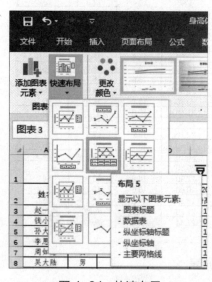

图 4-34 快速布局

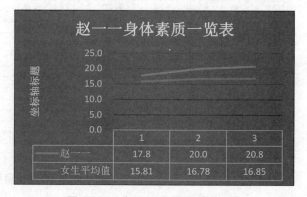

图 4-35 赵一一身体素质一览表

（3）设置坐标轴标题

选中图表左边"坐标轴标题"文字，输入"BMI指数"。

第一个小朋友的身体素质图表最终效果如图4-36所示。可以用相同的方法创建其他小朋友的身体素质图表。

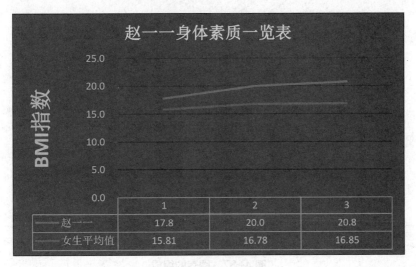

图 4-36　最终效果图

4. 保存工作簿文件

按快捷键 Ctrl+S 保存文件。

四、梳理与讨论

① 梳理创建图表的步骤。
② 图表一般由哪几部分组成？
③ 如何选择图表类型能更直观、简单地表达出数据间的关系？

五、相关知识

1. 图表的类型

Excel 2016 内置了 15 种图表类型，包括柱形图、折线图、饼图、条形图、面积图、XY 散点图、股价图、曲面图、雷达图、树状图、旭日图、直方图、箱形图、瀑布图、组合图，每种图表类型还包含了多种子图表类型，根据需要选择合适的图表来表达数据分析。

（1）柱形图

用于显示跨若干类别比较值。

（2）折线图

用于显示某个时期内的数据在相等时间间隔内的变化趋势。

（3）饼图

用于显示同类数据的各数据项占该系列数值总和的比例关系。

2. 图表的组成

Excel 图表由图表区、数据标签、坐标轴、网格线、图表标题、图例等基本元素组成，如图 4-37 所示。

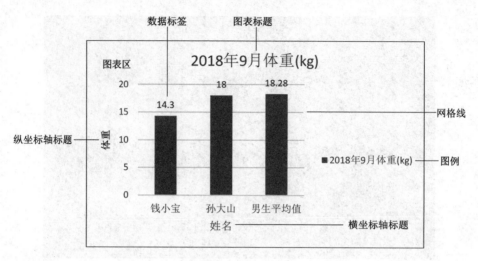

图 4-37 图表的组成

3. 图表的编辑

选中图表后，功能区将增加"图表工具"选项卡。"图表工具"选项卡又包含"设计"和"格式"两个选项卡。通过这两个选项卡中的命令按钮，可以对图表进行编辑和格式设置，如图 4-38 所示。

图 4-38 图表"设计"选项卡

4. 设置图表样式

选中图表，在"图表工具"的"格式"选项卡的"图表样式"中，选择 13 种默认样式中的一种。

六、创新实践

① 用柱状图表示豆豆班所有女生 2019 年 9 月身高数据，并对图表各元素进行设置。

② 用折线图表示钱小宝、孙大山、鲁小山三个小朋友 2019—2020 年身体素质发展变化情况，并对图表各元素进行设置。

③ 用饼图表示园服统计表中订制 S、M、L 号的数量占总数的比例，并对图表各元素进行设置。

项目五
获取与处理图像资源

知识地图

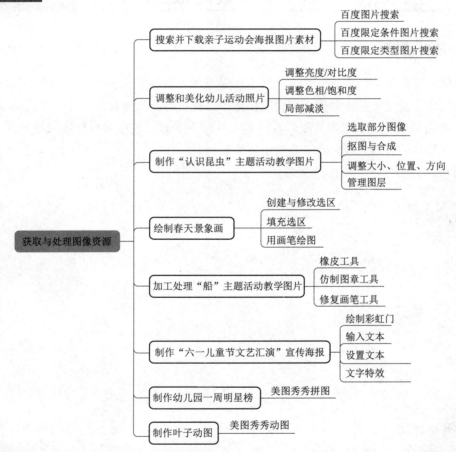

学习目标

1. 能列举出图像文件的不同格式。
2. 说出网络搜索和图片下载的方法。
3. 能利用 Photoshop 加工处理教学图片。
4. 能利用 Photoshop 合成教学图片。
5. 能利用美图秀秀美化幼儿活动照片。

在幼儿教育活动中，图形图像是最常用的多媒体教学形式，由于幼儿认字较少，通过直观、形象的图像获取知识是幼儿学习的重要途径，运用信息技术手段获取需要的图像资源、加工处理图像是幼儿教师必备的信息技术应用能力之一。

图像的获取方法有多种，如相机（或手机）拍摄、网上下载、屏幕截图等。然而获取到的图像不一定完全符合需求，这就需要进一步加工处理。图像处理的软件有许多，如简单易学的美图秀秀、比较专业的 Photoshop 软件等。

本项目根据幼儿园活动实际，设计了八个典型任务，通过完成任务，使学习者学会图像资源的搜索下载，利用图像处理软件 Photoshop 和美图秀秀进行图像的处理。

任务一 搜索并下载亲子运动会海报图片素材

一、任务情境

快乐幼儿园准备举行亲子运动会，为了加强宣传，提高家长和小朋友们的参与度，园长要求各班制作一份电子宣传海报。中班的魏老师首先进行了海报整体设计，然后需要收集图片素材，最后制作海报。从哪儿获取素材呢？从网上下载是获取素材比较快捷方便的方法，于是魏老师要从因特网上搜索并下载海报图片素材。

素材样例如图 5-1～图 5-3 所示。

图 5-1 海报背景图片

图 5-2　幼儿活动图片

图 5-3　幼儿运动动图

二、任务分析

制作海报需要的图片素材包括背景图片、主题内容图片即幼儿活动图片和装饰用的卡通动图,根据所需要的图片内容、类型、尺寸的不同,将本任务分解成三个子任务。

子任务 1:搜索并下载海报背景图片

子任务 2:搜索并下载幼儿运动图片

子任务 3:搜索并下载幼儿运动动图

三、任务实施

搜索下载海报图片素材

子任务 1:搜索并下载海报背景图片

1. 打开百度图片

在浏览器地址栏中输入 http://images.baidu.com,按 Enter 键,直接进入百度图片搜索主页。

2. 输入关键词

在搜索栏中输入"运动会背景",按 Enter 键或单击"百度一下"按钮,搜索结果如图 5-4 所示。

图 5-4　搜索结果

提示 在搜索结果中看到的是图片的预览图,鼠标指向预览图会显示图片来源和图片尺寸,根据自己需求选择。

3. 打开原图

找到合适的图片,单击图片打开图片链接的原图,右侧"图片信息"中显示图片类型、图片来源、图片尺寸,如图 5-5 所示。

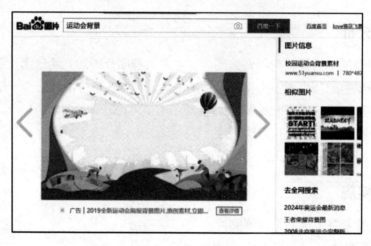

图 5-5 打开原图

4. 下载图片

在图片上右击,在快捷菜单中选择"图片另存为",保存图片到指定位置,这样就得到了想要的背景图片。

子任务 2:搜索并下载幼儿运动图片

搜索后下载的幼儿运动图片最终要合成到背景图片上,背景处理是比较复杂的问题,因此,在下载时最好选择单一颜色背景或透明背景的图片。在搜索时,可以使用百度图片搜索中的高级设置搜索到更符合要求的图片。在百度图片搜索栏的下方有高清、最新、动图、全部尺寸、全部颜色五个选项,如图 5-6 所示。

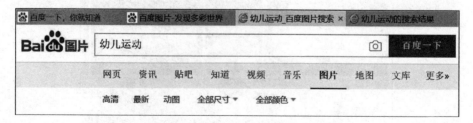

图 5-6 百度图片高级设置

1. 打开百度图片搜索

在浏览器地址栏中输入 http://images.baidu.com 后,按 Enter 键,进入百度图片搜索主页。

2. 搜索"幼儿运动"图片

在搜索栏中输入"幼儿运动",按 Enter 键或单击"百度一下"按钮,搜索结果如图 5-7 所示。此时搜到的是全部尺寸、全部颜色的幼儿运动图片。

图 5-7　搜索"幼儿运动"图片

3. 设置搜索图片尺寸

单击图片设置中的"全部大小",在弹出的图像尺寸下拉选项中选择"中尺寸",如图 5-8 所示,此时搜到的是"幼儿运动"中等尺寸图片。

图 5-8　搜索"幼儿运动"中尺寸图片

4. 设置背景颜色

单击图片设置中的"全部颜色",在弹出的图像色调的下拉选项中选择"白色",如图 5-9 所示,此时搜到的是"幼儿运动"中等尺寸、白色背景图片。

5. 打开原图

找到自己满意的图片,单击图片,打开图片链接的原图,如图 5-10 所示。

图 5-9 搜索"幼儿运动"白色背景图片

图 5-10 打开原图

6. 下载图片

在图片上右击,在快捷菜单中选择"图片另存为",保存图片到指定位置。

子任务 3:搜索并下载幼儿运动动图

要搜索动图,可以在百度图片设置中选择"动图"进行搜索,方法同子任务 2,不再重复。动态图片的文件格式一般是 GIF,本任务采用限定图片格式的方法进行搜索。

1. 打开百度图片搜索

在浏览器地址栏中输入 http://images.baidu.com 后,按 Enter 键,进入百度图片搜索主页。

2. 搜索幼儿运动动图

在搜索栏中输入"幼儿运动 .gif",按 Enter 键或单击"百度一下"按钮,在搜索结果页面上出现许多动图,如图 5-11 所示。

图 5-11 搜索结果

> 提示：GIF 格式是动态图片格式，但不是所有 GIF 格式都是动图，请根据预览选择。

3．打开原图

找到满意的图片，单击图片，打开图片链接的原图，右侧"图片信息"中显示图片类型、图片来源、图片尺寸，如图 5-12 所示。

图 5-12 打开原图

4．下载图片

在图片上右击，在快捷菜单中选择"图片另存为"，保存图片到指定位置。

四、梳理与讨论

① 梳理百度图片的搜索和下载方法。

② 如何判断下载图片的大小和尺寸？
③ 如何找到单一颜色背景的图片？
④ 如何找到动态图片？
⑤ 探讨图片搜索和下载的其他方法。

五、相关知识

1. 图像类型

在计算机领域中，图像分为两种：矢量图和位图。

（1）矢量图

矢量图就是使用直线和曲线来描述的图形，构成这些图形的元素是一些点、线、矩形、多边形、圆和弧线等，它们都是通过数学公式计算获得的，具有编辑后不失真的特点。

矢量图常用于标识设计、图案设计、文字设计和版式设计等。

（2）位图

位图也称为点阵图像，是由许多不同颜色的点组成的，这些点称为像素。当放大位图时，可以看见构成整个图像的许多个方块。扩大位图尺寸的效果是增大单个像素，从而使线条和形状显得参差不齐。

用数码相机拍摄的照片、扫描仪扫描的图片及计算机截屏图等，都属于位图。

2. 图像分辨率

图像分辨率是指每英寸图像内所含像素的点数，单位是像素/英寸（PPI），表达方式通常为水平像素数×垂直像素数，有时图像分辨率也称图像大小（不同于打印出来的物理大小）。同一幅面的图像，分辨率越高越清晰。

3. 图像文件格式

常用的图像文件格式有 BMP、JPG、GIF、PNG 等。

BMP 格式是 Windows 操作系统中的标准图像格式，它的特点是包含的图片信息丰富，但不能被压缩，占用磁盘空间一般比较大。

JPG 格式的优点是既占用较少的磁盘空间，又能保证较好的图片质量，目前应用最为广泛。

GIF 格式是图形交换格式，优点是占用磁盘空间小、可组成简单的动画，因此，广泛应用于互联网上。

PNG 格式是一种网络图像格式，它最大的优点是支持透明背景图片的制作。

六、创新实践

① 在幼儿园大班美术课《各种各样的汽车》活动中，为了增强孩子们对各种各样汽车的认识，先让孩子们观看一组汽车图片。请从网上搜索并下载 6 张不同类型的汽车图片。

② 搜索 GIF 格式的动图，如卡通人物、卡通动物等。

任务二　调整和美化幼儿活动照片

幼儿教师在拍摄幼儿室内活动照片时，往往由于环境因素，如光线过暗或过亮等原因使拍摄效果不佳，这时经常需要使用计算机图像处理软件对照片进行调整和美化。在图形/图像处理领域中，Photoshop 软件已经成为行业权威和标准，它有强大的图像处理功能，还可以制作图像。

一、任务情境

中班手工活动课上，王老师拍摄的小朋友做手工的照片如图 5-13 所示，发现照片整体较暗，图像也不清晰，王老师需要用图像处理软件进行处理，使照片更加美观。

二、任务分析

本任务先使用 Photoshop 中的"调整"功能调整照片的亮度、对比度及颜色的饱和度，再使用"减淡工具"进行局部处理，最终效果如图 5-14 所示。

图 5-13　原照片效果

图 5-14　处理后效果

三、任务实施

1. 启动 Photoshop 软件，熟悉工作界面

启动 Photoshop CS6，工作界面如图 5-15 所示，由菜单栏、工具箱、调板、画布窗口和状态栏组成。可以看出，Photoshop CS6 窗口是一个标准的 Windows 窗口，可以对它进行移动、调整大小、最大化、最小化和关闭等操作。

美化活动照片

菜单栏：包含了程序中所有的命令。

工具箱：工具箱包含了程序中常用的工具按钮。在工具箱中，有些工具共用一个按钮，即工具组，这时只需单击工具箱中按钮右下角的小三角并按住不放，即可显示工具组的其他工具。

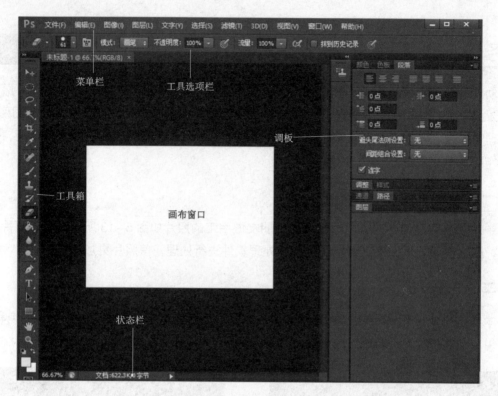

图 5-15 Photoshop CS6 工作界面

画布窗口：画布窗口也叫图像窗口，是用来显示、绘制和编辑图像的窗口，是一个标准的 Windows 窗口，可以对它进行移动、调整大小、最大化、最小化和关闭等操作。

状态栏：状态栏位于窗口的底部，显示一些提示信息。例如，当前打开的图像的显示比例、当前选择工具的提示信息等。

工具选项栏：默认状态下工具选项栏在菜单栏的下方，用于显示当前所选工具的各项参数，选项栏中显示的各项因当前所选工具的不同而不同。图 5-16 所示是画笔工具选项栏。用户可以选择"窗口"→"选项"菜单隐藏或显示工具选项栏。

图 5-16 画笔工具选项栏

调板：用户可以通过调板设置各种工具的参数，如设置颜色、编辑图像、移动图像、显示信息等。

2. 打开照片文件

执行"文件"→"打开"命令，打开照片文件"活动图片 .jpg"，如图 5-17 所示。

3. 调整亮度/对比度

选择"图像"→"调整"→"亮度/对比度"，设置合适的值，完成亮度和对比度调整，如图 5-18 所示。

图 5-17　打开照片

4. 调整色相/饱和度

选择"图像"→"调整"→"色相/饱和度",设置合适的值,完成色相和饱和度调整,如图 5-19 所示。

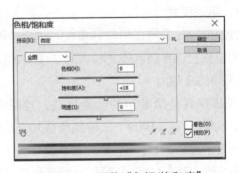

图 5-18　调整"亮度/对比度"　　　　图 5-19　调整"色相/饱和度"

5. 局部减淡

选择工具箱中的减淡工具　，在工具选项栏中设置笔头大小,在幼儿的脸部、手部进行涂抹,使皮肤颜色减淡,起到美白皮肤的作用,如图 5-20 所示。

6. 保存调整后的图片

执行"文件"→"存储为"命令,另存文件为"活动图片调整后 .jpg"。

四、梳理与讨论

① 梳理图片效果调整的方法与技巧。

② 在调整色相/饱和度的过程中,通过预览发现图像有什么变化?

③ 使用减淡工具进行局部减淡时,有什么操作技巧?

图 5-20 使用"减淡工具"局部减淡

五、相关知识

1. 色彩模式

Photoshop 支持多种色彩模式,包括位图模式、灰度模式、索引颜色模式、RGB 模式、CMYK 模式、Lab 颜色模式和多通道模式等。下面介绍几种主要的色彩模式。

(1) RGB 模式

RGB 模式是最常用的色彩模式,也是 Photoshop 默认的色彩模式,是由红(Red)、绿(Green)、蓝(Blue)三种颜色叠加而成的色彩。RGB 模式每个像素占用 3 个字节,分别用于表示颜色的 R、G、B 分量,每个分量值均为 0~255(黑色→白色),三种颜色叠加就产生 256×256×256 种颜色,即真彩色。

(2) CMYK 模式

CMYK 模式是印刷时使用的一种色彩模式,是由青(Cyan)、洋红(Magenta)、黄(Yellow)和黑(Black)四种颜色组成的。和 RGB 模式不同的是,CMYK 模式是减法模式,而 RGB 模式是加法模式。

RGB 模式一般不用于打印,因为它的某些色彩已经超出了打印机的范围,打印时会使图像失真。在实际打印时,一般会将 RGB 模式转换为 CMYK 模式。

(3) 灰度模式

灰度模式每个像素都是介于黑色与白色之间的,能够产生 256 级灰度色调。灰度图像中,只有灰度颜色而没有彩色。

(4) Lab 模式

Lab 模式是 Photoshop 在不同颜色模式之间转换时使用的中间颜色模式。

2. 图像色彩

色彩可分为无彩色和有彩色两大类。前者如黑、白、灰,后者如红、黄、蓝等。有彩色具备光谱上的某种或某些色相,统称为彩调;与此相反,无彩色就没有彩调,只有明暗。有彩色的表现有三个特征:色相、明度、纯度(饱和度),也称为色彩的三要素,各要素发生作用形成色调,并显出自己的特性。

色相:色彩的相貌和特征,主要取决于光的波长。

明度:色彩的明暗程度,色彩深浅区别。

纯度:色彩的纯净程度,又叫作彩度或者饱和度。

色调:画面中总是有具有某种内在联系的各种色彩组成一个完整统一的整体,形成画面色彩总的趋势。

纯度高的色彩会有一种向前的倾向,而暗浊的色彩则会有退后之感,这样就有了色彩层次感。不管哪种色彩的配置,色相、明度、纯度是不可分开的,也是不能孤立的。在明度的处理上通常使用对比度。

六、创新实践

王老师拍摄的幼儿活动照片如图 5-21 所示,请用 Photoshop 进行调整,使其达到较好的效果,效果样例如图 5-22 所示。

图 5-21 幼儿活动照片原图

图 5-22 调整后的幼儿活动照片

任务三 制作"认识昆虫"主题活动教学图片

幼儿教师在开展主题活动时,常常借助颜色鲜亮、生动逼真的图片让小朋友去认识大自然,有的图片可以从网上下载获取,有的从教学资源库获取,有的自己拍摄获得,也有的需要通过图像处理软件进行合成,制作成合适的图片,满足教学需要。

一、任务情境

在"认识昆虫"这一主题活动中,王老师通过展示有关昆虫的图片让小朋友们认识昆虫，为了说明蝴蝶和蜜蜂都喜欢花香这一现象，王老师准备了牡丹花、蝴蝶、蜜蜂三张图片，如图 5-23 所示，想利用 Photoshop 将这三张图片合成一张蜜蜂和蝴蝶同时在花上的图片，如图 5-24 所示。

图 5-23　素材图片

图 5-24　合成效果

二、任务分析

要进行图像合成，首先从原图像中将蝴蝶、蜜蜂分别抠取出来，然后复制粘贴到牡丹花图像上，再调整好大小、位置和方向，即可合成一张图片。利用 Photoshop 中的选框工具组、套索工具组、快速选择工具组中的工具选取图像，并实现抠图。根据图像的不同特征，选择不同的工具，本任务中使用"磁性套索工具"抠取蝴蝶图像，使用"魔棒工具"抠取蜜蜂图像。

三、任务实施

1. 打开图像文件

启动 Photoshop，执行"文件"→"打开"命令，在弹出的对话框中依次选中花、蝴蝶、蜜蜂三个图像文件并打开，如图 5-25 所示。

制作认识昆虫教学图片

获取与处理图像资源
项目五

图 5-25　打开文件

2. 另存"花"图像

单击"花.jpg",执行"文件"→"存储为",在弹出的"存储为"对话框中,输入文件名"花蝴蝶蜜蜂合成",格式选择"PSD",如图 5-26 所示。

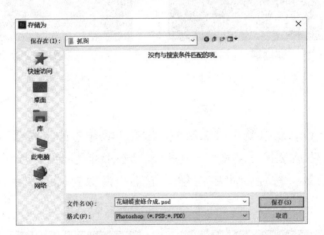

图 5-26　"存储为"对话框

3. 选取蝴蝶

单击"蝴蝶.jpg"文件,切换到"蝴蝶"图像上,单击工具箱中的"套索工具组",选择"磁性套索工具" ,在蝴蝶的边缘上任一点单击,然后沿着蝴蝶边缘移动鼠标,在拐点处单击,围绕蝴蝶一周,在终点与起点重合时单击,此时形成选区,如图 5-27 所示。

选择过程中,可以按退格键 Backspace 撤销错误的拐点。

4. 复制蝴蝶到合成图像中

创建选区后，执行"编辑"→"拷贝"命令，复制蝴蝶图像，单击"花蝴蝶蜜蜂合成.psd"，切换到花图像上，执行"编辑"→"粘贴"命令，将蝴蝶粘贴到花图像上。

5. 调整蝴蝶

执行"编辑"→"自由变换"命令（或者按快捷键Ctrl+T），此时蝴蝶四周出现调整框，如图5-28所示，拖动控点可以改变蝴蝶的大小，拖动蝴蝶改变蝴蝶的位置，当鼠标放到调整框的顶点处时，可以调整蝴蝶方向。调整好后按Enter键确定，完成蝴蝶与花的合成。

图5-27 选取蝴蝶

图5-28 调整蝴蝶

6. 选取蜜蜂

（1）选背景

单击"蜜蜂.jpg"，切换到蜜蜂图像上，选择工具箱中的"魔棒工具"在蜜蜂图像背景上单击，使背景生成选区，如图5-29所示；这时还有局部背景区域不在选区内，如身体和腿之间的空隙，按住Shift键继续单击这些空隙处，添加到选区内，如图5-30所示。

图5-29 魔术棒选取背景

图5-30 添加选区

（2）反选

执行"选择"→"反向"命令，蜜蜂图像生成选区，如图 5-31 所示。

（3）添加选区

反选后会发现蜜蜂的翅膀有一部分不在选区内，单击工具选项栏中的"添加到选区"按钮 ，选择"磁性套索工具"，在翅膀的边缘单击，拖动鼠标选中翅膀剩余部分添加到选区，如图 5-32 所示。

图 5-31 反选

图 5-32 添加选区

7. 复制蜜蜂到合成图像中

方法同步骤 4。

8. 调整蜜蜂

方法同步骤 5。

完成后的效果如图 5-33 所示。

图 5-33 完成效果

9. 保存为 JPG 文件

执行"文件"→"存储为"命令，在弹出的对话框中，格式选择 JPEG。这时生成的图像文件就可以在教学中直接使用了。

四、梳理与讨论

① 梳理图像合成的方法和步骤。
② 选择图像中的部分景物时，如果多选或少选了，该如何处理？
③ 图像合成时，如何从调整蜜蜂图像切换到调整蝴蝶图像的状态？

五、相关知识

1. 创建选区

创建选区是在图像处理中最常用的基本操作，工具箱中提供了三组不同的创建选区工具，用于创建不同类型的选区。

（1）选框工具组

选框工具组用来创建规则选区。选框工具组有四个工具，分别为矩形选框工具、椭圆选框工具、单行选框工具和单列选框工具，如图 5-34 所示。

① 矩形选框工具：单击它，鼠标指针变为十字线状，用鼠标在画布窗口内拖曳，即可创建一个矩形选区。

② 椭圆选框工具：单击它，鼠标指针变为十字线状，用鼠标在画布窗口内拖曳，即可创建一个椭圆选区。

对于矩形和椭圆选框工具，按住 Shift 键，同时用鼠标在画布窗口内拖曳，可创建一个正方形或圆形的选区；按住 Alt 键，可以将当前点作为要绘制选区的中心点；按住快捷键 Alt+Shift，以鼠标当前点为中心点，绘制正方形或正圆形。

（2）套索工具组

套索工具组用于创建不规则选区。套索工具组有三个工具，分别为套索工具、多边形套索工具和磁性套索工具，如图 5-35 所示。

图 5-34　选框工具组

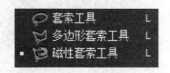

图 5-35　套索工具组

① 套索工具：单击它，鼠标指针变为套索状，用鼠标在画布窗口内拖曳，起点与终点进行连接，即可创建一个不规则的选区。

② 多边形套索工具：单击它，鼠标指针变为多边形套索状，单击多边形选区的起点，再依次单击多边形选区的各个顶点，最后双击多边形选区的终点，系统会自动将起点与终点

进行连接，形成一个闭合的区域，即形成一个多边形选区。

③ 磁性套索工具：单击它，鼠标指针变为磁性套索状，用鼠标在画布窗口内拖曳，系统会自动根据鼠标拖曳出的选区边缘的色彩对比度来调整选区的形状，最后在终点处双击鼠标左键，即可创建一个不规则的选区。

对于选取区域外形比较复杂的图像，同时又与周围图像的彩色对比度反差比较大的情况，采用磁性套索工具创建选区是很方便的。

（3）快速选择工具组

快速选择工具组用于创建不规则选区。快速选择工具组有两个工具，分别为快速选择工具和魔棒工具，如图 5-36 所示。

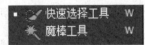

图 5-36　快速选择工具组

① 快速选择工具：单击它，鼠标指针变为快速选择的靶子状，用鼠标在画布窗口内拖曳，即可创建一个不规则的选区。

② 魔棒工具：单击它，鼠标指针变为魔棒状，单击画布窗口内需要选择的位置，可形成一片颜色相近的选区。利用容差值 容差:32 的设定，可控制选择颜色的相近程度。

对于大面积的选择，利用快速选择工具可以很方便地创建选区；对于背景比较简单的图像，利用魔棒工具可以很快速、方便地创建选区。

（4）创建选区的四种方式

创建选区时有四种方式，可以通过工具选项栏中的按钮 进行选择。

① "新选区" 按钮，在图像中创建选区时，新创建的选区将取代原有的选区。

② "添加到选区" 按钮，在图像中创建选区时，新创建的选区与原有的选区将合并为一个新的选区，如图 5-37 所示。

③ "从选区减去" 按钮，在图像中创建选区时，将在原有选区中减去与新选区重叠的部分，得到一个新的选区，如图 5-38 所示。

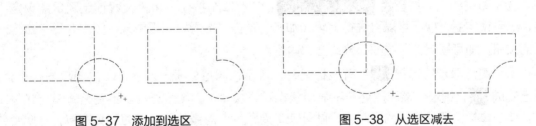

图 5-37　添加到选区　　　　　图 5-38　从选区减去

④ "与选区交叉" 按钮，在图像中创建选区时，将只保留原有选区与新选区相交的部分，形成一个新的选区，如图 5-39 所示。

2. 图层

（1）图层概念

图层是 Photoshop 中组成图像的基本元素，图层可以看成是一张张透明胶片，当多个图层叠

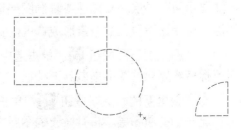

图 5-39　与选区交叉

加在一起时，透过空白处可以看到下面图层上的内容；有图像的地方会产生遮挡效果。如图 5-40 所示，图中共有三个图层，每个图形都在独立的图层上。

使用图层有利于实现图像的分层管理和处理，图像的每个部分都可以放置在不同的图层上，对其中一个图层的图像编辑，不会影响其他图层内的图像，同时，在 PSD 格式文件中，会保存各图层的信息。

（2）图层管理

管理图层可以通过"图层"调板来实现，如图 5-41 所示。在"图层"调板上，可以通过调板下方的按钮进行新建图层、删除图层、添加图层样式等操作。

图 5-40　图层顺序

图 5-41　"图层"调板

"图层"调板中一些选项的作用简介如下：

① "图层的混合模式"下拉列表框 正常 ：混合模式就是指绘图颜色与图像原有的底色采用什么方式混合。

② "不透明度"下拉列表框 不透明度：100% ：用来调整当前图层的不透明度。

③ "图层锁定"按钮栏 锁定：：它有四个按钮，用来设置锁定图层的锁定内容，一旦锁定后，就不可以再进行编辑和加工。单击"图层"调板中某一图层，再单击这一栏的按钮，即可锁定该图层的部分或全部内容。

④ "图层显示"标记 ：有该标记时，表示该图层处于显示状态。鼠标单击该标记，标记变成 ，则表示该图层处于不显示状态；再次单击，图层显示。不管是背景层还是图层，单击面板上图层左边的眼睛图标就可使之隐藏。没隐藏的图层称为可见图层，可以合并可见图层。按 Alt 键，单击某图层的眼睛图标，可单独显示该图层。再次单击眼睛图标，可恢复显示所有图层。新图层或复制图层都会生成在当前图层上。按住 Ctrl 键，单击面板上的图层，可使该图层上的像素形成选区。

⑤ "删除图层"按钮 ：单击选中一个图层，再单击该按钮，即可将选中的图层删除。用鼠标将要删除的图层拖曳到该按钮上，松开鼠标左键，也可删除图层。

⑥ "创建新的图层"按钮 ：单击选中一个图层，再单击该按钮，即可在当前图层之上创建一个普通图层。将有像素的图层拖曳到新建图层上，可以实现复制效果。

⑦ 复制图层：可选取主菜单或面板菜单内的"复制图层"命令。更快的方式为把欲复

制的图层拖到面板下部的"创建新图层"按钮 ▫ 上,然后松开鼠标即可。

⑧ 移动图层:用移动工具拖曳图层可以移动图层,进而改变图层排列顺序。图层内的对象可以直接用移动工具拖曳来改变其位置。

六、创新实践

为了培养幼儿爱护环境的意识,请用图5-42所示素材1、图5-43所示素材2和图5-44所示素材3合成制作"爱护环境,保护地球"宣传海报,参考效果如图5-45所示。

图5-42 素材1

图5-43 素材2　　　　　图5-44 素材3

图5-45 合成效果

任务四　绘制春天景象画

幼儿教师在开展幼儿活动时，有时在教学资源库找不到合适的图像，就需要根据活动需要自己绘制图像。

一、任务情境

春天就要来了，为了让小朋友提前感受春天的气息，了解自然常识，小班的王老师准备绘制一幅春天景象图画。画面中，小草出来了，大树绿了，蔚蓝的天空中白云飘飘，小女孩在草地上追赶着蝴蝶，充满了生机。

样例效果如图 5-46 所示。

图 5-46　春天景象画效果

二、任务分析

该图画可以应用 Photoshop 的绘图功能完成。Photoshop 绘图包括两种方式：一是利用"创建选区""填充选区"生成图像，如图 5-46 中的太阳、绿地、大树和白云均可采用选区填充的方式制作；二是直接使用画笔工具绘制图像，如图中的小草、蝴蝶可以用画笔绘制。

三、任务实施

1. 新建图像

启动 Photoshop，执行"文件"→"新建"命令，弹出"新建"对话框，在对话框中设置画布宽度为 900 像素、高度为 768 像素，模式为 RGB，背景颜色为白色，如图 5-47 所示。

制作蓝天和草地

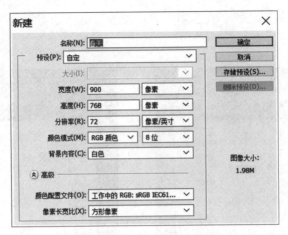

图 5-47 "新建"对话框

2. 填充背景

① 选择渐变填充工具。在工具箱中单击渐变填充工具按钮 ■，工具选项栏如图 5-48 所示。

图 5-48 "渐变工具"选项栏

② 编辑渐变色。单击选项栏上的编辑渐变按钮 ■，弹出"渐变编辑器"对话框，如图 5-49 所示。在对话框中编辑蓝色到白色的渐变，单击"确定"按钮。

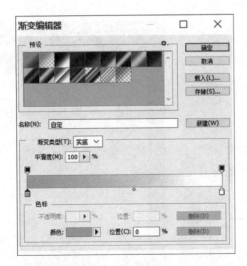

图 5-49 "渐变编辑器"对话框

③ 填充背景。在画布上自上而下拖动鼠标，填充渐变色，如图 5-50 所示。

3. 绘制绿草地

① 新建图层，双击图层名，重命名为"绿地"。

② 创建选区。选择工具箱中的套索工具，在画布上拖动鼠标，创建一个不规则形状的选区，如图 5-51 所示。

图 5-50　填充背景

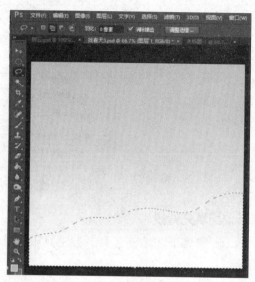

图 5-51　创建草地选区

③ 羽化选区。执行"选择"→"修改"→"羽化"命令，弹出"羽化选区"对话框，在对话框中设置羽化半径为 20 像素，如图 5-52 所示，单击"确定"按钮。

④ 填充选区。设置前景色为浅绿色，在工具箱中选择油漆桶工具，在选区内单击来填充选区。

⑤ 取消选区。按快捷键 Ctrl+D 取消选择。效果如图 5-53 所示。

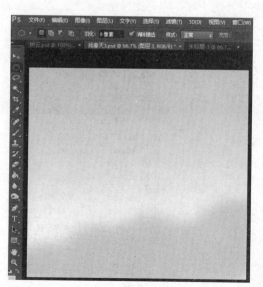

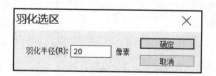

图 5-52　"羽化选区"对话框

图 5-53　填充草地选区

4. 绘制草和蝴蝶

① 新建图层，命名为"草和蝴蝶"。

绘制草和蝴蝶

② 选择画笔工具。在工具箱中选择"画笔"工具，画笔工具选项栏如图 5-54 所示。

图 5-54 画笔工具选项栏

③ 选择画笔笔尖形状。单击选项栏中的"画笔"列表框的黑色箭头按钮，或鼠标右击画布窗口内部，可调出"画笔样式"面板，如图 5-55 所示。选择画笔的笔尖为 。

④ 设置画笔。单击"窗口"→"画笔"命令，弹出"画笔"面板，在"画笔笔尖形状"下方取消"颜色动态"选项，勾选"形状动态"和"散布"选项，设置画笔大小为 35 像素，如图 5-56 所示。

⑤ 绘制小草。设置前景色为深绿色，在绿色区域单击多次，绘制小草。

⑥ 绘制蝴蝶。单击"画笔样式"面板右上角的"菜单"按钮，弹出"画笔样式"菜单，如图 5-57 所示。在菜单中选择"特殊效果画笔"命令，追加画笔，然后在"画笔样式"面板中选择画笔笔尖 ，在画布上单击绘制出蝴蝶，如图 5-58 所示。

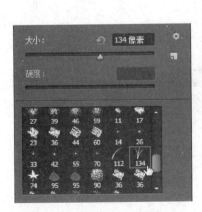

图 5-55 "画笔样式"面板

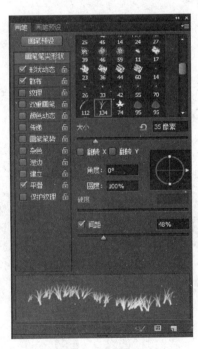

图 5-56 "画笔"面板

图 5-57 "画笔样式"菜单

5. 绘制太阳

① 新建图层，命名为"太阳"。

② 创建圆形选区。在工具箱中选择"椭圆选框工具"，在工具选项栏中设置羽化 5 像素后，按住 Shift 键，绘制出圆形选区。

③ 填充选区。设置前景色为红色，在工具箱中选择油漆桶工具，在圆形选区中单击，填充红色太阳，如图 5-59 所示。

绘制太阳
白云大树
（5-7）

图 5-58 绘制蝴蝶

图 5-59 绘制太阳

6. 绘制白云

① 新建图层，命名为"白云"。

② 创建白云选区。在工具箱中选择"椭圆选框工具"，在画布上拖出一个椭圆选区，然后按住 Shift 键，再次拖出椭圆选区，后者则会添加到前者的椭圆选区中。用同样的方法继续添加椭圆选区，如图 5-60 所示。

③ 填充选区。设置前景色为白色，选择油漆桶工具，在选区内单击填充白色。按快捷键 Ctrl+D 取消选区，如图 5-61 所示。

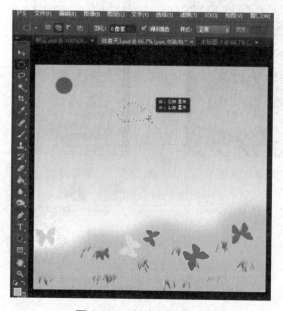

图 5-60 创建白云选区

图 5-61 填充白云选区

④ 复制白云。在工具箱中选择移动工具，按住 Alt 键的同时拖动白云，则复制出另一朵白云，同时，在图层面板中增加"白云 副本"图层，如图 5-62 所示。

⑤ 调整白云大小。在图层面板中单击选中"白云 副本"图层，按快捷键 Ctrl+T（或执行"编辑"→"自由变换"命令），在白云图像的周围出现 8 个控点，如图 5-63 所示，拖动控点可以改变白云的大小和方向。

图 5-62　图层面板

图 5-63　调整白云大小

7. 绘制大树

① 绘制树干。新建图层，命名为"树干"，在工具箱中选择"多边形套索工具"，在画布上依次单击树干图形的各个顶点，形成树干选区，如图 5-64 所示。设置前景色为棕色，选择油漆桶工具，在树干选区中单击来填充树干颜色，如图 5-65 所示。

图 5-64　创建树干选区

图 5-65　填充树干颜色

② 绘制树冠。新建图层，命名为"树冠"，在工具箱中选择套索工具，拖动鼠标来创建树冠形状的选区。设置前景色为绿色，选择油漆桶工具，在树冠选区中单击，填充树冠颜色，如图 5-66 所示。

③ 改变图层顺序。此时"树冠"图层在"树干"图层的上方，拖动"树干"图层上移，交换两图层的位置。效果如图 5-67 所示。

图 5-66　填充树冠选区

图 5-67　改变图层顺序

8. 添加奔跑的小女孩

① 抠选女孩图像。执行"文件"→"打开"命令，选择"女孩"图片，单击工具箱中的魔棒工具，按住 Shift 键，在图像的白色区域多次单击，选中女孩以外的区域，如图 5-68 所示。执行"选择"→"反向"命令选中女孩，如图 5-69 所示。

添加小女孩

图 5-68　选中女孩以外的区域

图 5-69　"反向"效果

② 粘贴女孩图像。执行"编辑"→"拷贝"命令，将女孩图像复制到剪贴板中，切换到"找春天.psd"图像，执行"编辑"→"粘贴"命令。

③ 调整女孩图像。按快捷键 Ctrl+T，调整女孩的大小和位置。

9. 保存图像文件

按快捷键 Ctrl+S 保存 PSD 图像文件，执行"文件"→"存储为"，格式选择"JPEG"，保存为 JPG 图像。

春天景象画最终效果如图 5-70 所示，最终图层面板如图 5-71 所示。

图 5-70　最终效果

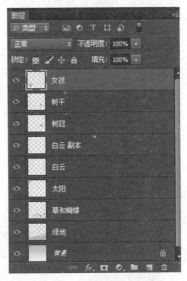

图 5-71　最终图层面板

四、梳理与讨论

① 梳理选区填充和画笔绘制两种图像生成方法的特点。

② 羽化选区的作用是什么？

③ 梳理 Photoshop 中常用操作的快捷键。

④ 如何找到不同形状的画笔？

五、相关知识

1. 画笔工具及其选项栏

Photoshop 有强大的绘画功能，铅笔工具、画笔工具和颜色替代工具是三个基本的画图工具。画笔工具和铅笔工具可在图像上绘制当前的前景色。画笔工具创建颜色柔和的描边，铅笔工具创建硬边直线。

在工具箱中单击画笔工具，选项栏显示如图 5-72 所示。

图 5-72　画笔工具选项栏

① 画笔：用来设置画笔的笔尖形状和大小。

② 模式：用来设置绘图颜色与图像原有底色的混合模式。选择不同的模式，将产生不同的效果。

③ 不透明度：用来定义画笔笔墨的覆盖程度。

④ 流量：用来定义画笔笔墨扩展的量。

⑤ 喷枪：使画笔具有喷枪的特性。

2. 画笔使用规则

① 设置好颜色（前景色）和画笔类型等后，单击画布窗口内部，可以绘制一个画笔笔尖的形状。

② 在画布中拖曳鼠标，可以绘制任意曲线。

③ 单击直线起点并且不松开鼠标按键，再按住 Shift 键，然后拖曳鼠标，可以绘制水平或垂直直线。

④ 单击直线起点，再按住 Shift 键，然后单击直线终点，可以绘制直线。

⑤ 按住 Shift 键，再一次单击多边形的各个顶点，可以绘制折线或多边形。

⑥ 按住 Alt 键，可将画图工具切换为吸管工具。本法也适用于本节介绍的其他工具。

⑦ 按住 Ctrl 键，可将画图工具切换为移动工具。本法也适用于本节介绍的其他工具。

⑧ 如果已经创建了选区，则只可以在选区内绘制图像。

六、创新实践

请利用 Photoshop 帮助幼儿园老师绘制一幅雪景图画，参考效果如图 5-73 所示。

图 5-73　雪景图画

任务五 加工处理"船"主题活动教学图片

一、任务情境

中班的李老师要给小朋友们介绍"船"的小知识,她从网上下载了一张有船的教学图片,如图 5-74 所示。图片左下方含有网站广告信息文字,图片上方有"Summer"英文字样,为了避免这些信息对幼儿注意力的干扰,李老师想利用 Photoshop 消除这些信息。同时,为了突出重点内容,在图片上原样复制增加一条小船。效果如图 5-75 所示。

图 5-74 修复前

图 5-75 修复后

二、任务分析

Photoshop 提供了修复和修饰工具组,对于单色背景上的文字信息,可以使用橡皮擦工具直接擦除;对于复杂背景上的信息,可以用修复工具组中的仿制图章工具去掉,从而还原图像原有的背景。使用仿制图章还可以实现复制图像的功能。

三、任务实施

1. 打开图片文件

执行"文件"→"打开"命令,打开要修复的"船"的图片。

加工处理"船"教学图片

2. 擦除单色背景上的文字

图片左下方文字背景颜色是单色的,可以使用橡皮擦工具直接擦除广告信息文字。

(1)吸取样本颜色,设置为前景色

单击工具箱中的吸管工具 ,在文字背景上单击,如图 5-76 所示。此时文字处的背景颜色被设置为前景色 。

(2)交换前景色与背景色

单击工具箱中的"切换前景色/背景色"按钮 ,此时背景颜色设置为与图像上的背景颜色一致 。

（3）擦除文字

选择橡皮擦工具 , 在选项栏中设置橡皮擦的样式和大小, 在要擦除的文字上涂抹, 从而擦除要去掉的信息, 如图 5-77 所示。

图 5-76　吸取样本颜色　　　　　　　　图 5-77　橡皮擦工具擦除文字

3. 擦除复杂背景上的文字

图片上方的文字是在渐变色背景上, 可以使用修复画笔工具进行消除。

（1）取样背景

单击工具箱中的"修复"工具组, 选择"修复画笔工具" , 在工具选项栏"画笔样式"面板中选择合适的大小和样式, 然后按住 Alt 键, 鼠标变成靶子样后, 在图像中文字附近单击取样, 如图 5-78 所示。

图 5-78　取样

（2）消除文字

在文字上拖动鼠标, 则取样覆盖该处文字, 如图 5-79 所示。

图 5-79 消除文字

4. 复制小船

（1）取样小船

单击工具箱中的"图章"工具组，选择"仿制图章工具"，在工具选项栏"画笔样式"面板中选择合适的大小和样式，然后按住 Alt 键，鼠标变成靶子样后，在图像中文字附近单击取样，如图 5-80 所示。

（2）复制小船

在合适位置拖曳鼠标，填涂小船图像，如图 5-81 所示，注意边界位置。

图 5-80 取样小船

图 5-81 复制小船

5. 保存图片

复制完成后，执行"文件"→"存储为"命令，另存文件。

四、梳理与讨论

① 梳理能修复图像的工具和各工具的功能特点。

② 使用橡皮擦工具擦除图像时，擦除部分的填充内容是什么？

③ 使用橡皮擦和仿制图章消除图像内容有什么区别？

五、相关知识

1. 仿制图章工具

仿制图章工具从图像中取样,然后可将样本应用到其他图像或同一图像的其他部分,也可以将一个图层的一部分仿制到另一个图层。使用方法:选择仿制图章工具,在需要复制的图像处按住 Alt 键不放,单击图像即可取样;然后在需要修复的区域涂抹即可。使用时,根据需要对选项栏进行设置,选项栏如图 5-82 所示。

图 5-82 仿制图章工具选项栏

相关选项含义如下:

"对齐"复选框:选中该选项,则可以连续对取样进行复制,无论绘画停止和继续过多少次,都可以继续当前的取样点。取消"对齐"选项时,在每次绘画时,不管从哪里落笔,都会复制一开始选择的仿制源。

"样本"下拉列表框:单击该下拉列表框,可以选择取样数据的图层,包括"当前图层""当前和下方的图层""所有图层"三个选项。

2. 修复画笔工具

修复画笔工具的使用方法与仿制图章工具的使用方法基本一样,二者的区别在于,修复画笔工具复制出来的图像会融入对应的背景,而用仿制图章工具复制出来的图像则和原图像是一模一样的。

六、创新实践

幼儿园王老师在给小朋友讲《曹冲称象》故事时,需要一张图片,她找到的图片如图 5-83 所示,为了避免文字的干扰,她想消除掉图片上"大象运到许昌那天,曹操带着文武官员和小儿子曹冲一同去看"和图片下方的"第 2 页"两部分文字。消除后的效果如图 5-84 所示。请利用 Photoshop 消除图中的文字。

图 5-83 原图　　　　　　　　　　　图 5-84 修复后

任务六 制作"六一儿童节文艺汇演"宣传海报

一、任务情境

六一儿童节就要到了,快乐幼儿园为了让小朋友们过一个丰富多彩,富有意义的儿童节,准备组织一场文艺汇演活动。为了广泛宣传,提高家长和小朋友们的参与度,园长要设计一张宣传海报,样例效果如图 5-85 所示。

图 5-85 海报效果

二、任务分析

该海报利用 Photoshop 进行相关素材图片的处理和合成,利用渐变填充功能绘制彩虹门,利用文字工具和图层样式制作艺术字效果。

三、任务实施

1. 素材图片合成

背景、人物、气球三张素材图片如图 5-86 所示。按照任务四的方法将素材图片合成(具体步骤略),效果如图 5-87 所示。将文件另存为"六一节海报.psd"。

2. 绘制彩虹门

新建图层,命名为"彩虹",单击选择"渐变工具",在选项栏中单击"径向渐变"按钮 ,再单击"点按可编辑渐变"按钮,弹出"渐变编辑器"对话框,在"预设"中选择"色谱",如图 5-88 所示。

图 5-86 素材图片

图 5-87 合成效果

拖动颜色条下方的色标，调整色标的位置；选中颜色条上方的色标，设置不透明度，单击即可添加色标，四个不透明度色标依次为 0、70%、75%、0，如图 5-89 所示。

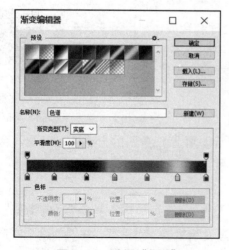

图 5-88 选择"色谱"　　　　　　　　图 5-89 调整色标位置和不透明度

设置完成后,在图像的最底端按住鼠标向下拖动,即可填充渐变色,产生彩虹效果,如图 5-90 所示。

图 5-90 绘制彩虹

 提示   在颜色设置和填充过程中,可以多次尝试,边尝试边调整,直到满意为止。

3. 添加文字

(1)输入文字

选择工具箱中的"横排文本工具"按钮 T ,在文本选项栏中,设置字体为"华文隶书",大小为 60 点,字体颜色为红色,如图 5-91 所示。在画布上单击,输入"六一儿童节"。

图 5-91 文字工具选项栏

(2)设置文字变形

使用文本工具选中文字,单击文字工具选项栏中的"文字变形"按钮,弹出"变形文字"对话框,在"样式"下拉框中选择"拱形",如图 5-92 所示。

(3)调整字间距

单击文字选项栏中的"字符和段落"按钮,弹出"字符"对话框,如图 5-93 所示,设置字符间距。最后用移动工具调整文字位置,达到理想效果,如图 5-94 所示。

图 5-92 "变形文字"对话框

图 5-93 "字符"对话框

图 5-94 调整文字

（4）添加文字效果

选中文字图层，单击"图层"调板下方的"添加图层样式"按钮 ，弹出快捷菜单，在菜单中选择"斜面和浮雕"命令，弹出"图层样式"对话框，如图 5-95 所示。在对话框中设置样式为内斜面、深度为 160%、大小为 6 像素、软化为 1 像素、角度为 120 度。

在"图层样式"的"投影"选项中，设置距离为 20 像素，扩展为 8%，大小为 10 像素，不透明度为 75%，其他设置默认，单击"确定"按钮。最终"图层"面板如图 5-96 所示。

4. 保存文件

四、梳理与讨论

① 梳理海报中文字效果的制作方法。
② 文字变形中，除了本任务中应用的"拱形"外，还有哪些样式？尝试其应用效果。
③ 在使用渐变工具进行填充时，鼠标拖动的起点和拖动距离对填充效果有什么影响？

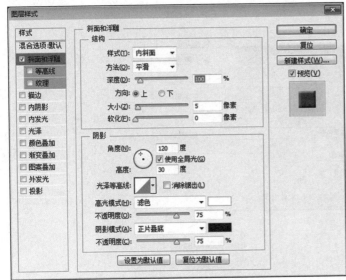

图 5-95　图层样式

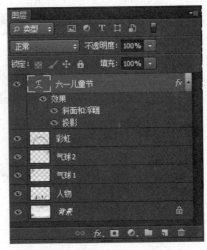

图 5-96　"图层"面板

五、相关知识

1．渐变填充工具

Photoshop 提供了两个填充工具：油漆桶工具 和渐变工具 ，使用这两个工具，可以给选区内分别填充单色和渐变颜色，当图像中没有选区时，可填充整个画布。

（1）渐变工具选项栏

单击工具箱内的渐变工具，此时的选项栏如图 5-97 所示。

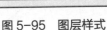

图 5-97　渐变工具选项栏

①"渐变样式"列表框 ：单击该列表框的下拉箭头按钮，可调出"渐变编辑器"面板。双击一种样式图案，即可完成填充样式的设置。

②"填充方式"按钮组 ：用来选择渐变色的填充方式。它有五个按钮，分别表示线性渐变、径向渐变、角度渐变、对称渐变和菱形渐变。单击其中一个按钮，即可进入一种渐变色填充方式。

（2）编辑渐变色

单击"渐变样式"列表框 ，调出"渐变编辑器"对话框，如图 5-98 所示。利用该对话框可以设计新的渐变样式。

该对话框中主要选项的作用如下：

① 在渐变设计条 下边两个色标 之间单击，会增加一个色标 。此色标上面有一个黑色箭头，指示了该颜色的中心点，它的两边各有一个菱形滑块

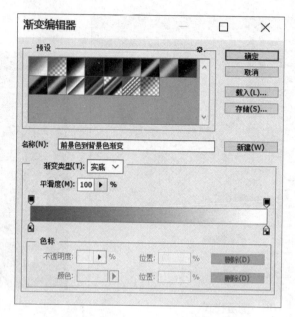

图 5-98 "渐变编辑器"对话框

，表示渐变范围。双击该色标，调出"拾色器"对话框，利用该对话框可以确定色标的颜色。用鼠标拖曳菱形滑块，可以调整颜色的渐变范围。

② 在完成上述操作后，"色标"栏内的"颜色"下拉列表框、"位置"文本框和"删除"按钮变为有效。利用"颜色"下拉列表框可以选择颜色的来源（背景色、前景色或用户颜色）；改变"位置"文本框内的数据可以改变色标的位置，这与用鼠标拖曳色标的作用一样；单击选中色标，再单击"删除"按钮，即可删除选中的色标。

③ 在渐变设计条 上边两个色标 之间单击，会增加一个不透明度色标 和两个菱形滑块，同时，"不透明度"带滑块的文本框、"位置"文本框和"删除"按钮变为有效。利用"不透明度"带滑块的文本框可以改变色标处 的不透明度。

④ 在"名称"文本框内输入新填充样式的名称，再单击"新建"按钮，即可新建一个渐变样式。单击"好"按钮，即可完成渐变样式的创建，并退出该对话框。

⑤ 单击"存储"按钮，可将当前"预置"栏内的渐变样式保存到磁盘中。单击"载入"按钮，可将磁盘中的渐变样式追加到当前"预置"栏内的渐变样式的后面。

2. 图层样式

使用图层样式可以快捷、方便地创建图层中整个图像的阴影、发光、斜面、浮雕和描边等效果。图层被赋予样式后，会产生许多图层效果，这些图层效果的集合就构成了图层样式。

（1）添加图层样式

① 选中要添加图层样式的图层。

② 单击"图层"调板内的"添加图层样式"按钮 ，调出图层样式菜单。

③ 单击图层菜单中任一菜单命令，即可调出"图层样式"对话框，利用该对话框可以添加图层样式，产生各种不同的效果。

另外，单击"图层"→"图层样式"→"混合选项"菜单命令，或单击"图层"面板菜单中的"混合选项"菜单命令，或双击要添加图层样式的图层，也可调出"图层样式"对话框。

（2）编辑图层样式

在添加图层样式后，图层右边增加了一个 fx 标记，双击此标记，可重新弹出"图层样式"对话框，可再次修改图层效果。

（3）删除图层效果

① 删除一个图层效果：用鼠标将"图层"面板内的效果名称层如"投影"拖曳到"删除图层"按钮之上，再松开鼠标左键，即可将该效果删除。

② 删除一个或多个图层效果：选中要删除图层效果的图层，再调出"图层样式"对话框，然后取消该对话框"样式"栏内复选框的选取。如果取消全部复选框的选取，可删除全部图层效果。

③ 删除全部图层效果：单击选中添加了图层样式的图层，再单击鼠标右键，在快捷菜单中选择"清除图层样式"命令，即可删除全部图层效果。

单击"图层"→"图层样式"→"清除图层样式"菜单命令，也可删除全部图层效果。

六、创新实践

幼儿园王老师在教授《小小的船》儿歌时，为了激发孩子们探索神秘宇宙、太空的兴趣，培养孩子们热爱科学、热爱大自然的情操，想用 Photoshop 制作一张月亮、星空的图片，效果如图 5-99 所示。添加"小小的船"文字，并使用图层样式添加效果。

图 5-99　图片效果

任务七　制作幼儿园一周明星榜

在幼儿教育中，要善于发现孩子的差异，捕捉幼儿的闪光点，从不同的方面鼓励孩子进步。制作一周明星榜是幼儿教师常用的鼓励手段。

一、任务情境

快乐幼儿园每周都会评选出表现好的小明星,包括听讲星、助人星、文艺星、卫生星等,将小朋友的照片和荣誉制作成明星榜,样例如图 5-100 所示。

图 5-100　明星榜样例

二、任务分析

美图秀秀是一款使用简单,不需要任何专业知识就可以直接使用的图像处理软件,其可以快捷地实现图片特效、美容、拼图、边框、饰品等功能。本任务使用美图秀秀中的"拼图"功能,轻松完成添加图片、调整图片、添加文字、应用边框等操作。

三、任务实施

1. 启动美图秀秀,熟悉工作界面

启动美图秀秀,其工作界面如图 5-101 所示。

2. 进入美图秀秀拼图

在工作界面上单击"拼图",进入"拼图"界面,如图 5-102 所示。

3. 打开图片

在"拼图"编辑界面上单击"打开图片"按钮,打开第一张图片,在左侧选择"自由拼图",进入自由拼图状态,系统会随机使用模板,如图 5-103 所示。

制作明星榜

5-101 "美图秀秀"工作界面

图 5-102 "拼图"界面

图 5-103 随机模板

4. 选择模板

在右侧"在线素材"或"已下载"选项中单击自己喜欢的模板,其会自动应用到图片上,如图5-104所示。

图 5-104 应用模板

5. 添加其他图片

单击左上角的"添加多张图片",依次添加其他明星图片,使用鼠标拖动来移动图片的位置,如图5-105所示。

图 5-105 添加多张图片

6. 调整图片

单击图片,会弹出"图片设置"对话框,可以设置图片的透明度、大小、旋转、样式等,如图5-106所示。

也可以通过图片周围的控点调整图片的大小和方向,调整好后单击"确定"按钮,退出拼图状态,这时所有图片已经组合成一张图片。

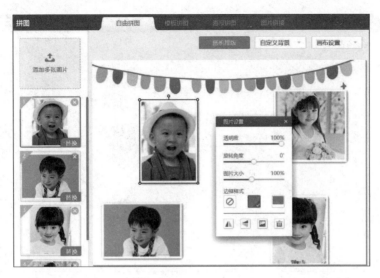

图 5-106 设置图片

7. 添加文字

单击"文字水印"选项卡,进入文字编辑状态。单击左侧"输入文字"按钮,会在图片上出现文本对话框,在对话框中输入"我是班级小明星",定义字体为微软雅黑,排列为竖排,字号为 48,颜色为黑色;在右侧"漫画文字"下方选择带样式的"文字区域",设置合适的字体。分别在照片的下方输入"助人星""听讲星""文艺星"和"卫生星",如图 5-107 所示。

图 5-107 添加文字

8. 添加贴纸饰品

单击"贴纸饰品"选项卡,在左侧的分类中单击"可爱心",在右侧可爱心的列表中单击一种心形图案,则其会自动添加到图片上。调整图案的大小和位置,如图 5-108 所示。

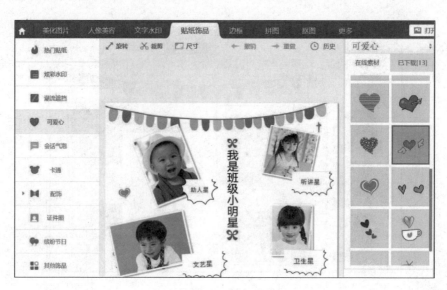

图 5-108　添加贴纸饰品

9. 添加边框

单击"边框"选项卡，进入边框选择界面，如图 5-109 所示。在左侧列出边框分类，如海报边框、简单边框等。

图 5-109　选择边框

单击"简单边框"，进入"简单边框"的应用界面，在右侧"简单边框"列表中单击自己喜欢的边框，边框会自动应用到图像上，如图 5-110 所示。

10. 保存作品

单击右上角的"保存"按钮，在弹出的对话框中选择"另存为"，文件名命名为"明星榜"，文件类型为"jpg"。

图 5-110　应用简单边框

任务八　制作叶子动图

在幼儿教育活动中，动图更能吸引孩子的注意力。

一、任务情境

中班的魏老师要给小朋友们介绍《春天的叶子》主题活动，借助叶子图片让小朋友们了解树叶的形状、色彩、纹理等特征。为了吸引小朋友们的注意力，魏老师想将叶子制作成摇摆的动感图片，激发幼儿亲近自然、探究自然的欲望。

二、任务分析

美图秀秀提供了制作动图的功能，动图中可以使用一张图片，也可以使用多张不同的图片。为了让小朋友们观察一张树叶，本任务选择一张叶子图片，通过改变叶子的位置、方向来产生动图效果。

三、任务实施

1. 打开叶子图片

启动美图秀秀，在工作界面上单击"打开"按钮，选择叶子图片文件，如图 5-111 所示，单击"打开"按钮。

制作叶子动图

2. 进入"闪图"模式

单击"更多"选项卡，如图 5-112 所示，单击"闪图"按钮，进入闪图编辑状态，单击"自定义闪图"，如图 5-113 所示。

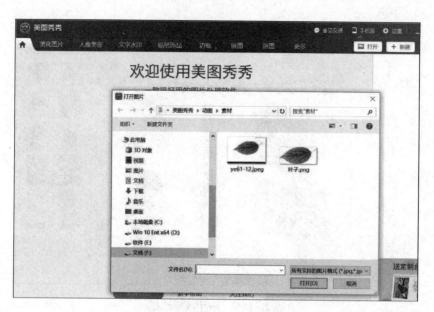

图 5-111 打开"叶子"图片

图 5-112 "更多"选项卡

图 5-113 自定义闪图

3．添加图片

单击"添加多张图片",这里选择同一张叶子图片,如图 5-114 所示。

4．调整每片叶子的大小、位置

单击选中一张图片,在"调整照片位置及显示大小"对话框中调整叶子的位置,如图 5-115 所示。

5．调节速度

拖动"调节速度"右侧的滑块,调整叶子动图的变化速度至合适为止。

6．预览与保存

单击"效果预览"按钮即可预览动图效果;单击"保存本地"按钮保存文件,文件格式为"gif",如图 5-116 所示,单击"保存"按钮完成文件的保存。

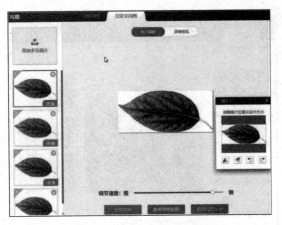
图 5-114　添加多张叶子图片

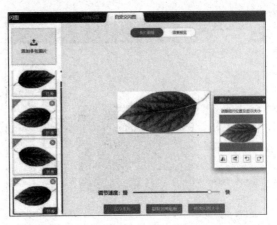
图 5-115　调整叶子图片的位置及显示比例

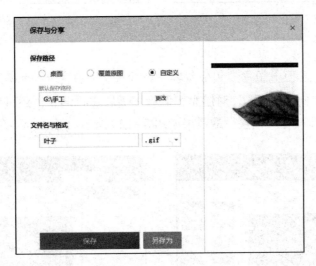
图 5-116　保存叶子动图

叶子动图制作完成。

四、梳理与讨论

① 梳理美图秀秀的使用方法和特点。
② 比较美图秀秀与 Photoshop 的优缺点。
③ 探究美图秀秀的其他功能。

五、相关知识

1. 美化图片

在美图秀秀工作界面上单击"美化图片"选项卡，打开图片，如图 5-117 所示。在左侧导航窗格中"基础""高级""调色"选项中调整亮度、对比度、饱和度等效果；选择下方的"消除笔"可以消除图片上多余的景色。处理后的效果如图 5-118 所示。

图 5-117 美化前的图片

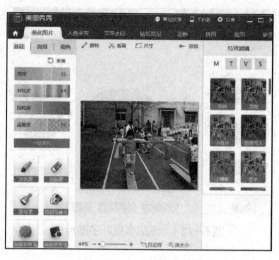

图 5-118 美化后的图片

2. 人脸美容

在美图秀秀工作界面上单击"人像美容"选项卡,打开图片,如图 5-119 所示。在左侧导航窗格中单击"面部重塑",对脸型、眼睛、嘴唇进行调整;还可以通过"美型""美肤""眼部"选项进行美化。调整后的效果如图 5-120 所示。

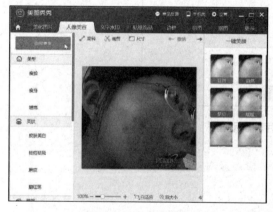

图 5-119 美容前的效果

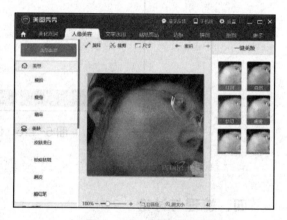

图 5-120 美容后的效果

3. 贴纸饰品

在美图秀秀工作界面上单击"贴纸饰品"选项卡,打开图片,如图 5-121 所示。在左侧导航窗格中选择饰品类型,如"炫彩水印""潮流遮挡""配饰"等,选择一项后,在右侧会有饰品列表,单击要使用的饰品即可将其添加到图片上,再调整大小、位置、方向。应用效果如图 5-122 所示。

美图秀秀是一款比较大众化,操作比较简单的图像处理软件,但比 Photoshop 功能较少。如果不是做专业的图像,美图秀秀就可以满足日常需求,并且简单易学、易操作。

图 5-121　贴纸饰品　　　　　　　　图 5-122　添加饰品后

六、创新实践

① 收集幼儿园小朋友的照片,使用"贴纸饰品"选项卡中的功能修饰图片。

② 制作多张图片的动图效果。

项目六
获取与处理音频资源

知识地图

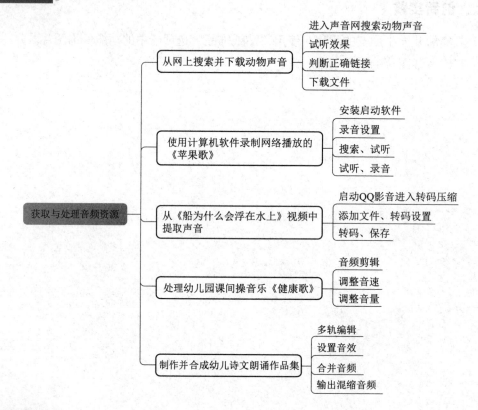

学习目标

1. 知道幼儿园常用的音频处理任务。
2. 能够利用录制、网络下载、从视频中提取等多种方法获取音频素材。
3. 能将不同格式的音频文件转化为同一格式。
4. 能够根据不同需求对声音进行编辑。
5. 能够将多个音频素材编辑合成完整的音频作品。

音频（声音）是表达思想和感情的一种必不可少的媒体，是多媒体信息的重要组成部分。适当地运用声音，能产生文字、图像、动画等媒体无法替代的效果。在幼儿园教学活动中，音频是重要的教学活动资源，如课间操音乐、各种节目编排中需要的音乐；主题教育活动中的多媒体课件也经常会用到声音资源，如背景音乐、自然界的各种声音、语音等。

本项目结合幼儿园教学活动，设计了五个典型任务，通过完成任务，使学习者学会音频资源下载和加工处理。

任务一　从网上搜索并下载动物声音

一、任务情境

在幼儿园中班科学活动课《认识动物》中，魏老师准备了各种动物的图片，让孩子们通过图片认识动物；同时，还想配上动物的叫声，让孩子们通过声音增加对各种动物的了解。本任务需要获取老虎、熊、马等动物的声音。

二、任务分析

要录制各种动物的声音是非常麻烦的一件事，可以到互联网上下载，如百度音乐 http://music.baidu.com/，或者到一些专业声音网站上下载。本任务在声音网 http://www.shengyin.com 中下载。

三、任务实施

1．进入声音网

打开浏览器，在地址栏中输入"http://www.shengyin.com"，按 Enter 键进入声音网首页。单击"声音素材"选项卡，网页左侧会显示声音素材分类，如图 6-1 所示。

2．搜索"动物声音"

在网页左边的"声音素材"下方，单击"动物及自然界"，在展开的列表中单击"动物声音"，显示了很多有动物的声音文件列表，如图 6-2 所示。

3．视听效果

在搜索结果中找到"北极熊叫声"，单击进入该声音的视听和下载页面，如图 6-3 所示。

4．判断正确链接

在视听页面的下方找到下载区域，判断正确链接。

图 6-1 声音网页面

图 6-2 搜索"动物声音"

提示　　在下载区域有两个"点击下载"按钮，用鼠标右击按钮，在弹出的快捷菜单中选择"目标另存为"，在弹出的对话框中判断目标类型。

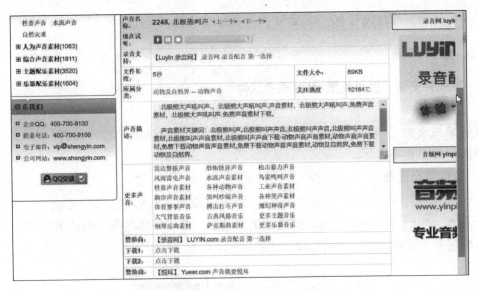

图 6-3 视听和下载页面

5. 下载文件

在图 6-4 所示的对话框中单击"下载"按钮,即可下载"北极熊叫声.mp3"文件。

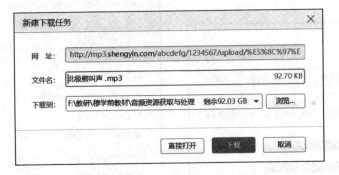

图 6-4 下载声音

任务二　使用计算机软件录制网络播放的《苹果歌》

一、任务情境

王老师在教授小朋友唱歌时,想找一首儿歌《苹果歌》,她在声音网上搜索到该歌曲,但不提供免费下载,需要缴费或者采用一些技术手段才能得到这首歌的声音。

二、任务分析

对于网上不能下载的声音,只要电脑可以播放,就可以利用录音软件进行录制,如 Windows 系统自带的录音机或专业的录音软件。相比较而言,专业的录音软件效果更好。

本任务中,使用"楼月免费 MP3 录音软件"来完成录制。

三、任务实施

1. 下载并安装"楼月免费 MP3 录音软件"

2. 启动软件

双击桌面上的"楼月免费 MP3 录音软件"图标,启动进入"楼月免费 MP3 录音软件"工作界面,如图 6-5 所示。

3. 软件录音设置

单击"文件"菜单中的"设置"命令,弹出"设置"对话框,如图 6-6 所示。在"录制如下声音"中选择"仅录制从电脑播放的声音",在"保存路径"中设置保存文件位置,还可以根据需要设置"采样频率"和"比特率",单击"确定"按钮。

图 6-5 "楼月免费 MP3 录音软件"工作界面

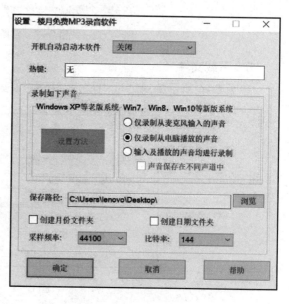

图 6-6 软件录音设置

4. Windows 声音设置

打开 Windows 控制面板,选择"硬件和声音",单击"声音"中的"管理音频设备",弹出"声音"对话框,如图 6-7 所示。单击"录制"选项卡,在"选择以下录制设备来修改设置"下方右击"立体声混音",在弹出的快捷菜单中选择"启用",如图 6-8 所示。

说明:声音的录制设置中,选择"麦克风"就是只录制麦克风输入的声音;选择"立体声混音"就是录制电脑播放的声音。

5. 网上搜索《苹果歌》

打开浏览器,在地址栏中输入"http://www.shengyin.com",按 Enter 键进入声音网,在网页左边的"声音素材"下方单击"主题配乐素材",在展开的列表中单击"少儿经典",在右方的歌曲列表中就可以找到《苹果歌》,如图 6-9 所示。

获取与处理音频资源
项目六

图 6-7　Windows 录音设置

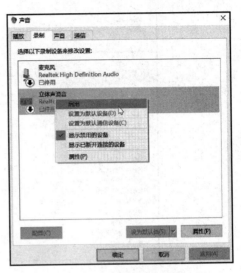

图 6-8　启用"立体声混音"

图 6-9　搜索《苹果歌》

6．进入试听页面

单击《苹果歌》右侧的"试听"按钮，进入歌曲的试听页面，如图 6-10 所示。

7．试听、录音

先在"楼月免费 MP3 录音软件"工作界面上单击"开始"按钮，然后在《苹果歌》试听页面上单击"播放"按钮，即可开始播放和录音。录制界面显示目前录制的时长，如图 6-11 所示。

8．录制完成

录制完成后，单击"停止"按钮，会停止录制并自动保存文件，如图 6-12 所示；单击"查看"按钮，可以找到刚才录制的文件。

图 6-10 《苹果歌》试听页面

图 6-11 录制中

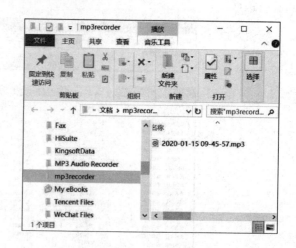

图 6-12 保存文件

任务三　从《船为什么会浮在水上》视频中提取声音

一、任务情境

幼儿园王老师在科普知识活动中需要一段讲解"船为什么会浮在水上"语音,但她现在只有一段视频文件,想从该视频中提取出"船为什么会浮在水上"的声音信息,生成声音文件。

二、任务分析

在视频中提取声音实际上就是在一个视频中提取其中的音频信息,把提取出来的音频进行新的处理,形成一个独立的音频文件格式。借助音频软件可以快速、简单地把视频中的声音完美提取出来，本任务中使用 QQ 影音提取音频。

三、任务实施

1. 启动 QQ 影音

下载并安装 QQ 影音，双击桌面上的图标，启动该程序。

2. 进入"转码压缩"

在 QQ 影音工作界面上单击右下方的"影音工具箱"按钮，弹出工具菜单，如图 6-13 所示。在菜单中选择"转码压缩"命令，进入"转码压缩"界面。

图 6-13 "QQ 影音"工作界面

3. 添加文件

在"转码压缩"界面中单击"添加文件"按钮，选择要提取音频的视频文件"科普：船为什么会浮在水上.wmv"，单击"打开"按钮，如图 6-14 所示。

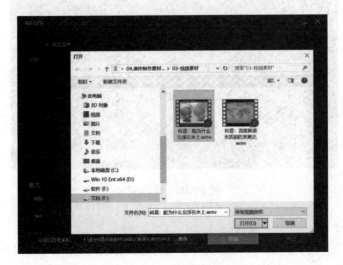

图 6-14 添加文件

4. 转码设置

在"转码压缩"界面的下方可以设置"格式""视频参数""音频参数"及保存文件位置。在"格式"中选择"纯音频",类型选择"mp3",如图 6-15 所示。

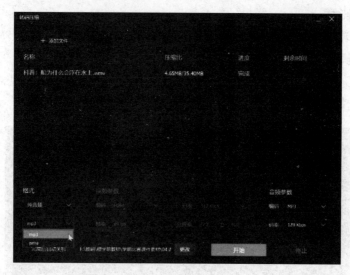

图 6-15 转码设置

5. 转码

设置完成后,单击"开始"按钮,即开始转码并在窗口中显示提取音频进度,如图 6-16 所示。

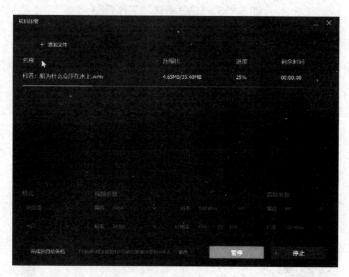

图 6-16 转码中

6. 完成与保存

转码完成后,软件会自动保存声音文件,在设置的文件夹中可以找到刚刚保存的音频文件,如图 6-17 所示。

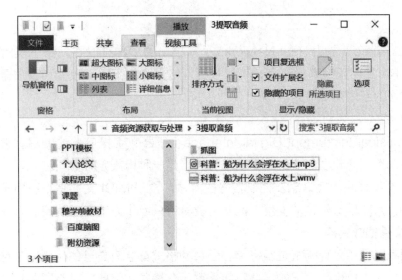

图 6-17　提取后的文件

四、梳理与讨论

① 在录制声音时，如何录制计算机播放的声音？
② 你还知道哪些方法可以从网上下载音频文件？

五、相关知识

1. 声音文件格式

计算机中广泛使用的音频文件格式主要有 WAV、MP3、WMA、RA 等。

（1）WAV 格式

WAVE（Waveform Audio，波形音频），扩展名为 .wav，是 Microsoft 公司的音频文件格式，它来源于对声音模拟波形的采样。该格式记录声音的波形，故只要采样率高、采样字节长、机器速度快，利用该格式记录的声音文件就能够和原声基本一致，质量非常高。但是文件太大，不方便通过网络和其他媒介传递与保存，所以，在教学中多用于短时间的音效声，不适合做长时间的背景音乐和解说。

（2）MP3 格式

MP3 是一种基于 MPEG Layer3 压缩的数字音频文件。音频质量好，文件体积小，便于网上传播，也广泛应用于教学中，既可做长时间播放的背景音乐，也可以做解说。

（3）WMA 格式

WMA 是由微软公司推出的与 MP3 格式齐名的一种新的音频格式，在保证音频质量的前提下，文件的压缩率比 MP3 的更高。WMA 音乐文件格式受 DRM（Digital Rights Management）技术保护，可以限制播放时间、播放次数和播放器，无法被转换成 MP3 格式等。目前 WMA 格式的通用性和普及性不如 MP3 格式的广，部分软件不能直接插入 WMA

格式的音频文件。

（4）RA 格式

RA（Real Audio）是由 Real Networks 公司推出的一种可以在网络上实时传递和播放的音频文件。RA 文件压缩率比较高，可以根据网络带宽的不同而改变声音质量，适合在网络传输速度较慢的互联网上使用。

（5）MIDI 格式

MIDI 是 Musical Instrument Digital Interface（乐器数字接口）的缩写。它是由世界上主要电子乐器制造厂商建立起来的一种通信标准，是一种以规定计算机音乐程序、电子合成器与其他电子设备之间交换信息及控制信号的方法。由于 MIDI 文件是一种电子乐器通用的音乐数字文件，只能模拟乐器的发生，因此，教学中只能作为纯音乐使用。

2. 声音文件格式转换

数字音频可以使用多种格式进行存储，但每种格式都会有自己的优劣，各种软件和音频设备对音频格式的支持也是有限的，并不能兼容所有格式。因此，经常需要把某种音频文件转换成不同的格式，而这种转换一般由音频转换软件实现。使用非常广泛的音乐播放软件一般也具有一定的格式转换功能，例如千千静听、酷狗音乐、酷我音乐盒、QQ 音乐、搜狗音乐盒等。

六、创新实践

① 录制一首儿歌，并将其转换成 MP3 文件格式。
② 从网上搜索并下载《宝宝巴士 – 健康歌》。

任务四　编辑处理课间操音乐《健康歌》

当录制或下载的声音不符合要求时，可以使用声音编辑软件进行加工处理。音频编辑软件有多种，如 Adobe Audition、Gold Wave、Audacity 等，它们都可以对音频进行各种编辑和加工，这里学习使用 Adobe Audition 3.0 处理和加工音频资源。

一、任务情境

幼儿园课间操活动中，需要使用《健康歌》作为活动音乐，老师下载的《宝宝巴士 – 健康歌》时长 3 分 6 秒，包括前奏、歌曲、活动节拍、重复歌曲。王老师想要删除第二遍重复的歌曲部分，同时调整歌唱的速度和音量，以适合户外使用。

二、任务分析

Adobe Audition 是 Adobe 公司开发的一款功能强大、效果出色的多轨录音和音频处理软件。它支持 WAVE、MP3、WMA 等各种音频文件格式，适合对各类音频进行编辑处理。Adobe Audition 3.0 提供了三种操作模式："编辑""多轨"和"CD"。"编辑"模式用于对单个声音文件进行基本编辑和特效处理。要实现对音频中的一部分进行删除,以及调整歌唱的速度和音量,使用 Adobe Audition 3.0 的"编辑"模式可以轻松实现这些操作。本任务中使用 Adobe Audition 3.0 的"编辑"模式实现《健康歌》的编辑处理。

三、任务实施

1. 启动软件,认识界面

启动 Adobe Audition 3.0,工作界面如图 6-18 所示。默认的工作模式为"多轨",单击工具栏左侧的按钮可以在不同的模式间进行切换。

编辑处理
健康歌

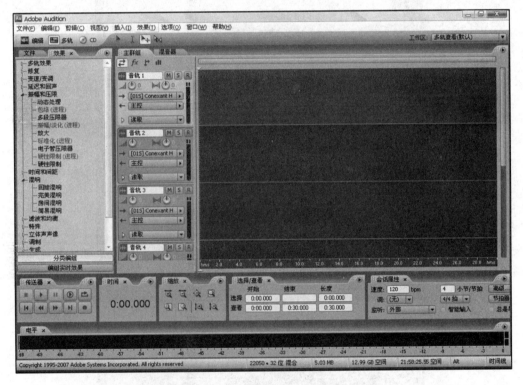

图 6-18　Adobe Audition 3.0 工作界面

2. 打开音频文件

单击左上角的"编辑"按钮,进入"编辑"模式,选择"文件"→"打开"命令,弹出"打开"对话框,如图 6-19 所示。选择"宝宝巴士 – 健康歌"文件,单击"确定"按钮,此时音频文件出现在窗口左侧的"文件"面板内。选中音频文件,拖放到右侧的音频轨道上,右侧显示声音波形,如图 6-20 所示。

3. 标记裁剪位置

单击左下角"传送器"上的"播放"按钮来试听声音,通过滚动鼠标滚轮来缩放音频,以找到更精细的节奏位置。在需要剪辑的位置单击"传送器"上的"暂停"按钮,然后按 F8 键做上标记,如图 6-21 所示。

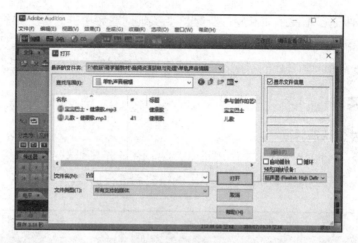

图 6-19　打开音频

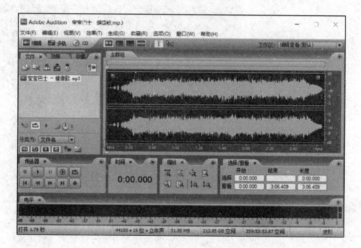

图 6-20　显示音频

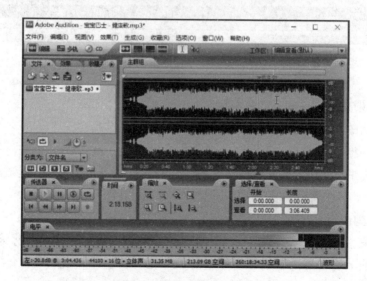

图 6-21　标记裁剪位置

4. 删除裁剪部分

拖动鼠标选中音频不需要的部分，如图 6-22 所示，单击"停止"按钮，并按 Delete 键删除选中的音频。删除后，音频时长由原来的 3 分 6 秒变成 1 分 57 秒，如图 6-23 所示。

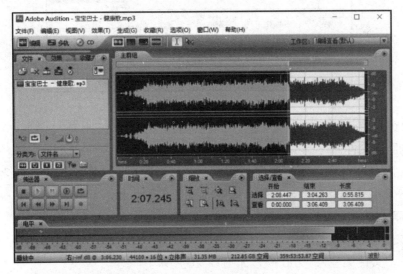

图 6-22　选中裁剪部分

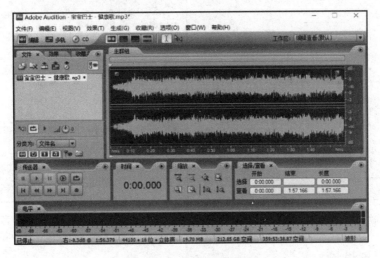

图 6-23　剪辑后的音频

5. 调整速度

选中要调整速度的波形，单击"效果"→"时间和距离"→"变速（进程）"命令，弹出"变速"对话框，如图 6-24 所示，设置比率为 80，单击"确定"按钮，开始音频转换。转换后音频时长为 2 分 16 秒。

6. 调整音量

选中要调整音量的波形，单击"效果"→"振幅和压限"→"放大"命令，弹出"VST 插件–放大"对话框，如图 6-25 所示，在"预设效果"中选择"+3dB Boost"。

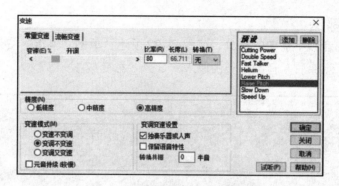

图 6-24 "变速"对话框

7. 测试声音文件

单击控制器上的"传送器"播放按钮,测试声音效果,如果不满意,继续调整。注意:再次调整是在现有音量基础上进行的;调整的幅度不要太大。

8. 保存声音文件

选择"文件"→"另存为"命令,弹出"另存为"对话框,保存文件名为"宝宝巴士－健康歌修改",文件类型为"mp3",如图 6-26 所示。

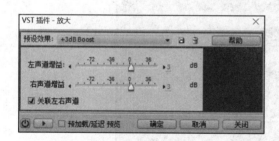

图 6-25 调整音量

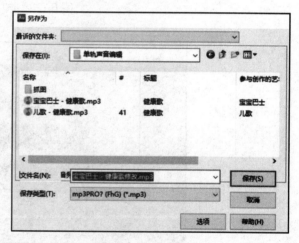

图 6-26 保存声音

四、梳理与讨论

① 梳理在"编辑"模式下可以对音频做哪些编辑处理。

② 结合应用实际,在编辑声音文件时,你经常遇到哪些问题?如何解决?

五、相关知识

单个音频文件的编辑加工通常在"编辑"模式下进行,这里介绍常用的操作。

1. 音频剪辑

Adobe Audition 音频编辑与其他应用软件类似,可以方便地对音频进行剪切、复制、粘贴和删除等操作。选中需要的部分音频,按 Ctrl+C 或 Ctrl+X 组合键可以复制或剪切音频,按 Ctrl+V 组合键可以粘贴音频,按 Del 键可以删除音频。

2. 降噪处理

自己录制的语音通常会有明显的噪声,在使用前应进行简单的降噪处理(开始录音时,可以先不录语音,录制几秒的环境音作为噪声样本)。编辑时,选取录音中的一段噪声音波,然后单击"效果"→"修复"→"降噪器(进程)"命令,弹出"降噪器"对话框,单击右上角的"获取特性"按钮,可以从刚才选中的音频中提取噪声样本,如图 6-27 所示。提取后再单击"波形全选"按钮选取整段音频,调整左侧的"降噪级别",单击"试听"按钮,试听效果,最后单击"确定"按钮,降噪器就会自动消除音频中的环境噪声。

注意:过多地降噪会让音频的质量受损。

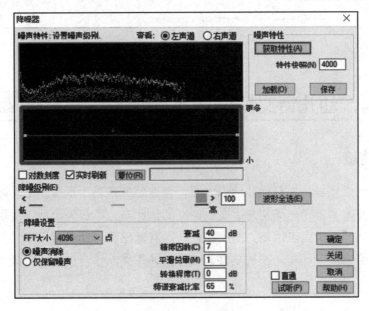

图 6-27　降噪

3. 变速/变调

可以将伴奏音乐做升调或降调处理,以适应歌手的需要。选择"效果"→"变速"→"变调"→"变调器(进程)",弹出"变调器"对话框,在"预设"中可以选中"升高一个全音""降低一个全音"等,如图 6-28 所示。在变调的同时,会改变音频文件的原始速度。

另外,Adobe Audition 在"效果"菜单中提供了更多的编辑命令,可尝试使用。

六、创新实践

在幼儿园大班《交通工具》英语主题活动中,老师通过《交通工具》儿歌进行学习活动。老师下载的《交通工具》儿歌包括前奏、交通工具英语名称、师生对话三部分,总长度达 4 分 17 秒,但是老师只需要播放中间的交通工具名称,请将需要的部分进行剪辑,单独生成一个声音文件,并调整适当的速度和音量大小。

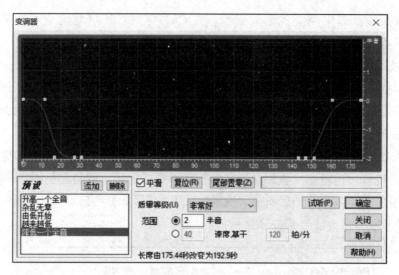

图 6-28 变调

任务五　制作幼儿诗文朗诵作品集

一、任务情境

为陶冶幼儿艺术情操，提升幼儿朗诵水平，营造朝气蓬勃、积极向上、阳光活泼的幼儿园氛围，快乐幼儿园举办了一场别开生面的诗文朗诵比赛，不仅为小朋友提供了一个展示自我的平台，还让幼儿的语言表达能力得到提升。比赛选出优秀朗诵选手十名，为了将他们的朗诵更多地分享给其他小朋友，园长要将这十首朗诵作品制作合成一个音频文件，形成诗文朗诵作品集。

二、任务分析

本任务要将多个朗诵作品首尾相连，合成一个音频文件。Adobe Audition 3.0 的"多轨"模式可以对多个声音文件进行编辑，实现多个声音文件的合成，同时，还可以对合成效果进行处理。在本任务中，选择其中三首古诗的朗诵录音，首尾相连合成，并做适当的效果处理，形成一个音频文件作品。

三、任务实施

1. 导入音频素材

启动 Adobe Audition 3.0，选择"多轨"模式，在左侧文件面板的空白处单击鼠标右键，弹出快捷菜单，在快捷菜单中选择"导入"命令，弹出"导入"对话框，按住 Ctrl 键依次选择提前准备好的音频文件"所见.mp3""小池.mp3"和"小儿垂钓.mp3"，如图 6-29 所示，单击"打开"按钮，音频文件导入窗口左侧的"文件"面板中。

制作诗文朗诵作品集

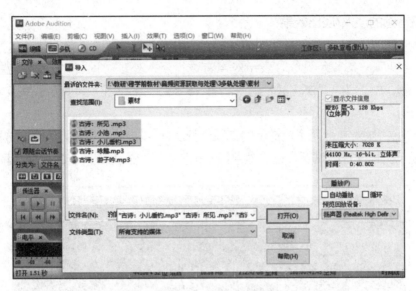

图 6-29 导入多个文件

2. 进入多轨编辑

将"所见.mp3""小池.mp3"和"小儿垂钓.mp3"三个音频文件分别拖到音轨 1、音轨 2 和音轨 3 上,并将其首尾连接,如图 6-30 所示。

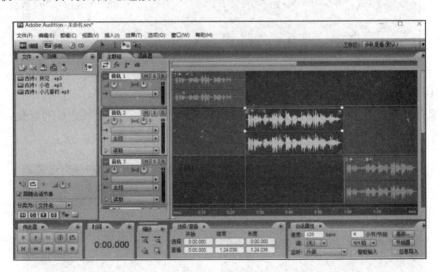

图 6-30 多轨编辑

 提示   在两段波形的连接处有一条白色竖线,以表示对齐。

这时单击"传送器"上的"播放"按钮试听,会发现三段声音可以连续播放了,但在声音的衔接处过渡生硬,不自然。

3. 设置音频的淡入/淡出效果

选中音轨 1，先拖动黄色播放头到第 3 s 处，再拖动音轨左上角的"淡化线性值" ▣ 到播放头处，会出现一条黄色弧线，表示对声音进行淡入处理；同样，拖动黄色播放头到第 18 s 处，再拖动右上角的"淡化线性值"到第 18 s 处，会出现一条黄色弧线，表示对声音进行淡出处理。

使用同样的方法对其他两个轨道上的音频进行淡入/淡出效果设置，设置完成的音轨效果如图 6-31 所示。再次进行试听，过渡效果好了很多，但是在两端声音的切换处稍有停顿。

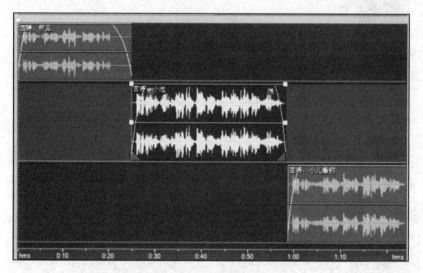

图 6-31 设置淡入/淡出

4. 重叠处理

选中音轨 2 上的声音波形，向前拖动，使其与音轨 1 上的波形有 3 s 的重叠；使用同样的方法设置音轨 3 上的波形与音轨 2 上的波形有 3 s 的重叠，如图 6-32 所示。

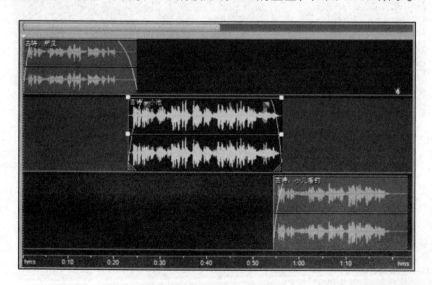

图 6-32 声音重叠处理

5. 合并音频

按住 Shift 键，依次单击选中三个音轨上的所有波形，选择"编辑"→"合并到新音轨"→"所选范围的音频剪辑（立体声）"菜单命令，系统经过一番运算后，在新轨道中显示合成后的混缩音频，如图 6-33 所示。

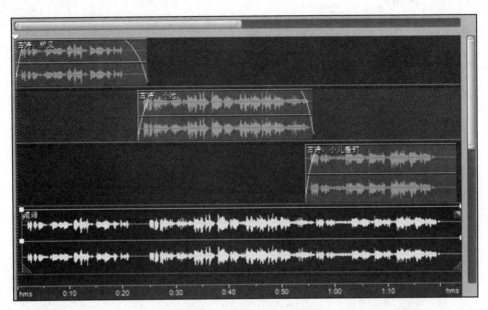

图 6-33　合成后的混缩音频

6. 进入混缩的单轨编辑

在混缩轨道上双击，进入混缩的单轨编辑模式，如图 6-34 所示。单击"传送器"上的"播放"按钮，试听合成后的混缩效果，如果不合适，再重复上述步骤进行编辑。

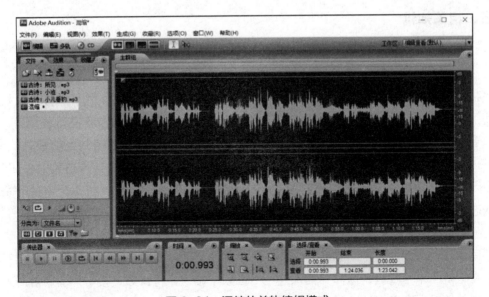

图 6-34　混缩的单轨编辑模式

7. 保存混缩音频文件

选择"文件"→"另存为"命令，弹出"另存为"对话框，文件名为"诗文朗诵作品集"，文件类型为"mp3"，如图 6-35 所示。

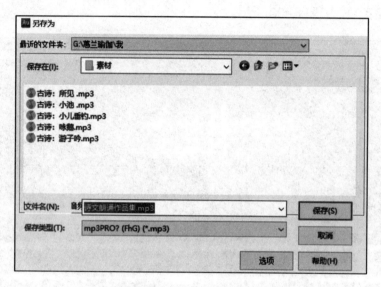

图 6-35　保存混缩音频文件

四、梳理与讨论

① "多轨"模式下有哪些编辑功能？
② Adobe Audition 的"编辑"和"多轨"两种模式有什么区别？
③ 在多个音频文件编辑合成时，两个音频文件的长度不一致，应该如何处理？

五、相关知识

在"多轨"模式下，可以对多个音频的处理进行宏观操作，组合出复杂的声音效果。

1. 多轨模式

"多轨"模式下，在"主群组"面板中列出了多条音轨，每条音轨的"属性"面板上都有音轨的名称，默认为音轨 1、音轨 2、音轨 3 等，也可以按照音频内容进行重命名，面板上还有音量、相位等按钮。如图 6-36 所示，"音量调节"按钮可以控制当前音轨的音量；"相位"按钮可以调节左右声道的平衡；"M"按钮表示静音，可以将该声道暂时关闭；"S"按钮表示独奏，可以将其他声道暂时关闭；"R"按钮表示录音，可以将本声道暂时切换到录音状态。

2. 编辑多个音频

不同音轨上可以放置不同的音频文件，可以将"文件"面板中的文件拖到音轨上，也可以直接在音轨上单击右键，选择"插入"→"音频"命令，将音频直接导入音轨。导入音频后，可以使用鼠标左键拖动音频来移动音频的位置。

图 6-36 "多轨"模式下"主群组"面板

3. 使用效果器

单击"主群组"面板上的"fx"按钮,切换为"效果器"面板,这时每条音轨左侧都会出现效果器,单击黑色三角按钮,弹出 Adobe Audition 可用的效果器列表,如图 6-37 所示。每条音轨都可以应用多种效果,如果暂时不需要某一效果,可以单击该效果左侧的绿色电源按钮,暂时将其关闭。

图 6-37 使用效果器

4. 混缩音频

要将多个音频文件合成一个音频文件,选择"编辑"→"合并到新音轨"→"所选范围的音频剪辑(立体声)"菜单项,计算机经过一番运算后,在相应的轨道中显示最后的混缩音频。

5. 导出音频

完成音频编辑后,需要导出音频文件,在"编辑"模式下直接执行"文件"菜单中的"另存为"命令即可;在"多轨"模式下,需要选择"文件"→"导出"→"混缩音频"命令,弹出"导出音频混缩"对话框,如图 6-38 所示,输入文件名,然后在"保存类型"下拉列表框中选择需要保存的文件类型。单击"选项"按钮,打开对应的"编码选项"对话框,设置具体参数,即可导出文件。

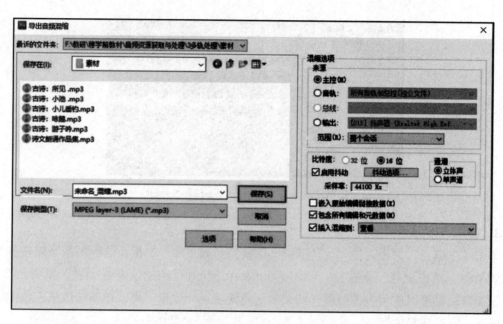

图 6-38 "导出音频混缩"对话框

六、创新实践

幼儿园王老师在教授幼儿背诵《春晓》古诗时，需要制作优美的配乐诗朗诵，供小朋友们反复听学。请你帮助制作古诗《春晓》的配乐朗诵音频资源。

制作要求：首先进行《春晓》朗诵录音，保存录音文件；再从网上搜索并下载合适的背景音乐；最后用 Adobe Audition 对两个音频文件进行加工合成并添加音频效果：以悠扬的音乐开始，声音由低到高趋于平稳时，诗句朗读声音伴随着背景音乐缓缓吟出，饱满而富有感情，朗诵结束时，背景音乐逐渐隐去。

项目七
获取与处理视频资源

知识地图

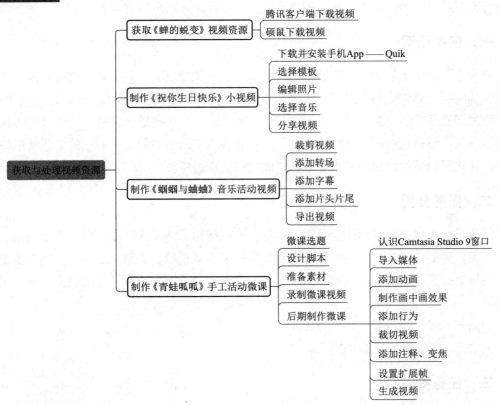

学习目标

1. 能说出常用的视频资源文件格式。
2. 能利用信息技术手段获取教育教学中需要的视频资源。
3. 能将幼儿照片制作成 MTV 视频效果。
4. 能使用手机对视频进行编辑，如剪辑、拼接、添加文字、添加效果、添加封面等。
5. 能进行微课录制、后期编辑制作。

视频资源是一种既有声音又有动态画面的资源，表现形式生动形象、直观真实。无论是在幼儿活动还是在幼儿园教学中，视频的应用都是非常常见的，幼儿教师常常以生动、形象、逼真的视频方式，对幼儿进行语言、社会、健康、科学等教育，这就要求幼儿教师能够运用信息技术来获取需要的视频资源，编辑视频资源，制作视频资源。

本项目根据幼儿园主题活动所需，设计了四个典型任务，通过完成任务，达到掌握学前教育活动视频资源获取与处理方法的学习目标。

任务一　获取《蝉的蜕变》视频资源

在网络资源如此丰富的今天，从互联网获取视频是最快捷的方法。互联网上的视频可以在线观看，但是在线观看时，网上常会出现许多不适合幼儿观看的内容，所以，幼儿教师事先将视频下载到本地计算机，然后播放给孩子们观看，是可取的教学行为。

一、任务情境

夏天来了，中班的魏老师要给小朋友们讲《夏天的特征》主题活动。蝉鸣声是夏天最具代表性的特征，魏老师带领孩子们到室外聆听知了的鸣叫声，观察知了皮，还寻找了知了，这可激发了孩子们的兴趣，争抢着问老师："知了是怎么从皮里出来的？"魏老师给孩子们解释了很久，还是感觉不够直观生动，于是魏老师决定从互联网上下载一段关于蝉的蜕变的视频，让孩子们通过看视频来直观地感知蝉的蜕变的过程。

二、任务分析

互联网上的视频资源由于涉及知识产权，有些视频无法直接下载，例如腾讯视频、爱奇艺视频等，需要先下载软件客户端，再使用客户端下载视频。也有一些网站，例如乐视，可以利用硕鼠视频下载器下载视频到电脑。下面介绍两种从网上获取《蝉的蜕变》视频资源的方法。

方法一：使用腾讯客户端下载视频

方法二：使用硕鼠下载视频

三、任务实施

方法一：使用腾讯客户端下载视频。

① 使用百度搜索视频。在浏览器地址栏输入 www.baidu.com，按 Enter 键，输入搜索关键词"蝉蜕变"，然后选择"视频"选项。

② 打开视频。单击来源为"腾讯视频"的某个视频。

③ 下载腾讯客户端。在腾讯视频网站单击"下载"按钮，出现推荐下载对话框，如图 7-1 所示，单击"下载客户端"按钮。

④ 安装腾讯视频客户端软件。完成下载后，运行安装程序，单击"快速安装"按钮完

成安装。

⑤ 客户端播放视频。安装完毕后，不要运行客户端程序，在腾讯视频网页上单击"客户端播放"，如图 7-2 所示。

图 7-1　下载腾讯客户端　　　　　　　图 7-2　客户端播放

⑥ 下载视频。在客户端播放窗口的右上方单击"下载"按钮，如图 7-3 所示，弹出"下载"窗口，选择清晰度"超清"，单击"确定"按钮，下载该视频，如图 7-4 所示。

图 7-3　下载

⑦ 查看正在下载的视频文件。确定下载后，弹出如图 7-5 所示的窗口，单击"查看列表"按钮，查看正在下载的视频。

图 7-4　"下载"窗口　　　　　　　图 7-5　查看列表

说明：

① 停止播放视频，下载速度会加快。下载完毕后，单击下载页面的 ▢ 按钮打开文件夹，查看视频保存的位置，双击视频文件，即使不上网，也能播放视频。

② 使用视频网站客户端下载的视频资源格式一般不是主流视频格式，很多场合无法直接使用，只能用客户端软件打开播放，或者用视频格式转换器对视频格式进行转换。

方法二：使用硕鼠下载视频。

硕鼠是由著名的 FLV 在线解析网站官方制作的专业下载软件。它提供搜狐视频、乐视网、哔哩哔哩、酷6、新浪视频、网易视频、CCTV、网易公开课等84 个视频/音乐网站的解析下载。用户可以通过安装硕鼠下载器来下载视频，也可以使用硕鼠官方网站直接下载视频。

使用硕鼠下载视频

① 百度搜索视频。在浏览器地址栏中输入"www.baidu.com"，按 Enter 键，输入搜索关键词"蝉蜕变"，然后选择"视频"。

② 打开视频，复制网址。单击来源为"乐视视频"的某个视频，在浏览器地址栏选中网址，复制网址。

③ 打开硕鼠官网，粘贴网址。在浏览器中新建空白窗口，在地址栏中输入"www.flvcd.com"，按 Enter 键，打开硕鼠官网。在"请输入'视频地址'"下面粘贴网址，然后单击右侧"开始 GO!"按钮，如图 7-6 所示。

图 7-6　硕鼠官网

④ 打开下载页面，如图 7-7 所示，单击"用硕鼠下载该视频"按钮，打开下载方式页面，单击"获取临时下载器（免安装）"按钮，如图 7-8 所示，开始下载临时下载器。

图 7-7　用硕鼠下载该视频

⑤ 新建下载任务，开始下载视频。临时下载器下载完毕后，打开文件，弹出"新建任务"对话框，单击"浏览"按钮选择保存位置，勾选"自动合并分段视频""立即开始下载"，单击"开始"按钮，如图 7-9 所示，开始下载视频。

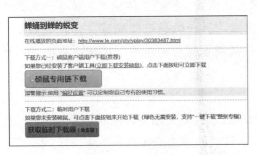

图 7-8　下载方式

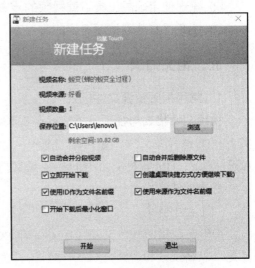

图 7-9　新建任务对话框

⑥ 下载完成，查看视频。下载窗口如图 7-10 所示，百分比达到 100%，表示下载完成。单击"打开目录"按钮，在"我的电脑"中查看下载的视频资源，视频格式为 0001.乐视网-蝉蛹到蝉的蜕变.mp4 。可以通过直接双击来播放视频。

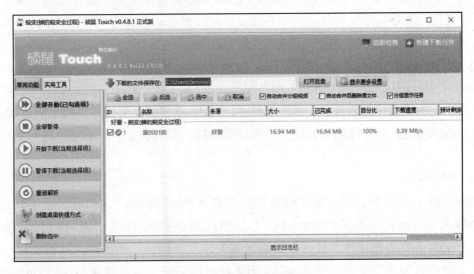

图 7-10　硕鼠下载器窗口

说明：

硕鼠下载的视频资源格式一般为常见的 MP4 或者 FLV 格式。可以使用视频编辑软件对视频进行后期编辑处理。

四、梳理与讨论

① 梳理从互联网下载视频资源的方法。
② 梳理使用硕鼠工具下载视频的步骤。
③ 还有哪些获取视频资源的方法？

五、相关知识

1. 常用视频资源文件格式

视频文件格式与视频压缩技术、视频编辑技术密切相关。视频文件格式大体可分为两大类：一类是影像文件，如 AVI、MOV、MPEG 等格式；另一类是流式视频文件，如 WMV、ASF、FLV、RM 等格式。不同的视频文件格式，代表着视频数据的不同编码。下面是常用视频资源文件格式：

（1）AVI 格式

AVI 是音频、视频交错（Audio Video Interleaved）的英文缩写，所谓音频视频交错，就是可以将视频和音频交织在一起进行同步播放。这种视频格式的优点是图像质量好，可以跨多个平台使用，但其缺点是体积过于庞大。AVI 文件目前主要应用在多媒体光盘上，用来保存电影、电视等各种影像信息，有时也出现在 Internet 上，供用户下载、欣赏影片的精彩片段。

（2）MPEG 格式

MPEG 的英文全称为 Moving Picture Expert Group，即运动图像专家组，家里常看的 VCD、SVCD、DVD 就是这种格式。MPEG 文件格式是运动图像压缩算法的国际标准，它采用了有损压缩方法，从而减少运动图像中的冗余信息。

（3）WMV 格式

WMV（Windows Media Video）也是 Microsoft 推出的一种采用独立编码方式并且可以直接在网上实时观看视频节目的文件压缩格式。WMV 格式的主要优点包括本地或网络回放、可扩充的媒体类型、可伸缩的媒体类型、多语言支持、环境独立性、丰富的流间关系及扩展性等。

（4）RM 格式

Networks 公司所制定的音频视频压缩规范称为 RealMedia，用户可以使用 RealPlayer 或 RealOne Player 对符合 RealMedia 技术规范的网络音频/视频资源进行实况转播，并且 RealMedia 还可以根据不同的网络传输速率制定出不同的压缩比率，从而实现从低速率的网络上进行影像数据实时传送和播放。RM 格式的另一个特点是用户使用 RealPlayer 或 RealOne Player 播放器可以在不下载音频/视频内容的条件下实现在线播放。

（5）RMVB 格式

这是一种由 RM 视频格式升级延伸出的新视频格式。它的先进之处在于打破了原先 RM 格式那种平均压缩采样的方式，在保证平均压缩比的基础上合理利用比特率资源，也就是说，静止和动作场面少的画面场景采用较低的编码速率，这样可以留出更多的带宽空间，而这些带宽会在出现快速运动的画面场景时被利用。这样在保证静止画面质量的前提下，大幅度地提高了运动图像的画面质量，从而图像质量和文件大小之间就达到了微妙的平衡。

（6）FLV 格式

FLV 是 Flash Video 的简称，是一种新的视频流媒体格式。它基于 Flash MX，可以看成一种 Falsh 动画，需要 Flash 播放插件支持，广泛应用于网络视频。

2. 获取视频资源的其他方法

（1）利用录像设备获取视频资源

幼儿教师要善于利用摄像机、手机拍摄自然风光、人文景观、动植物特征等视频，作为幼儿教育中的视频资源。将摄像机、手机通过数据线或网络与计算机连接，把录制的视频资源保存到计算机上。

（2）利用录屏软件获取视频

好用的录屏软件有 QQ 好友聊天对话框中的屏幕录制（Ctrl+Alt+S）、EV 录屏软件、Faststone Capture、超级捕快、屏幕录像专家及专业的屏幕录像和后期编辑软件 Camtasia Studio 等。

六、创新实践

① 从互联网上获取"国庆节的来历"相关视频，并下载保存为"国庆节来历 .mp4"。

② 使用爱奇艺客户端下载《小马过河》视频，并播放。

任务二　制作《祝你生日快乐》小视频

幼儿活动中的照片记录下孩子成长中的喜怒哀乐和点滴变化，把照片整合起来，制作成集文字、图像、音乐、动画于一体的视频短片分享给孩子家长，是非常好的家园互动方式。

一、任务情境

快乐幼儿园中班的小朋友过生日，魏老师用手机拍下孩子成长的快乐瞬间，魏老师手机里保存了许多孩子的生日照片，她想把照片制作成类似于电子相册的小视频发给家长。

二、任务分析

手机是最常用的家园互动工具，用手机 App 把静止的照片制作成小视频，是最方便、最快捷的制作途径。Quik 是 GoPro 旗下的一款软件，小巧精干，是自动创建精彩视频的最快速、最简单的一款手机 App，只需轻按几下便可制作出超炫的视频，并且它免费、无水印。下面介绍用 Quik 制作《祝你生日快乐》的小视频。

三、任务实施

1. 下载安装 Quik 手机 App

打开手机浏览器，在搜索栏中输入"Quik"，下载并安装 Quik 手机 App，安装完成后，Quik 手机 App 的图标如图 7-11 所示。

图 7-11　Quik 手机 App 图标

2. 创建新视频

运行 Quik，选择手机上的照片，如图 7-12 所示，然后单击 ✓ 图标，在出现的"添加标题介绍"文本框中输入"祝你生日快乐"，单击"继续"按钮，如图 7-13 所示。

图 7-12　选择照片

图 7-13　添加标题

3. 选择模板

经过以上两个步骤，一个简单的小视频已经制作完成了。Quik 提供了许多动态炫丽的模板，用手拖动模板区，选择喜欢的模板 mingle，如图 7-14 所示。

图 7-14　选择模板

4. 编辑每一张照片

单击模板上方的铅笔编辑图标 ✏️ ，进入编辑状态。选中任一照片，可以进行添加文字、布局、旋转、时长、移除、复制等操作，如图 7-15 所示。

5. 选择音乐

单击模板区下方的音乐图标 ♪ ，出现"好友""旅行""夏天""回忆""我的音乐"等，选择"我的音乐"，找到手机里事先准备好的《Happy Birthday》歌曲，如图 7-16 所示。

图 7-15 编辑

图 7-16 选择音乐

6. 更多设置

单击音乐图标右侧的"更多"图标 ▦ ，可以设置"持续时间""胶片""音乐开始""滤镜""字体""调色板""收尾打开"等，如图 7-17 所示。

7. 保存和分享视频

设置完成后，单击右下方的"保存"图标 ▢ ，出现"正在保存视频"窗口，根据需要选择"分享链接"或"发送文件"或"保存而不分享"，如图 7-18 所示。

图 7-17 更多设置

图 7-18 保存分享视频

说明：

制作好的小视频，可以通过"分享链接"发送给微信好友、QQ 好友，进行微信收藏，发送到"我的电脑"，保存到网盘等；选择"保存而不分享"，则以 MP4 格式保存在手机相册中。

四、梳理与讨论

① 梳理使用 Quik 制作小视频的主要步骤。
② Quik 的主要功能有哪些？

五、相关知识

互联网这个资源宝库，有许多手机 App 和电脑端软件可以将多张图片制作成电子相册小视频。

1. 免费的手机 App

Quik、抖音、美拍、Faceu 激萌、快剪辑、剪映，只需几秒钟，就可以对选中的照片增添精美的过渡和效果，并按照音乐节拍将静止的照片"炫"起来，制作成动感十足的小视频。

2. 收费的手机 App

小影、爱剪辑手机版，功能更强大，过渡和视频效果更丰富，可以进行逐帧修剪、混剪、镜头分割等，还可以对视频进行较专业的后期编辑。

3. 电脑端软件

百度网盘新增的影音功能可以在线制作超炫的电子相册小视频。不用下载软件，只需注册百度，申请到百度网盘，就可以使用这个影音功能。国产软件快剪辑也可以快速制作非常炫和专业的小视频。

六、创新实践

① 使用手机 App 为自己和家人制作一个电子相册，搭配恰当的音乐、文字、转场效果。
② 使用百度网盘中的影音功能制作一个电子相册，选择喜欢的模板。

任务三　制作《蝈蝈与蛐蛐》音乐活动视频

幼儿园主题活动中，常常需要拍下小朋友们的活动视频，然后对视频进行编辑，例如，裁剪、拼接、添加文字、添加转场效果等，最后制作成一段完整的活动视频。视频制作编辑软件有很多，手机 App 有快剪辑、Quik、万兴神剪手等；电脑端软件有爱剪辑、视频编辑专家、绘声绘影、Adobe Premiere 等。

一、任务情境

带有京味的歌曲《蝈蝈与蛐蛐》，其一问一答的歌词形式给小朋友们创造了自由创编动

获取与处理视频资源
项目七

作的机会。今天，魏老师带领中班的小朋友们上了《蝈蝈与蛐蛐》音乐活动课，孩子们伴着音乐欢快地创编动作进行表演。魏老师用手机录下每个孩子表演的视频，然后对多段视频进行编辑，合成一段完整的音乐活动课视频，展示孩子们音乐活动的表现。

二、任务分析

要将多段视频制作成一段带有文字效果的流畅视频，首先要对每段视频进行裁剪，截取需要的部分；然后把多段视频合并，添加恰当的转场效果；再为视频添加文字，添加片头、片尾；最后合成一段完整视频。本任务分解为 5 个子任务。

子任务 1：裁剪视频

子任务 2：添加转场

子任务 3：添加字幕

子任务 4：添加片头、片尾

子任务 5：导出视频

爱剪辑是国内首款全能免费视频剪辑软件，其最大的特点是操作简单、功能强大。爱剪辑支持给视频加个性 MTV 字幕、炫目的视频切换效果、影院级好莱坞特效等齐全的剪辑功能，是视频剪辑软件中的佼佼者。下面使用电脑端的爱剪辑软件来完成对视频的编辑制作。

三、任务实施

子任务 1：裁剪视频

裁剪视频，将视频从头部、中间或尾部截取一段。下面将魏老师录制的视频从中间截取出需要的一段。

裁剪视频
添加转场

1. 新建视频

启动爱剪辑，出现"新建"对话框，输入片名"蝈蝈与蛐蛐"、制作者"魏老师"，选择视频大小"720×404（16∶9）"，临时目录为默认。设置好后，单击"确定"按钮，如图 7-19 所示。

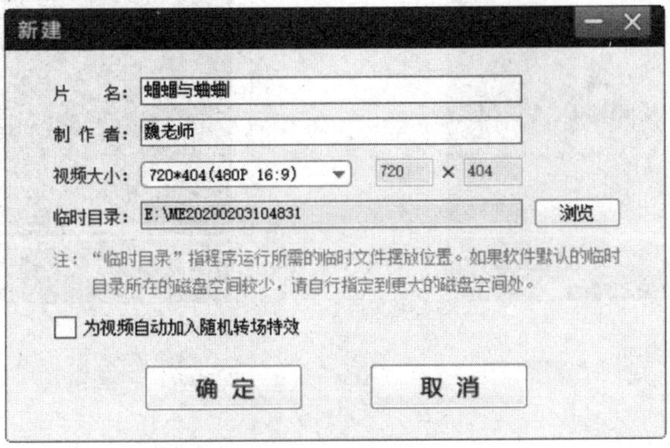

图 7-19　新建视频

2. 添加视频

爱剪辑软件的主窗口如图7-20所示,单击窗口左侧的"添加视频"按钮,打开"请选择视频"对话框,选中要裁剪的视频,选择"打开",出现"预览/截取"窗口,如图7-21所示。

图7-20 爱剪辑主窗口

图7-21 "预览/截取"窗口

3. 获取视频开始时间

在"预览/截取"窗口中单击"播放"按钮 ▶,播放视频到需要截取的开始位置,单击"暂停"按钮 ⏸,再单击"开始时间"右侧的"获取"按钮 ⟲,快速获取当前播放视频所在的时间点,这样就获取到视频的开始位置,如图7-22所示。

4. 获取视频结束时间

按照步骤3,找到视频结束时间,单击"结束时间"右侧的"获取"按钮 ⟲,快速获取当前播放的视频所在的时间点,这样就获取到视频的结束位置,单击"确定"按钮,如图7-23所示,一段视频裁剪完成。

图7-22 获取视频开始时间

图7-23 获取视频结束时间

要精确定位视频开始/结束时间,可以在"预览/截取"对话框的"开始时间"/"结束时间"处直接输入精确的视频开始/结束时间;也可以单击"展开"按钮 ▭ ,打开时间轴,通过拖动播放头,精确定位视频的开始/结束时间。时间轴如图7-24所示。

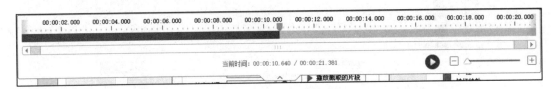

图7-24 时间轴

5. 继续添加视频

裁剪后的视频放置在爱剪辑主窗口"已添加片段"的视频区。按照主窗口提示"双击此处添加视频",继续添加两段视频,如图7-25所示。

图7-25 添加三段视频

6. 保存工程文件

单击主窗口右侧预览区下的"保存"按钮 💾,出现"保存路径"对话框,选择保存路径,设置文件名为"蝈蝈与蛐蛐",保存类型为默认,单击"保存"按钮,完成该工程文件的保存,如图7-26所示。

 在爱剪辑主窗口"已添加片段"区,选中视频,按住鼠标拖动,可以调整视频之间的先后顺序。

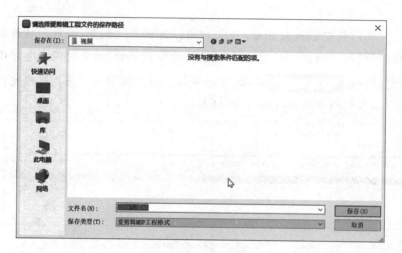

图 7-26 保存路径

子任务 2：添加转场

两段视频之间的过渡或转换叫转场。适当地添加转场特效，可以使两段视频衔接流畅自然，并能实现一些特殊的视觉效果。爱剪辑提供了数百种更具视觉美感的转场特效，这些特效不仅好看，而且应用起来简单快速，无须进行复杂设置。下面为第一段和第二段视频之间添加转场特效。

1. 添加转场特效

在爱剪辑主窗口"已添加片段"区选中第二段视频，单击窗口上方的"转场特效"，在下方列出所有的转场特效。展开"3D或专业效果类"，单击"震撼散射特效 II"，在右侧窗口预览特效。如果要应用该特效，双击"震撼散射特效 II"，应用到选中的视频上，如图 7-27 所示。

图 7-27 添加转场特效

2. 设置转场特效时长

在转场设置区，设置转场特效时长为 4 s，如图 7-27 所示。

3. 修改转场特效

对已设置的特效不满意时，在特效列表中单击其他特效，然后在转场设置区单击"应用/修改"按钮，修改已有的特效。

4. 删除转场特效

选中第二段视频，在转场设置区单击"删除转场"按钮，删除已经添加的转场特效。

5. 设置随机转场特效

单击"设置随机转场"按钮，打开"设置随机转场"对话框，勾选喜欢的转场特效（可以多选），单击"确定"按钮，如图 7-28 所示，勾选的转场特效会自动随机应用到后来添加的视频上。使用同样的方法为第三段视频添加转场特效并设置转场时长。

6. 保存工程文件

单击主窗口右侧预览区下的"保存"按钮 ，保存工程文件。

> 提示：在爱剪辑的"新建"窗口，如图 7-29 所示，勾选"为视频自动加入随机转场特效"，单击"确定"按钮后，在"设置随机转场"窗口（图 7-28）中勾选"启用全部转场进行随机"，也就是全部转场特效将被自动随机应用到每个导入的视频，这样可以实现为视频自动添加随机转场特效。

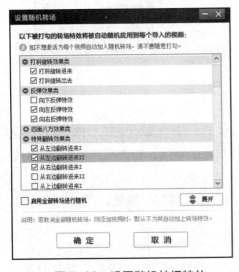

图 7-28 设置随机转场特效

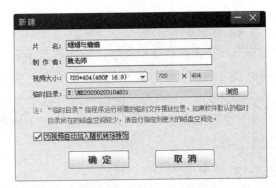

图 7-29 "新建"窗口

子任务 3：添加字幕

使用爱剪辑不仅可以在视频上添加文字，应用它的字幕特效功能还可以制作出生动超炫的特技效果。下面在第一段视频恰当位置添加文字，并搭配超炫的字幕特效。

1. 添加文字

选中第一段视频，在视频预览区拖动播放滑块到合适位置，双击视频，打开"输入文字"对话框，输入文字"灵灵宝宝创编"，单击"确定"按钮，如图7-30所示。

2. 字体设置

在右边的预览区，将鼠标移至文本框，按住鼠标移动文字到合适的位置。选中文字，在预览区左侧"字体设置"区中设置恰当的字体、大小和颜色，设置5像素的黑色阴影，让文字更立体，如图7-31所示。

图7-30　输入文字

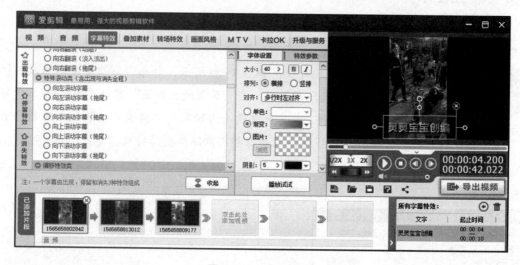

图7-31　字体设置

3. 添加字幕特效

在右边预览区选中文字，左边窗口出现"字幕特效"，一个字幕由出现、停留和消失3种特效组成。单击"出现特效"选项卡，从中选择一种喜欢的特效，如选择好莱坞顶级特效类"缤纷秋叶"；单击"停留特效"选项卡，从中选择"红黄射光"；单击"消失特效"选项卡，选择幻影分合类"水平幻影分离（模糊）"。单击"播放试试"按钮，预览字幕特效，如图7-32所示。

4. 设置特效参数

在预览区选中字幕文字，在左边单击"特效参数"，设置出现时的字幕：特效时长为3 s；停留时的字幕：特效时长为3 s、勾选"逐字展示"；消失时的字幕：特效时长为3 s、勾选"逐字消失"。单击"播放试试"按钮，预览设置的效果，如图7-33所示。

5. 保存工程文件

单击主窗口右侧预览区下的"保存"按钮 🖫 ，保存工程文件。

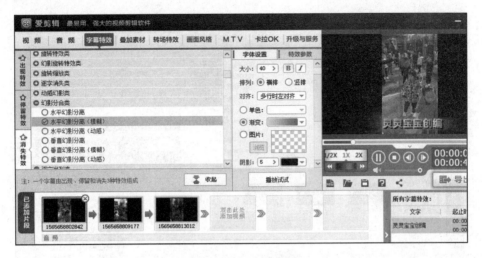

图 7-32 字幕特效

图 7-33 特效参数

子任务 4：添加片头、片尾

一段完整的视频，开始要有片头，展示视频主题；结束要有片尾，展示制作者或者版权信息。灵活使用爱剪辑中的画面风格、叠加素材、字幕特效等，可以制作动态炫丽的片头、片尾。下面为视频添加片头、片尾，片头视频 10 s，效果为主题文字"蝈蝈与蛐蛐"炫丽登场；片尾制作成电影片尾效果，视频 + 滚动字幕 + 背景音乐。

添加片头片尾

1. 添加白幕视频

在"已添加片段"区执行"双击此处添加视频"，打开"请选择视频"对话框，打开爱剪辑自带的"白幕视频（1 分钟）.mp4"，在"预览/截取"窗口截取 10 s 左右的视频，确定后，白幕视频添加到"已添加片段"区。选中它，按住鼠标拖动至最前面，如图 7-34 所示。

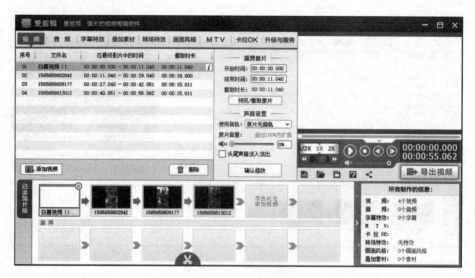

图 7-34　添加白幕视频

2. 添加片头文字

选中白幕视频，预览区播放至 2 s 左右处停止，双击视频，打开"输入文字"对话框，输入文字"蝈蝈与蛐蛐"，单击"确定"按钮。在字体设置区设置恰当字体和大小。单击"浏览"按钮，选择爱剪辑自带的"科技 01.png"图片作为文字纹理填充文字，设置灰色阴影 10 像素，黄色描边 15 像素，文字效果如图 7-35 所示。

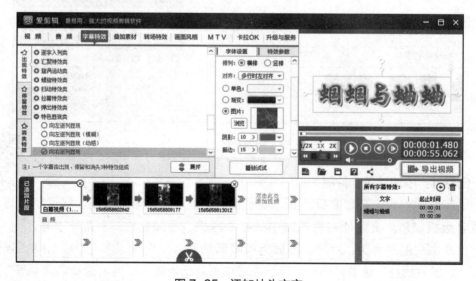

图 7-35　添加片头文字

3. 设置字幕特效

选中文字，在字幕特效区设置出现特效为特色显现类的"向右逐列显现"；停留特效为新奇特效类"水珠滚动效果"；消失特效为好莱坞顶级特效类"缤纷秋叶"；特效参数设置为出现时的字幕：特效时长 3 s，其他默认，如图 7-36 所示。

图 7-36　设置字幕特效

4. 添加片头背景

单击"叠加素材",在左侧单击"加相框",选中一个恰当的相框,在右边视频预览区预览效果,然后单击"添加相框效果"中的"为当前片段添加相框"命令,这样整段白幕视频上就有了好看的背景。如果要对相框进行设置,单击"修改相框时间段"按钮,可以选取相框出现的时间段,如图 7-37 所示。

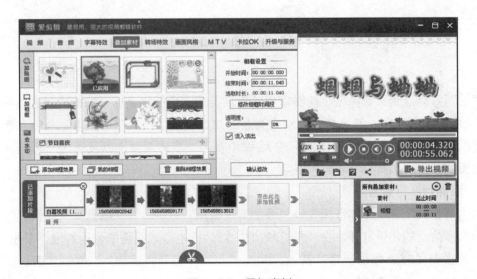

图 7-37　叠加素材

> 提示
> ① 若要更换相框效果,先单击"删除相框效果",再选择新相框添加。
> ② 在爱剪辑主窗口右下区,会显示当前选中的所有叠加素材,如图 7-37 所示。选中"相框"素材,单击"垃圾桶"按钮,可以删除该素材。

5. 添加画面风格

单击"画面风格",有"画面""美化""滤镜""动景"四种可以添加的风格效果。单击"动景",选中常用动景特效中的"叶落知秋",在视频预览区预览效果,单击"添加风格效果"中的"为当前片段添加风格"命令,"叶落知秋"效果添加到片头视频中。单击"确认修改"按钮预览完整效果。若要删除该效果,单击"删除当前风格"按钮,画面风格允许叠加效果,可以选择多个效果添加,如图7-38所示。

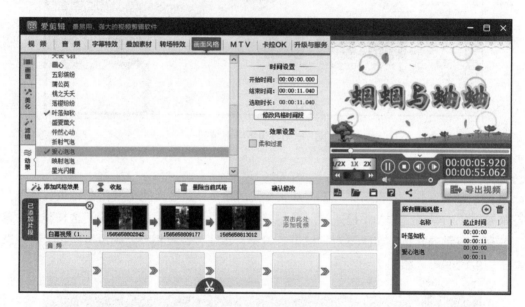

图 7-38 添加画面风格

说明:

通过巧妙地应用画面风格,能够使视频更具美感、个性化及拥有独特的视觉效果。通过"画面风格"能为视频一键施加或梦幻或绚丽的炫光特效,添加花瓣飘落、羽毛飞舞、光之律动等浪漫场景,为视频快速调色,放大/缩小视频,旋转视频,以及通过水彩画、铅笔画等功能使视频作品具有独特画面风格。

6. 添加片头背景音乐

单击"音频"→"添加音频"→"添加背景音乐"命令,在"请选择一个背景音乐"对话框中选择恰当的音乐打开,在"预览/截取"对话框中截取所需的音乐片段,单击"确定"按钮,背景音乐被添加到音频轨道上,勾选"头尾声音淡入淡出",单击"确认修改"按钮,预览效果,如图7-39所示。

7. 制作片尾视频画面风格

双击"双击此处添加视频"按钮,添加一段10 s的片尾视频,单击"画面风格",选择"画面"中的"位置调整",选中"向左摆动",单击"添加风格效果"中的"为当前片段添加风格"命令。在效果设置中,勾选"柔和过渡",角度"40",单击"浏览"按钮,选择"BackGroundImg03.jpg"作为背景图。效果如图7-40所示。

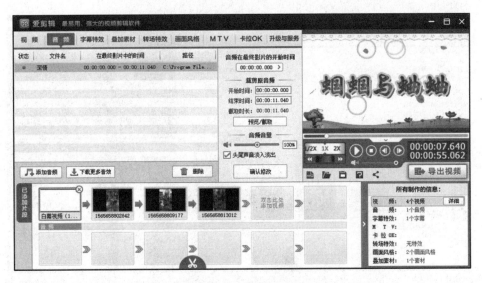

图 7-39　添加背景音乐

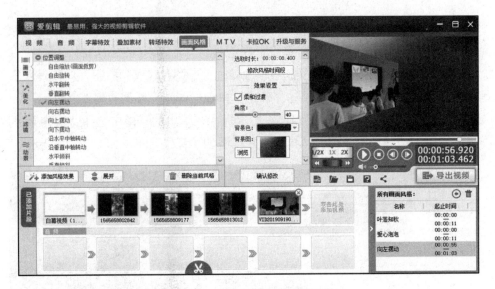

图 7-40　制作片尾视频画面风格

8．制作片尾字幕效果

在右边视频预览区双击鼠标，打开"输入文字"对话框，输入片尾字幕文字，单击"确定"按钮，在左边"字幕特效"中设置出现特效为特殊滚动类（含出现与消失全程）中的"向上滚动字幕"，设置恰当的字体、大小、颜色，特效参数设置出现时的字幕：特效时长10 s，单击"播放试试"按钮，预览效果，如图 7-41 所示。

9．添加片尾背景音乐

① 添加音频到爱剪辑中。单击"音频"，单击"添加音频"中的"添加背景音乐"命令，打开"请选择一个背景音乐"对话框，选择恰当的音频文件打开，音频文件显示在爱剪辑主窗口。

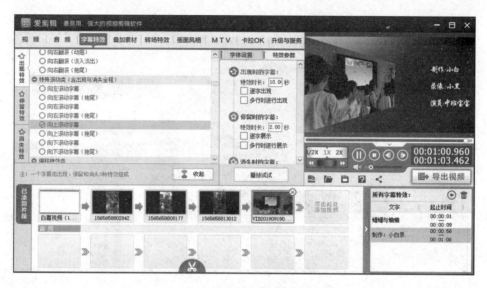

图 7-41　制作片尾字幕效果

② 设置音频播放的开始时间。选中片尾背景音乐文件，在右边"音频在最终影片的开始时间"处设置时间为 55.080，即背景音乐开始时间为片尾视频开始的时间。

③ 截取需要的时长。在"裁剪原音频"处单击"预览/截取"按钮，从背景音乐中截取和片尾视频时间长度相同的音频，单击"确定"按钮；勾选"头尾声音淡入淡出"。

④ 消除原片声音。选中片尾视频，右击鼠标，在弹出的菜单中选择"消除原片声音"，单击"确认修改"按钮预览效果，这样就为片尾添加了背景音乐，如图 7-42 所示。

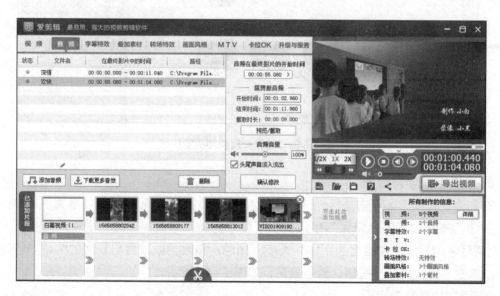

图 7-42　添加片尾背景音乐

10. 保存工程文件

单击主窗口右侧预览区中的"保存"按钮 💾，保存工程文件。

子任务 5：导出视频

每一段视频制作完成、设置好转场效果、调整好视频顺序后，就可以将视频导出，生成一段完整的视频了。

1. 导出视频

单击主窗口右侧预览区中的 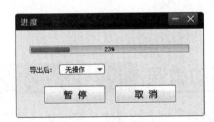 按钮，打开"导出设置"对话框，正确设置"导出设置"和"参数设置"，单击"浏览"按钮，选择导出路径，输入文件名"蝈蝈与蛐蛐"，单击"保存"按钮，最后单击"导出"按钮，如图 7-43 所示。

2. 导出成功

导出过程中的"进度"窗口如图 7-44 所示。导出成功后，会出现"导出成功"窗口，如图 7-45 所示。单击"打开存放文件夹"按钮，找到视频，歌唱活动《蝈蝈与蛐蛐》视频就制作完成了。

图 7-43　导出设置

图 7-44　"进度"窗口　　　　　　图 7-45　导出成功

四、梳理与讨论

① 梳理爱剪辑软件的功能。
② 如何让制作的视频具有绚丽特效、浪漫场景？
③ 如何为视频添加背景音乐？如何消除原视频声音？

五、相关知识

1. 在爱剪辑中添加图片

爱剪辑允许直接添加视频、音频到相应的轨道，要在爱剪辑中添加图片，需要借助"叠加素材"面板。单击"叠加素材"→"加贴图"，在视频预览框中定位到需加照片的时间点，双击视频预览框，在弹出的"选择贴图"对话框中，单击 按钮，选择图片，图片成为自定义的贴图，确定后，图片以贴图形式添加到视频中。调整图片大小，在贴图设置中设置持续时长。

2. 查看、删除所有制作的信息

爱剪辑主窗口界面右下方有一个"所有制作的信息"窗格，如图7-46所示，可以查看所有添加的信息，选中其中的"画面风格"，单击右侧的"详细"按钮，详细查看添加的每一种画面风格，选中其中一种，单击右上角的"垃圾桶"按钮 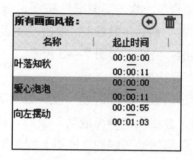，可以删除该画面风格，如图7-47所示。

图7-46 所有制作的信息窗格　　图7-47 画面风格详细信息

六、创新实践

① 母亲节快到了，用手机为每个小朋友录制《妈妈我想对你说……》视频，用爱剪辑连接编辑制作成一段完整的视频，在母亲节作为礼物送给妈妈。

② 用爱剪辑制作一段小朋友唱歌的MTV视频。

任务四　制作《青蛙呱呱》手工活动微课

微课是"互联网+课堂"的产物，是微型视频课程。幼儿园微课是围绕某一学习内容而精心设计的，以5~8 min的微视频为载体，以支持幼儿主动学习为核心的一种情景化、趣味性的学习资源。幼儿园微课要以图画为主、文字为辅，动静交替、生动有趣，吸引幼儿的兴趣，激发幼儿的参与创意，要支持幼儿自主学习。

让幼儿在家、在非集中区域学习，微课是非常有效的学习资源。幼儿教师能自己动手制作微课，是信息时代幼儿教师发展的需要。能够制作微课的软件有很多，先用手机或者摄像机工具录制视频，然后用视频编辑软件对视频进行处理，例如手机App中的快剪辑、剪映等，都是非常简单易用的视频编辑软件；专业的电脑版软件有Camtaisia Studio、会声会影等，都能制作微课。

一、任务情境

中班的魏老师要教小朋友们做手工，用纸、剪刀、胶棒制作一只小青蛙。魏老师想把制作方法录制成一段微课视频发给爸爸妈妈，让小朋友和爸爸妈妈在家一起通过学习视频完成小青蛙的制作，比一比、看一看哪个宝宝心灵手巧。

二、任务分析

微课的制作步骤一般包括微课选题、设计脚本、准备素材、录制微课、后期处理等环节,如图7-48所示。

图7-48 微课制作步骤

第一步:微课选题。

魏老师要制作的微课主题是手工活动"青蛙呱呱",目标是让小朋友学会手工制作"小青蛙"。

第二步:设计脚本。

微课脚本是微课制作的指南和依据,包括各个环节呈现内容、时长、形式等。魏老师设计的脚本见表7-1。

表7-1 微课脚本

微课结构	呈现内容	呈现形式
片头 3~10 s	1. 展示微课主题、主讲教师姓名等信息 2. 呈现小青蛙的图片、搭配淡淡的背景音乐	1. 动态文字 2. 炫丽的动态画面
第一幅图片 10~60 s	背景音乐停。 1. 青蛙图片 2. 老师导入的视频	1. 图片静止 2. 主讲教师画中画效果
第二幅图片 2~5 min	1. 第二幅有关青蛙的图片 2. 老师导入的视频	1. 转场 2. 图片静止 3. 主讲教师画中画效果
第三个镜头 3 min 以内	做手工的视频	1. 转场效果后,做手工的视频成为主画面 2. 视频中放大制作细节 3. 视频中添加重点说明的文字
片尾	制作人信息等	动态文字呈现,保存视频

第三步:准备素材。

幼儿园的微课,首先要吸引小朋友的兴趣,所以微课不仅要有小朋友喜欢的图像,还需要搭配动听的声音、有趣的视频,丰富多彩的视觉、听觉刺激才可以吸引小朋友学习的注意力。魏老师准备的素材有从网上下载的有关青蛙的图片、声音资源,相应的讲稿,动听的背景音乐,PPT课件,准备好做手工的剪刀、纸张、胶棒、彩笔,准备好做手工的教学桌面,教学桌面要干净整洁。

第四步:录制微课。

使用手机或者摄像机录制做手工的视频。

第五步:后期处理。

后期制作一般包括对已经录制好的微课视频进行编辑和美化，如添加微课片头、删除视频中不需要的片段、连接多段视频或者图片、添加转场效果、添加字幕、搭配背景音乐及生成 MP4 或 FLV 视频格式。能对视频进行后期编辑制作的软件有很多，其中 Camtasia Studio 是一款比较简单好用的微课制作软件，可以轻松实现添加片头、添加字幕、视频剪辑、添加视频特效、添加配音、消除噪声等效果。

魏老师将使用 Camtasia Studio 9 对录制的微课视频进行编辑，以及将图片、声音、视频合成为完整的微课。

三、任务实施

（一）录制微课视频

使用摄像头分辨率在 1 000 万像素以上的智能手机拍摄制作，操作简单方便，拍摄质量高。该微课中需要录制两段视频：一段是导入视频；一段是做手工视频。

1. 拍摄准备

① 使用手机支架固定手机，横着放在支架上，保持手机镜头稳固，如图 7-49 所示。

② 将做手工需要的剪刀、卡纸、彩笔、胶棒等，整齐地摆放在桌子上。

③ 教师着装得体，正对镜头。

图 7-49　手机支架固定手机

提示　用手机或摄像机直接拍摄时，最好选择摄像性能较好的手机或摄像机，选择光线均匀并且非常安静的场地。

2. 开始拍摄

一切准备就绪，按下手机上的"录制"按钮，开始录制。

3. 保存视频

录制完成后，再次单击"录制"按钮结束录制，将视频保存并上传至电脑端，分别保存文件名为"导入.mp4""做手工.mp4"。

（二）后期制作微课

后期制作使用 Camtasia Studio 9 软件主要完成如下任务：制作片头、制作导入部分、编辑做手工视频、制作片尾、添加转场效果、生成视频。

1. 启动 Camtasia Studio 9

双击桌面上的 Camtasia Studio 9 软件图标 ，出现"开始"对话框，单击"新建项目"，进入 Camtasia Studio 9 的窗口界面，界面分成 5 个区域，分别是菜单栏、工具栏、视频预览区、属性区、剪辑区，如图 7-50 所示。

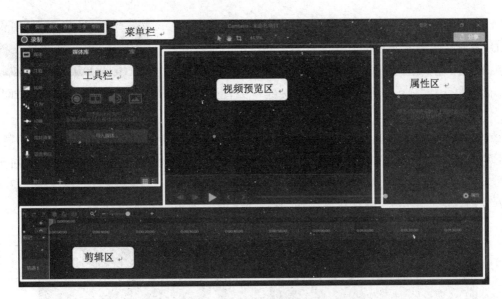

图 7-50　Camtasia Studio 9 的窗口界面

2. 导入媒体

单击"导入媒体",选择事先准备好的青蛙图片和做手工视频,单击"打开"按钮,图片和视频导入工具栏的媒体库中,如图 7-51 所示。

图 7-51　导入媒体库

如需继续导入媒体,单击媒体库左下方的"导入媒体"按钮 ,从列表中选择"导入媒体"。

3. 制作片头

片头包括动态变化的片头图片、动态炫目的片头字幕、恰当的背景音乐。

（1）制作动态变化的片头图片效果

① 添加片头图片。拖动片头图片至剪辑区的轨道 1，右击片头图片，在弹出的菜单中单击"持续时间"，设置片头图片持续时间为 10 s，单击"确定"按钮，如图 7-52 所示。

图 7-52　设置持续时间

② 制作片头图片逐渐放大效果。在视频预览区中，调整图片大小至覆盖整个预览区；在工具栏左侧单击"动画"，在右侧单击"动画"标签，出现许多动画效果，拖动"按比例增加"至轨道 1 的片头图片上，出现蓝色剪头，鼠标放在剪头头部变成拉伸状，按住鼠标左键向右拖动，剪头被拉长，"按比例增加"动画持续时间变长，如图 7-53 所示。

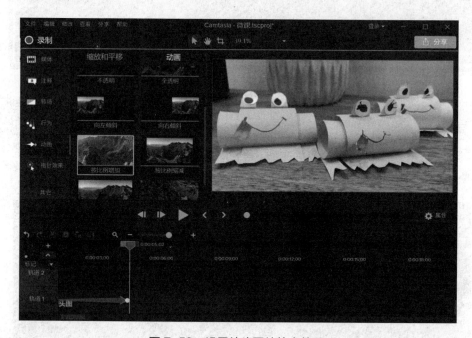

图 7-53　设置片头图片放大效果

③ 制作片头图片逐渐缩小效果。拖动"自定义"至片头图片上，拉长蓝色剪头调整动画持续时间，拖动播放头至剪头头部位置，然后在预览区缩小片头图片，如图 7-54 所示。这样制作出片头图片先慢慢放大，再慢慢缩小的动态效果。

① 单击预览区的"播放"按钮，从播放头位置开始播放，预览制作效果。
② 单击"文件"→"保存"按钮，保存项目为"微课.tscproj"。

（2）制作动态炫目的片头字幕

Camtasia Studio 9 系统媒体库中有许多动态炫目的字幕效果，引用后，修改文字即可生成炫目的片头字幕效果。

图 7-54　设置片头缩小效果

① 添加媒体库动态文字。单击工具栏中的"媒体",单击右侧的"库"标签,打开 Camtasia Studio 9 的媒体库,单击展开"Motion Graphics–Lower Thirds(动态图形 – 下三分之一)",双击任一个,预览效果,拖动"slidingboxes-01(滑动的盒子 –01)"效果至轨道 2,如图 7-55 所示。

图 7-55　添加媒体库动态文字

② 修改"slidingboxes-01"中的文本。拖动播放头至有文字的位置，双击预览区的文字，修改成"手工活动'青蛙呱呱'"，使用同样的方法修改上方文字为"中班艺术课"，下方文字为"魏老师"。在右侧属性区设置文字的字体、颜色、大小，如图 7-56 所示。

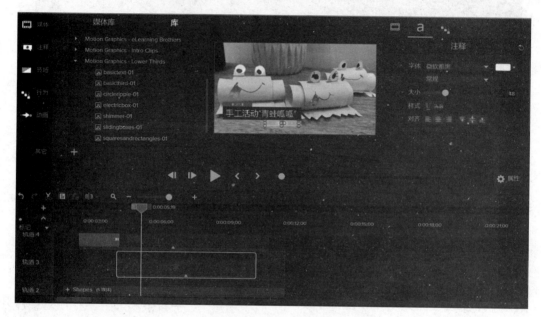

图 7-56　修改文字

③ 设置片头字幕效果的持续时间。在轨道 2 上单击选中片头字幕，将鼠标放在右侧黄色边框上，鼠标变成拉伸状，按住鼠标左右拖动，调整字幕效果持续时间，如图 7-57 所示。

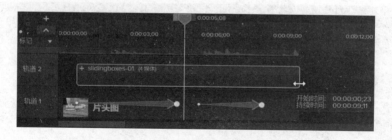

图 7-57　设置片头字幕持续时间

（3）添加片头背景音乐

①添加背景音乐。单击工具栏的"媒体库"，单击媒体库左下方的"导入媒体"按钮 ，单击"导入媒体"，选中准备好的"片头背景音乐 .mp3"，单击"打开"按钮，将背景音乐导入媒体库，拖动音乐文件至轨道 3，如图 7-58 所示。

②裁剪音乐。拖动剪辑区的播放头至音乐开始的位置，单击剪辑区上方的"分割"按钮 ，音乐被裁剪成两段；再次拖动播放头至音乐结束的位置（音乐长度 10 s），单击"分割"按钮，音乐被裁剪成三段，选中第一段和第三段，按删除键。选中轨道 3 上的音乐，拖动至 0 s 处。片头背景音乐制作完成，如图 7-59 所示。

图 7-58　添加背景音乐

4. 制作导入部分

包括动态效果的青蛙图片、画中画效果的教师导入视频。

（1）添加两张青蛙图片

拖动媒体库中的"青蛙1"图片至轨道1中的片头图片后面，在视频预览区调整图片大小，使图片大小与预览区匹配，设置"青蛙1"合适的持续时间；拖动媒体库中的"青蛙2"图片至轨道1中的"青蛙1"后面，调整图片大小，设置"青蛙2"合适的持续时间，如图7-60所示。

制作导入部分

图 7-59　裁剪后的片头背景音乐

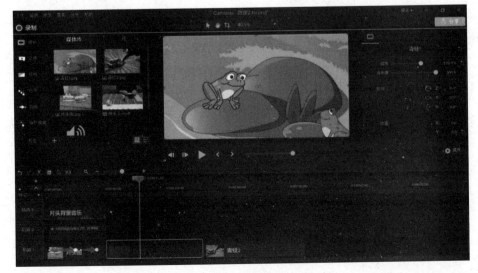

图 7-60　添加青蛙图片

（2）为图片添加行为

为图片添加行为，可以使图片进入、持续、退出的时候呈现动态效果。单击工具栏左侧的"行为"，选中"脉动"，拖曳至轨道1的"青蛙1"上，这样为"青蛙1"图片添加了脉动的行为，青蛙1图片在进入、持续、退出舞台时，有了预设的动态效果。使用同样的方法为"青蛙2"图片添加"偏移"行为。

（3）设置行为属性

单击轨道1上的"青蛙1"图片，单击属性区上方的"行为属性"按钮，设置进入样式为"淡入"，运动为"平滑"，速度为83%，如图7-61所示；设置持续中缩放101%，循环时间为3.00 s，如图7-62所示；设置退出样式为"淡出"，运动为"平滑"，速度为83%。单击轨道1上的"青蛙2"图片，设置"青蛙2"图片的偏移行为属性，"持续"标签中的Shift属性值为10.00。

图7-61 设置进入属性

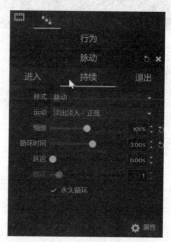

图7-62 设置持续属性

（4）制作画中画效果的导入部分

单击工具栏的"媒体"→"导入媒体"按钮，将"导入.mp4"导入媒体库；拖动"导入.mp4"至轨道2片头字幕后，如图7-63所示。

图7-63 制作画中画效果

（5）裁剪不需要的视频区域

选中预览区中的导入视频，单击预览区上方的"裁剪"按钮 ▢ ，在视频上拖动句柄，裁剪掉不需要的视频区域，并移动位置至预览区右上角，如图 7-64 所示。

5．编辑做手工视频

包括裁切不需要的部分、添加文字注释、设置变焦效果操作。

（1）裁切视频

拖曳媒体库中的"做手工.mp4"视频至轨道 1 中的"青蛙 2"图片后，在预览区调整视频长、宽，与预览区大小匹配；如果视频需要裁切，首先拖动播放头至裁切起点，然后拖动播放头的红色滑块至裁切终点，这样绿色滑块和红色滑块之间的视频就被选中，最后单击剪辑区上方的"剪切"按钮 ✂ ，如图 7-65 所示，选中的视频被删除。

图 7-64　裁剪不需要的视频区域

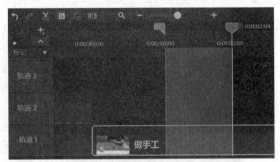

图 7-65　裁切视频

（2）添加注释

注释起提示注意的作用，从而让微课视频看起来重点突出，清晰易读。

拖动播放头至需要添加注释的位置，单击工具栏中的"注释"，打开注释功能，选择一种注释样式并双击，则注释添加到视频上。在预览区调整注释的位置和大小，输入文字"胶棒、彩纸、彩笔、剪刀"，在属性区设置文字字体、颜色、大小等属性，在剪辑区轨道 2 中调整注释的持续时间与视频声音匹配，如图 7-66 所示。

图 7-66　添加注释

提示　利用"注释"功能可以为视频添加字幕。

（3）设置视频变焦

将视频中某个细节部分进行放大，以突出显示，引起学习者的注意。

① 拖动播放头，定位到需要变焦放大的帧上，单击工具栏中的"动画"，单击"缩放和平移"标签，出现被句柄包围的矩形选框，按住鼠标推拉句柄缩小矩形选框，右边预览区画面立刻变大；移动矩形选框到合适位置，变焦放大的区域显示在预览区，矩形选框以外的图像暂不显示，效果如图 7-67 所示，变焦放大的帧处出现蓝色箭头。

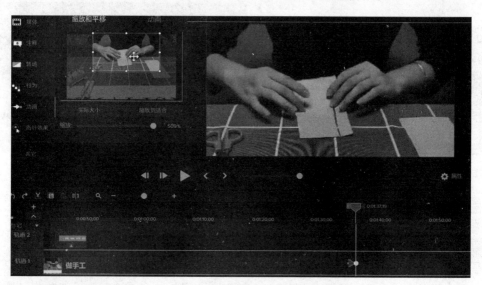

图 7-67　添加变焦放大

② 还原变焦。拖动播放头定位到需要还原变焦的帧上，单击"缩放到适合"或者拖动句柄放大矩形选框，预览区画面立刻变小，拉长蓝色箭头减慢变焦速度，如图 7-68 所示。

制作片尾

6. 制作片尾

片尾效果是视频图像逐渐缩小，片尾文字动态出现。

① 添加"自定义"动画，制作视频图像逐渐缩小至中央的效果。单击工具栏左侧的"动画"，在右侧单击"动画"标签，拖动"自定义"至做手工视频末尾，拉长蓝色剪头至视频尾端，鼠标放在蓝色箭头右侧末端双击，在预览区缩小视频画面并移动画面至预览区居中靠上对齐，如图 7-69 所示。

② 设置扩展帧，让最后一帧的画面延长。拖动播放头至轨道 1 最后一帧，鼠标放在轨道 1 最后一帧上，其变成拉伸状，如图 7-70 所示。右击鼠标，在弹出的菜单中选择"扩展帧"，输入 6 s，单击"确定"按钮，这样将最后一帧画面延长 6 s，如图 7-71 所示。

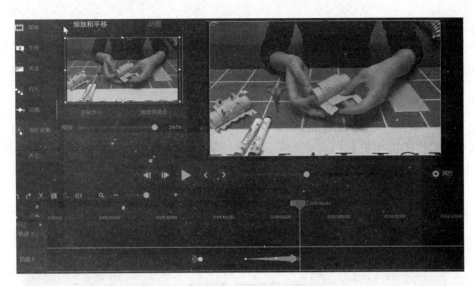

图 7-68 还原变焦缩小

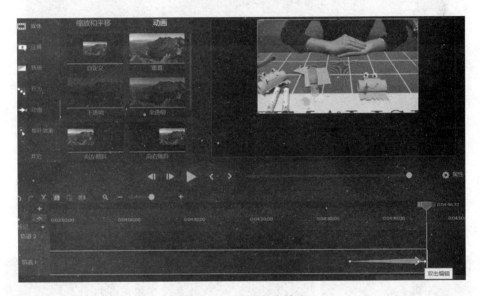

图 7-69 设置图像缩小

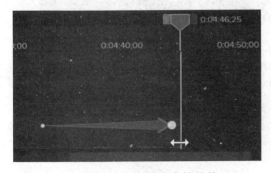

图 7-70 鼠标变为拉伸状

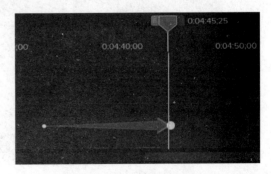

图 7-71 设置扩展帧

提示 只有视频才有扩展帧功能,当音频和视频不同步时,常使用这个功能实现同步。

③ 添加片尾文字。拖动播放头至片尾合适位置,在工具栏单击"注释",在"注释"中双击"ABC"文字样式添加到预览区,修改文字为"快乐幼儿园制作",在属性区设置字体、颜色、大小,在轨道2上设置合适的持续时间,如图7-72所示。

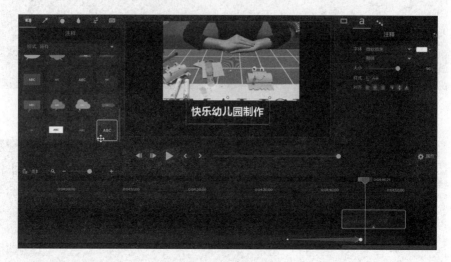

图7-72 添加片尾文字

④ 为文字添加行为,设置行为属性,使文字进入、持续、退出的时候呈现动态效果。

单击工具栏中的"行为",拖曳"偏移"至轨道2的片尾文字上,在属性区设置"偏移"行为的进入、持续、退出属性。具体设置如图7-73所示。

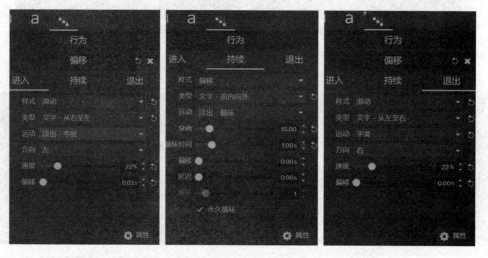

图7-73 设置行为属性

7. 添加转场效果

单击"剪辑区"工具中的"放大时间轴"或者拖动左边滑块放大时间轴，单击工具栏中的"转场"，选择恰当的转场效果拖动至两段素材的结合处，这时出现转场效果标记蓝色区域；选中蓝色区域，拖拉可以调整转场时长，也可以按删除键删除转场效果，如图 7-74 所示。

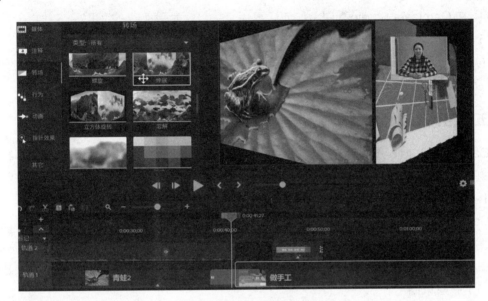

图 7-74　添加转场

8. 生成视频

单击菜单中的"分享"→"本地文件"，打开"生成向导"对话框，选择"自定义生成设置"，单击"下一步"按钮；选中 MP4 格式，单击"下一步"按钮；设置"智能播放器选项"，单击"下一步"按钮；单击"下一步"按钮；设置输出文件项目名称和输出位置，单击"完成"按钮；开始渲染，如图 7-75 所示。渲染完成后，弹出"生成结果"对话框，单击"完成"按钮，生成的"微课 .mp4"存放在输出位置的"微课"文件夹中。

至此，一个完整的微课视频制作完成。再次保存项目文件，以便以后使用。

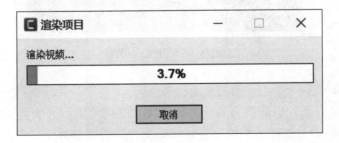

图 7-75　渲染

四、梳理与讨论

① 梳理微课制作的主要步骤。
② 使用 Camtasia Studio 9 可以对视频进行哪些编辑操作？
③ 梳理制作微课片头的步骤。
④ 在 Camtasia Studio 9 中，如何让图片、文字对象呈现动态效果？
⑤ 在 Camtasia Studio 9 中，如何分离音频和视频？
⑥ 在 Camtasia Studio 9 中，如何调整音频的音量大小？
⑦ 扩展帧的作用是什么？

五、相关知识

Camtasia Studio 是一套专业的屏幕录像和后期编辑软件，软件提供了强大的屏幕录像、视频的剪辑和编辑、视频菜单制作、视频剧场和视频播放功能等。

1. 录制屏幕功能

Camtasia Studio 能在任何颜色模式下轻松地记录屏幕动作，包括光标的运动、菜单的选择、弹出窗口、层叠窗口、打字和其他在屏幕上看得见的所有内容。还允许录制时在屏幕上画图和添加效果，以便标记出想要录制的重点内容。

（1）新建录制

启动 Camtasia Studio 9，在"开始"界面选择"新建录制"，如图 7-76 所示。

图 7-76 "开始"界面

（2）录屏设置

进入录制屏幕界面，电脑屏幕右下方出现如图 7-77 所示的录屏设置界面，选择区域中设置录屏的区域；"录像设置"中设置好摄像头开关、音频开关；打开"工具"菜单，在"输入"选项卡中设置视频捕获帧速率，在"热键"选项卡中设置"录制/暂停"等热键。设置好后，单击红色的"rec"按钮开始录制。

图 7-77 录屏设置界面

（3）暂停/停止录制

录制过程中，按 F9（或 Fn+F9）键暂停或继续录制，按 F10（或 Fn+F10）键停止录制。

（4）保存项目

录制完成后，自动进入 Camtasia Studio 9 的主窗口界面，录制的屏幕视频自动导入媒体库。单击"文件"菜单中的"保存"命令，保存为"录屏.tscproj"项目，如图 7-78 所示。

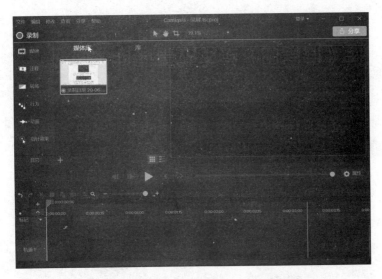

图 7-78 Camtasia Studio 9 窗口界面

2. 屏幕绘制

在屏幕设置界面中单击"工具"菜单，选择"录制工具栏"，勾选"效果"，在录制屏幕视频过程中可以进行屏幕绘制。单击"屏幕绘制"，选择一种工具进行屏幕绘制，如图 7-79 所示。

图 7-79 屏幕绘制

六、创新实践

① 将班级主题活动照片制作成包含片头片尾、背景音乐、炫目文字、动态转场的电子相册视频。

② 将班级主题活动视频制作成包含片头片尾、炫目文字、动态转场、动画效果的小视频。

③ 使用 Camtasia Studio 9 的录屏功能，将某个 PPT 绘本课件录制成绘本故事视频。

④ 选择一个幼儿园主题活动课题进行微课制作，要求添加字幕文字。

项目八
制作幼儿园教学课件

知识地图

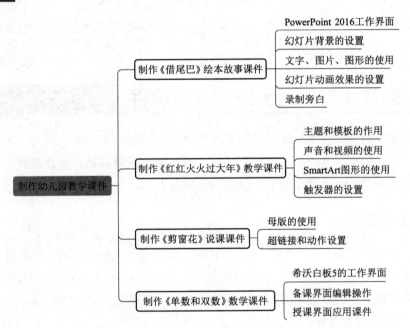

学习目标

1. 能说出课件的基本概念。
2. 能说出课件在幼儿园教学中的作用。
3. 学会 PowerPoint 2016 的基本操作。
4. 能使用 PowerPoint 2016 制作幼儿园课件。
5. 学会希沃白板 5 的基本操作。
6. 能使用希沃白板 5 制作幼儿园课件。

随着信息时代的到来，多媒体课件在幼儿园教育活动中的应用越来越广泛，成为幼儿教师开展信息化教学必需的辅助工具，因此，掌握其制作方法成为幼儿教师必备的信息技术应用能力之一。课件是以教学大纲为依据，根据教学目标设计的，反映一定的教学策略，承载特定教学内容的教学软件。幼儿园教学课件借助计算机的综合处理功能，将教学内容以文字、图形、图像、动画、声音和视频等多种媒体形式呈现，创设各种形象、生动的教育情景和游戏场景，把静态知识动态化，把抽象知识具体形象化、趣味化，让幼儿在生动、具体的场景中得到感性认识，从而在具体形象思维的基础上激发抽象逻辑思维，培养幼儿的判断、推理及理解能力。

制作课件的软件很多，其中 PowerPoint 是目前应用最广泛的课件制作软件，它简单实用，易于操作，非常适合用于幼儿园多媒体课件的制作。另外，希沃白板 5 是一款专门针对教学场景设计的互动课件工具，只需简单的操作就能制作出互动有趣的教学活动和游戏场景，使得课堂富有趣味性，在幼儿园的教学中也越来越多地被使用。

本项目通过四个任务，详细介绍如何使用 PowerPoint 2016 和希沃白板 5 软件制作幼儿园教学课件。

任务一　制作《借尾巴》绘本故事课件

幼儿喜欢看绘本，听故事，可以借助多媒体课件的优势，将动画、声音、图片等素材集中到课件中，制作有声有色的动态绘本，让绘本故事更加形象具体、生动有趣，激发学前儿童的学习兴趣和阅读兴趣，发挥他们的想象力和创造力。

一、任务情境

小班的王老师要和孩子们一起欣赏绘本故事《借尾巴》，为了让孩子们更直观、形象地看到绘本内容，王老师要将绘本制作成有图像、有声音、有动画，能自动播放的多媒体课件，动画和声音的同步让《借尾巴》的故事更生动，引起孩子们更大的兴趣。

《借尾巴》绘本故事课件样例如图 8-1 所示。

二、任务分析

《借尾巴》绘本故事课件由 18 张幻灯片构成，幻灯片中添加了图片、文本、形状等对象，同时，为各对象设置了生动的动画效果，并搭配背景音乐和绘本朗读，将静态的绘本转换成绘声绘色的动态绘本。制作时，首先要准备好动物和动物尾巴的图片素材，然后使用 PowerPoint 2016 演示文稿软件制作。制作过程分解为四个子任务。

子任务 1：新建演示文稿

子任务 2：编辑课件内容

子任务 3：设置动画效果

子任务 4：录制朗读声音

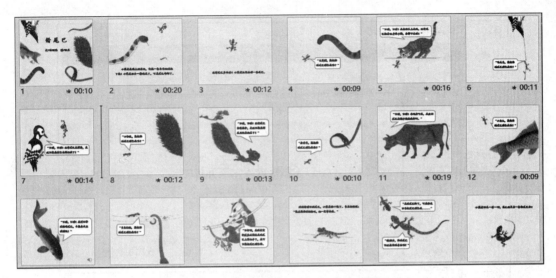

图 8-1 《借尾巴》绘本故事课件样例

三、任务实施

子任务 1：新建演示文稿

1. 启动 PowerPoint 2016

单击桌面任务栏左下角的"开始"按钮,在主菜单中,单击"PowerPoint 2016",进入新建界面,如图 8-2 所示。

新建课件
并编辑内容

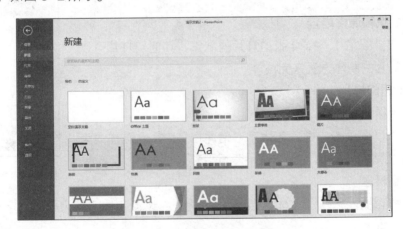

图 8-2 新建演示文稿

2. 新建空白演示文稿

单击"空白演示文稿",进入 PowerPoint 2016 工作窗口,此窗口由标题栏、快速访问工具栏、选项卡、功能区、幻灯片/大纲窗格、编辑区及状态栏组成,如图 8-3 所示。

3. 设置幻灯片大小和背景

（1）设置幻灯片大小

单击"设计"选项卡"自定义"组中的"幻灯片大小"按钮,选择"标准（4:3）"选项。

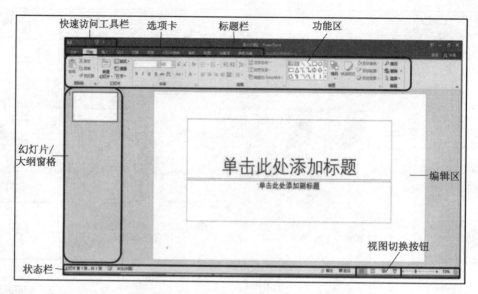

图 8-3　PowerPoint 2016 工作窗口

（2）设置幻灯片背景

单击"设置背景格式"按钮,打开"设置背景格式"任务窗格。选择"纯色填充"单选框,单击"颜色"按钮,选择浅橙色；单击"设置背景格式"窗格最下面的"全部应用"按钮,如图 8-4 所示。

子任务 2：编辑课件内容

本任务主要介绍第 1、2、4 张幻灯片的制作,其他幻灯片可以参考这几张幻灯片的制作方法来完成。

1. 编辑标题幻灯片

（1）编辑标题

单击"插入"选项卡,插入艺术字"借尾巴",并设置样式为"填充 – 黑色,文本 1,轮廓 – 背景 1,清晰阴影 – 背景 1"。

（2）编辑副标题

插入文本框,输入标题"文/林颂英图/张乐",并设置字体字体为楷体、字号为 24 号、加粗。

图 8-4　设置背景格式

（3）插入图片

插入六张准备好的尾巴素材图片,并调整每张图片在幻灯片上的位置、大小和方向。完成效果如图 8-5 所示。

2. 编辑第 2 张幻灯片

（1）新建空白幻灯片

单击"开始"选项卡"幻灯片"组中的"新建幻灯片"按钮,在下拉列表中选择"空白"版式,新建一张空白幻灯片。

（2）插入图片

插入素材图片"蛇 .png""壁虎 1.png""壁虎尾巴 .png"，并调整大小和位置。

（3）插入文字

插入文本框，并输入如图 8-6 所示的文字，设置字体为楷体、字号为 24 号。

图 8-5　标题幻灯片的完成效果

图 8-6　第 2 张幻灯片的完成效果

3. 编辑第 3 张幻灯片

用同样的方法编辑第 3 张幻灯片，完成效果如图 8-7 所示。

4. 编辑第 4 张幻灯片

（1）插入空白版式幻灯片

（2）插入图片

插入素材图片"猫尾巴 .png"和"壁虎 3.png"，调整大小并放置到合适位置。

（3）插入形状并添加文字

插入形状"圆角矩形标注"，单击"格式"选项卡，在"形状样式"组中选择预设样式"彩色轮廓 – 金色，强调颜色 4"。拖动形状上的黄色矩形控制块，使其朝向小壁虎的方向，并输入如图 8-8 所示的文字，设置文字字体为楷体、字号为 24 号。

图 8-7　第 3 张幻灯片的完成效果

图 8-8　第 4 张幻灯片的完成效果

5. 按照上述操作方法创建其他幻灯片

子任务 3：设置动画效果

在幼儿园课件的制作中，动画可以使课件更加生动，富有表现力，更加吸引幼儿的注意力，活跃课堂气氛。在本任务中，将为课件添加幻灯片的切换效果，并为封面幻灯片和幻灯片中的对象添加动画效果，将静态的绘本课件制作成动态绘本。

设置动画效果

1. 设置幻灯片切换效果

单击"切换"选项卡，选择"淡出"效果，并单击"计时"组中的"全部应用"命令，如图 8-9 所示。

图 8-9 "切换"选项卡

2. 设置标题幻灯片对象的动画效果

（1）打开动画窗格

单击"动画"选项卡"高级"组中的"动画窗格"，在幻灯片编辑区右侧出现动画窗格。

（2）设置文字动画

选中标题文字"借尾巴"，选择"动画"组中的进入效果"淡出"。选中副标题文字，选择"浮入"的动画效果，在"计时"组中，单击"开始"，在下拉列表框中选择"与上一动画同时"，如图 8-10 所示。

图 8-10 标题文字的动画设置

（3）批量设置图片动画

按住 Shift 键，依次单击选中六张图片，选择"飞入"效果；依次选择图片，单击功能区"动画"组右侧的"效果选项"按钮，在下拉列表中选择方向，其中位于幻灯片左侧的图片选择"自左侧"，位于幻灯片右边的图片选择"自右侧"，这样可以生成图片都从外面飞入幻灯片的效果，如图 8-11 所示。

图 8-11 图片的动画设置

3. 设置第 3 张幻灯片动画

选择"标注"形状对象，选择"擦除"动画效果，单击"效果选项"按钮，在下拉列表中选择"自左侧"。

4. 设置其他幻灯片动画

按照相同的方法为第 4~16 张幻灯片上的"标注"形状添加"擦除"动画效果。

录制朗读声音

子任务 4：录制朗读声音

最后，为课件配上朗读的声音，让课件更加完整，富有表现力。使用"幻灯片放映"中的"录制幻灯片演示"功能，可以录制幻灯片的播放过程，同时，进行动画计时并录制旁白。旁白就是为幻灯片配音，在本任务中要录制的声音内容是幻灯片中的文字。

1. 录制旁白的设置

单击"幻灯片放映"选项卡中的"录制幻灯片演示"，选择"从头开始录制"，如图 8-12 所示。在打开的"录制幻灯片演示"对话框中单击"开始录制"按钮，如图 8-13 所示。

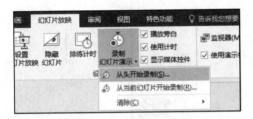

图 8-12 "从头开始录制幻灯片"设置

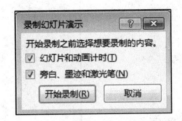

图 8-13 "录制幻灯片演示"对话框

2. 录制旁白

单击鼠标控制幻灯片的播放，并在合适的时间朗读幻灯片上的文字。

3. 保存文件

播放结束后，单击"文件"菜单中的"保存"命令，保存文件为"借尾巴.pptx"。

至此，一个有画面、有声音、有动画的绘本故事就制作完成了，单击"视图切换"按钮中的"幻灯片放映"按钮，放映绘本故事和孩子们一起欣赏吧！

四、梳理与讨论

① 用思维导图梳理出任务一课件的制作流程。
② PPT 演示文稿保存的格式有哪些？能将课件保存为视频吗？

五、相关知识

动画是 PPT 重要的功能之一，PPT 中的动画包括两种类型：幻灯片的切换效果和幻灯片对象的动画效果。

1. 幻灯片的切换效果

选择幻灯片，单击"切换"选项卡，在"切换到此幻灯片"组中选择一种切换效果，添加之后还可以通过"效果选项""声音""持续时间"和"换片方式"等命令对当前切换效果进行设置，如图 8-14 所示。

图 8-14 "切换"选项卡

单击"全部应用"选项，可以将当前切换效果应用于所有幻灯片。

2. 幻灯片对象的动画效果

① 幻灯片对象的动画效果包括四类：进入、强调、退出和动作路径，如图 8-15 所示。

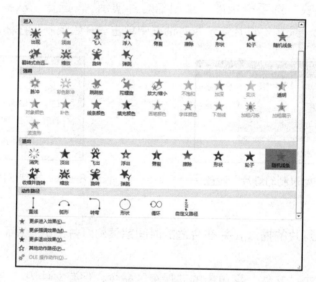

图 8-15 幻灯片的四种动画效果

- 进入动画：放映幻灯片时，对象进入放映画面时的动画效果。
- 强调动画：放映幻灯片时，已显示对象的动画效果，主要是为了强调重要的对象。
- 退出动画：放映幻灯片时，对象离开放映画面时的动画效果。
- 动作路径：设置对象沿着一定路径进行运动，可以进入，也可以退出。

② 幻灯片对象动画效果的设置。

选中要添加动画的对象，选择"动画"选项卡，在"动画"组中选择合适的动画即可。设置好动画后，还可以设置"效果选项"，在"计时"组中还可以设置动画的开始方式、动画长度和动画播放的延迟时间等。

如果对象要插入多个动画效果，单击"高级动画"组中的"添加动画"按钮，选择动画。

幻灯片中的多个动画效果在动画窗格中按设置顺序排列并播放。若要改变播放顺序，需要在动画窗格中选中要改变顺序的动画,然后使用鼠标拖动到合适位置。

六、创新实践

为小班的"母亲节"主题活动制作《我的妈妈》绘本课件。将绘本页面拍成照片,并使用 Photoshop 软件制作课件,并录制绘本朗读声音。

任务二 制作《红红火火过大年》教学课件

新年是中国特有的最隆重的传统节日,为了让幼儿更好地了解过年的习俗,感受中国传统节日的气氛,此任务借助多媒体课件通过图片、视频、动画等媒体将过年时的热闹喜气、合家团圆的气氛渲染出来,让幼儿对我国的传统节日有更深的认识,培养幼儿的中国传统文化意识。

一、任务情境

新年快到了,中班的李老师特意为小朋友们设计了《红红火火过大年》的语言教学活动。李老师准备了鞭炮、灯笼、红包等教学用具,今天还要做一份迎新年、过新年、庆新年的教学课件,通过图片、视频、声音及动画的形式让小朋友们更深地感受新年的快乐气氛。

教学课件样例如图 8-16 所示。

图 8-16 《红红火火多大年》教学课件样例

二、任务分析

本任务中首先从网络下载"过年.potx"模板,模板中祥云的背景、红彤彤的灯笼、可爱的儿童烘托出红红火火过大年的欢乐气氛。然后在幻灯片中添加文字、图片、SmartArt 图形,以及声音和视频,为了与幼儿互动,在第 4 张幻灯片中为对象添加触发器,幼儿通过单击来触发动画效果。制作过程分解为三个子任务。

子任务 1：使用模板创建演示文稿
子任务 2：编辑课件内容
子任务 3：设置动画及触发器效果

三、任务实施

使用模板创建课件并编辑内容

子任务 1：使用模板创建演示文稿

模板是 PowerPoint 演示文稿的骨架，模板对背景样式、字体格式、版面元素、配色等都有统一的设置，并设计了封面页、目录页、过渡页、内页、封底等的版式，从而确定幻灯片的整体风格。

使用模板能节约制作课件的时间，可以将更多精力花费在课件内容的设计上。可以使用 PowerPoint 2016 中提供的内置模板，也可以从网络下载合适的模板使用。本任务提前从网上下载了课件模板"过年.potx"。

1. 使用模板创建演示文稿

双击"过年.potx"模板，创建带有模板的演示文稿。模板中有"封面""目录""内页"三种版式，可以在幻灯片制作的过程中根据需要进行选择。

2. 保存演示文稿

单击"文件"菜单中的"保存"命令，保存文件为"红红火火过大年.pptx"

子任务 2：编辑课件内容

该课件的幻灯片中，除了添加基本的图片、文字素材外，还在封面幻灯片上添加了声音，并实现了跨页播放，在第 2 张幻灯片上使用了 SmartArt 图形，在第 3、8 张幻灯片上添加了视频。子任务 2 中介绍第 1、2、3、4 张幻灯片的制作，其他幻灯片参照上述幻灯片的制作方法完成。

1. 编辑标题幻灯片

（1）设置幻灯片版式

单击"开始"选项卡"幻灯片"组中的"版式"，在列表中选择"封面"版式。

（2）插入标题和图片

单击"插入标题"占位符，输入"红红火火过大年"。插入素材图片"1-1 烟花.png"和"1-2 拜年.png"，调整大小并放到如图 8-17 所示的位置。

（3）插入背景音乐

单击"插入"选项卡"媒体"组中的"音频"，选择"PC 上的音频"，选择"背景音乐.mp3"，单击"确定"按钮，将音频插入幻灯片中。

（4）设置声音属性

选中声音小喇叭，单击"播放"选项卡"音频选项"组中"开始"后的文本框，选择"自动"，并选中"跨幻灯片播放""循环播放，直到停止""放映时隐藏"复选框，如图 8-18 所示。

图 8-17 标题幻灯片

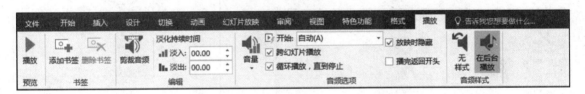

图 8-18 背景音乐的"播放"设置

（5）设置停止声音播放

打开"动画窗格"，单击"音乐"右侧向下的小按钮，在下拉菜单中选择"效果选项"，如图 8-19 所示。打开"播放音频"对话框，选中"停止播放"中的第三项，并填入数字 2，这样设置后，幻灯片切换到第 2 张幻灯片时，音乐不会停止，如图 8-20 所示。

图 8-19 "音乐"对象的效果选项

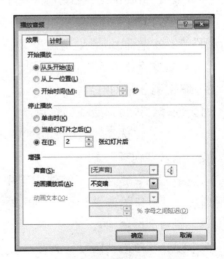

图 8-20 "播放音频"对话框

2. 编辑目录幻灯片

（1）新建"目录"幻灯片

新建幻灯片，设置"目录"版式，插入图片"2-1 小男孩.png"。

（2）插入 SmartArt 图形

单击"插入"选项卡"插图"组中的"SmartArt"，打开对话框，在左侧列表中选择"图片"，在右侧选择"气泡图片列表"，单击"确定"按钮，如图 8-21 所示，SmartArt 图形插入幻灯片中。

（3）更改 SmartArt 图形颜色

在幻灯片中选中 SmartArt 图形，单击"设计"选项卡"SmartArt 样式"组中的"更改颜色"按钮，在列表中选择"个性色 2"中的最后一项，如图 8-22 所示。

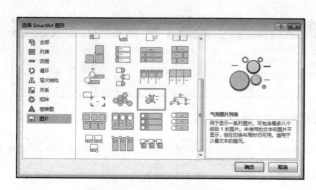

图 8-21 SmartArt 对话框

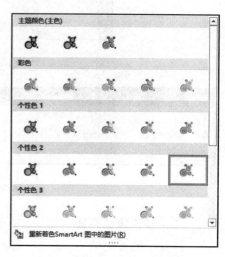

图 8-22 SmartArt 主题颜色

（4）设置 SmartArt 的图片标志和文字

分别单击 SmartArt 图形中插入图片标志，插入三张素材图片"2-2 年兽.png""2-3 福娃.png""2-4 童谣.png"，并在文本占位符中输入文字"年的传说""年的习俗""年的童谣"，并设置文字格式为红色、幼圆、44 号，如图 8-23 所示。

3. 编辑第 3 张幻灯片

（1）新建"内页"版式幻灯片

新建幻灯片，选择"内页"版式，单击"小标题"占位符，输入"年的由来"。

（2）插入"视频"

单击"插入"选项卡"媒体"组中的"视频"，选择"PC 上的视频"，在对话框中找到视频素材"过年的传说.mp4"，单击"确定"按钮，将视频插入幻灯片中。

（3）设置"全屏播放"

选中视频，单击"播放"选项卡，选中"全屏播放"复选框。

4. 编辑第 4 张幻灯片

（1）新建"内页"版式幻灯片

新建幻灯片，选择"内页"版式。单击"小标题"，输入文字"年兽来了，我们应该如何打败他？"。

（2）插入图片

插入图片"2-2年兽.png""4-1鞭炮.png""4-2灯笼.png""4-3水果.png""4-4零食.png""4-5红对联.png"，并调整位置和大小。

（3）插入形状

插入形状"圆角矩形"，在"格式"选项卡中设置形状填充为"无填充"，形状轮廓为"红色""虚线"，调整位置和大小，如图8-24所示。

图8-23　目录幻灯片的完成效果

图8-24　第4张幻灯片的完成效果

5. 编辑第5张幻灯片

（1）新建"内页"版式幻灯片

新建幻灯片，设置"内页"版式，单击"小标题"，输入文字"过年习俗"。

（2）插入图片

插入素材图片"5-1对联.png"，调整大小，单击"格式"选项卡，设置图片样式为"柔化图片边缘"效果，如图8-25所示。插入素材图片"5-2福字.png"，调整大小，和前图设置相同格式效果。

图8-25　图片样式的设置

（3）插入文字

插入文本框，设置边框为"虚线"，输入文字"贴春联"，用相同的方法插入文字"贴福字"。调整文字和图片的位置，如图8-26所示。

6. 编辑其他幻灯片

第6、7张幻灯片参考第5张幻灯片的制作方法插入图片和文字，第8张幻灯片参考第3张幻灯片的方法插入视频。

图 8-26 第 5 张幻灯片的完成效果

子任务 3：设置动画及触发器效果

1. 设置封面幻灯片对象的动画效果

（1）设置封面文字动画效果

打开动画窗格，选中文字"红红火火过大年"，单击"动画"选项卡，在动画列表中选择"浮入"动画效果，在"开始"后的列表中选择"与上一动画同时"。

（2）设置封面图片动画效果

选中图片"1-1 烟花.png"，在动画列表中选择"飞入"，单击"效果选项"，选择"自左侧"。选择图片"1-2 拜年.png"，设置"飞入"效果，效果选项设置为"自右侧"。

2. 设置第 2 张幻灯片对象的动画效果

选中"SmartArt"图形，在动画列表中选择"形状"进入效果，单击"效果选项"，在列表中选择"切出"和"整批发送"。

3. 设置第 4 张幻灯片中对象动画的触发器效果

幻灯片上呈现的动画效果是单击"灯笼""鞭炮""红对联"三张图片，图片放大，单击"零食"和"水果"两张图片，图片消失。

（1）为"灯笼"放大动画设置触发器

选中图片"灯笼"，单击"动画"选项卡"动画"组"强调"中的"放大缩小"效果。单击"高级动画"组中的"触发"，选择"单击"，在列表中选择"灯笼"，如图 8-27 所示。设置后，幻灯片播放时，单击灯笼，灯笼就会呈现放大的效果。

（2）为"灯笼"放大动画添加声音效果

单击"动画窗格"中"灯笼"右侧向下的小按钮，在下拉列表中选择"效果选项"，打开"放大/缩小"对话框，在"声音"列表中选择"鼓掌"，单击"确定"按钮，如图 8-28 所示。

（3）用"动画刷"复制动画效果

选中"灯笼"图片，双击"高级动画"组中的"动画刷"，在幻灯片上分别单击"鞭炮"和"红对联"，这样就可以将灯笼的动画效果直接应用到另外两张图片上。

图 8-27 设置触发器

图 8-28 为动画添加声音效果

（4）为其他对象设置触发器效果

选择"零食"图片，添加"擦除"的退出效果，单击"触发"，选择"单击"，在列表中选择"零食"。在"效果选项"对话框中设置声音效果为"微风"，用动画刷为"水果"添加相同效果。

4. 设置第 5 张幻灯片对象的动画效果

（1）为图片"对联"添加动画

为"对联"图片设置"飞入"进入效果，在"效果选项"中选择"自左侧"。

（2）为图片"福字"添加动画

为"福字"图片设置"飞入"进入效果，在"效果选项"中选择"自右侧"。

这样，两张图片分别从左、右两侧飞入。

5. 设置其他幻灯片的动画效果

参考第 5 张幻灯片为第 6、7 张幻灯片设置相同的动画效果。

6. 保存文件

至此，"红红火火过大年"的教学课件就制作完成了，放映幻灯片，和孩子们一起感受一下热闹的过年气氛吧！

四、梳理与讨论

① 用思维导图梳理出任务二课件的制作流程。

② 在幻灯片放映过程中，要持续播放背景音乐，应该如何设置？

五、相关知识

1. 音频

PPT 中常用的音频文件格式包括 WMA、WAV、MP3 等。单击"插入"选项卡，在

"媒体"组中单击"音频"命令,在弹出的快捷菜单中有两种插入音频的方式,分别为"PC 上的音频"和"录制音频"。插入声音后,幻灯片上会出现"小喇叭"的声音图标,单击可以播放声音进行试听。

选择声音图标,在"播放"选项卡下,可以剪裁音频、编辑淡入淡出效果及设置音频播放方式,如图 8-29 所示。

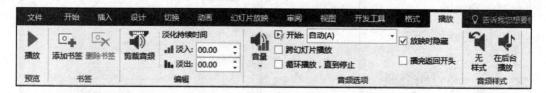

图 8-29 声音"播放"选项卡

2. 视频

PPT 中常用的视频文件格式包括 WAV、AVI、MP4 等。单击"插入"选项卡,在"媒体"组中单击"视频"命令,在弹出的快捷菜单中有两种插入视频的方式,分别为"PC 上的视频"和"联机视频"。选择"PC 上的视频",在对话框中选择视频文件,就可以在幻灯片上插入视频了。

选择插入的视频,单击"播放"选项卡,可以剪裁视频、设置视频淡入淡出效果、设置视频选项等,如图 8-30 所示。

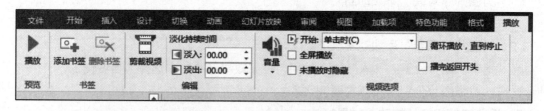

图 8-30 视频"播放"选项卡

3. 触发器

(1)什么是触发器

触发器是 PPT 动画中的高级功能,将触发器和动画结合起来可以实现很多复杂的交互效果。触发器像一个按钮,单击这个按钮触发动作。触发器的对象可以是幻灯片上任意的图片、图形、按钮或文本框等,触发的动作可以是被触发对象的动画播放,也可以是控制音频或视频的播放。

(2)触发器的制作步骤

① 添加触发器和被触发对象。

② 给被触发对象添加动画效果。

③ 给被触发对象设置触发器。

选中被触发对象,单击"动画"选项卡"高级动画"组中的"触发"按钮,在下拉列表中选择作为触发器的对象。

（3）触发器的应用

利用触发器可以实现教师与幼儿之间的互动，增强课件的交互性。

六、创新实践

以"九九重阳节"为题目制作幼儿园教学活动课件，要求添加声音、视频，配上音乐和旁白，添加可以和幼儿互动的触发器效果。

任务三 制作《剪窗花》说课课件

幼儿园说课，是教师在备课的基础上，将教材理解、教法及学法设计转化为"具体活动"的一种课前预演，也是督促教师进行业务学习和教育教学研究、提高业务水平的重要途径，还是评估教学水平的有效手段。通过说课可以帮助教师梳理设计和组织教育活动的思路，提升教师整体专业素养和业务能力。

一、任务情境

幼儿园李老师要参加市里的说课比赛，课题是大班的"剪窗花"艺术活动，李老师想要制作一份辅助说课的课件，内容包括活动来源、活动目标、活动准备和活动实施四个部分，通过多媒体课件来生动形象地展示教学活动内容、组织形式及教学效果。

说课课件样例如图8-31所示。

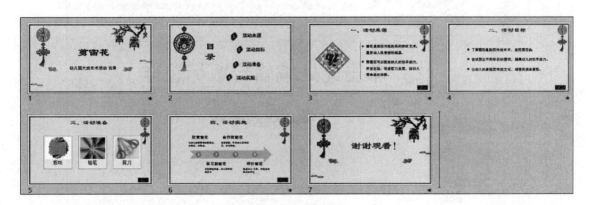

图8-31 说课课件样例

二、任务分析

要制作风格统一的课件，可以使用PowerPoint内置的模板，也可以从网上下载模板。如果没有合适的模板，也可以自己设计模板，或者对已有的模板进行修改，以满足课件的需要。

在本课件制作过程中，首先使用母版来设计本课件的模板，包括封面、目录页和内页母版的设计，然后编辑课件的内容，最后为幻灯片添加超链接，实现目录页到内页的跳转，并在内页插入"动作按钮"，实现内页到目录页的跳转。制作过程分解为三个子任务。

子任务 1：使用母版设计模板
子任务 2：编辑课件内容
子任务 3：设置超链接

三、任务实施

子任务 1：使用母版设计模板

使用母版
设计模板

母版是定义演示文稿中所有幻灯片页面格式的幻灯片，可以借助母版统一设置幻灯片的整体版式和页面风格，包括背景、颜色、字体、占位符及幻灯片中共有的图形、页码、日期等的设置。本任务通过编辑幻灯片母版设计出本课件的模板，包括封面、目录页和内页母版的编辑。

1. 新建空白演示文稿

启动 PowerPoint 2016，新建空白演示文稿，将演示文稿保存为"剪窗花.pptx"。

2. 打开母版视图

单击"视图"选项卡"母版视图"中的"幻灯片母版"，进入母版视图，如图 8-32 所示。

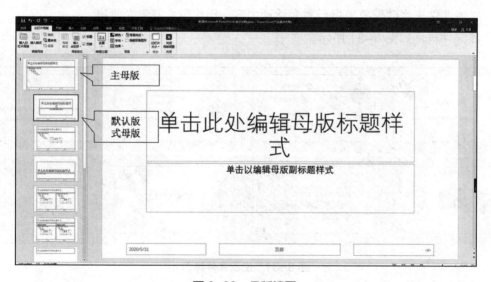

图 8-32　母版视图

3. 统一设置母版背景

（1）插入图片

在左侧窗格中选中最上方的"主母版"，单击"插入"选项卡中的"图片"按钮，选择素材中的图片"背景.jpg"，单击"插入"按钮。

（2）调整大小

调整图片的大小和幻灯片相同。此时所有的幻灯片母版都有了相同的背景。

4．编辑"封面"母版

（1）重命名母版

在左侧窗格中右击"标题幻灯片版式"母版，在菜单中选择"重命名版式"，将母版重命名为"封面"。

（2）编辑母版标题样式

单击标题占位符，设置文字格式为隶书、80号、深红色。单击副标题占位符，设置文字格式为黑体，32号。

（3）插入素材图片

插入素材图片"中国结.png""梅花.png""祥云1.png""祥云2.png"，并放置到幻灯片的合适位置，如图8-33所示。

图8-33 "封面"母版

5．编辑"目录"母版

（1）重命名母版

在左侧窗格中右击"空白版式"母版，重命名为"目录"。

（2）插入文字

插入竖排文本框，输入文字"目录"，设置格式为隶书、80号、深红色。

（3）插入图片

插入图片"春.jpg"，调整大小，放置在幻灯片左上角。

（4）制作数字标号

插入图片"图标.jpg"，插入文本框，输入数字"1"，将文本框叠加到图标上面，拖动鼠标的同时选中图标和文本框，右击，选择"组合"命令。选中"组合"形状，三次连续使用快捷键Ctrl+D对组合进行复制，并将标号分别更改为2、3、4。

(5)插入文本占位符

单击"幻灯片母版"选项卡中的"插入占位符"按钮,如图 8-34 所示,在菜单中单击"文本",在幻灯片中拖动鼠标,插入文本占位符。

图 8-34 "幻灯片母版"选项卡

(6)复制三个文本占位符

删除占位符中除第一行文字外的其他文字。选中第一行文字,设置文字格式为黑体,40 号。三次连续使用快捷键 Ctrl+D 对占位符进行复制。

(7)调整位置

调整"组合"形状和占位符的位置,如图 8-35 所示。

6. 编辑"内页"母版

(1)重命名母版

在左侧窗格中右击"仅标题版式"母版,重命名幻灯片为"内页"。

(2)编辑标题占位符

单击标题占位符,将文字格式设置为隶书,48 号,深红色。

(3)插入图片

插入图片"中国结.jpg",放在幻灯片的右上角,如图 8-36 所示。

图 8-35 "目录"母版   图 8-36 "内页"母版

7. 关闭母版视图

单击"幻灯片母版"选项卡中的"关闭母版视图按钮"。

说明:

模板制作完成后,要想在制作其他演示文稿时使用,可以将模板进行保存。单击"文件"中的"另存为",在"另存为"对话框的"保存类型"中选择"PowerPoint 模板",文件将被保存为".potx"模板格式。

子任务 2：编辑课件内容

1. 编辑标题幻灯片

选择标题幻灯片，单击标题占位符，输入文字"剪窗花"。单击副标题占位符，输入文字"幼儿园大班艺术活动 说课"。

幻灯片完成效果如图 8-37 所示。

2. 编辑目录幻灯片

（1）新建幻灯片

单击"开始"选项卡"新建幻灯片"按钮，在列表中选择"目录"版式。

（2）插入文字

在四个占位符中分别输入文字"活动来源""活动目标""活动准备""活动实施"。

幻灯片完成效果如图 8-38 所示。

图 8-37 标题幻灯片

图 8-38 目录幻灯片

3. 编辑内页幻灯片"活动来源"

（1）新建内页幻灯片

新建幻灯片，选择版式"内页"。

（2）插入标题文字

单击占位符，输入文字"一、活动来源"。

（3）插入图片

插入图片"福字.png"，放在幻灯片左侧。

（4）插入文字

插入文本框，输入如图 8-39 所示的文本。设置文本格式为黑体，28 号，并添加红色圆形项目符号。

幻灯片完成效果如图 8-39 所示。

4. 编辑内页幻灯片"活动目标"

（1）新建内页幻灯片

新建幻灯片，选择版式"内页"，在占位符中输入文字"二、活动目标"。

（2）插入文字

插入文本框，输入如图 8-40 所示的文本，设置文本格式为黑体，28 号，并添加红色圆形项目符号。

幻灯片完成效果如图8-40所示。

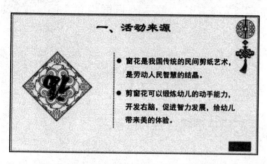

图8-39 内页幻灯片"活动来源"　　图8-40 内页幻灯片"活动目标"

5. 编辑内页幻灯片"活动准备"

（1）新建内页幻灯片

新建幻灯片，选择版式"内页幻灯片"，在占位符中输入文字"三、活动准备"。

（2）插入图片

插入三张素材图片"彩纸.png""铅笔.png""剪刀.png"，选中三张图片，单击"格式"选项卡"图片样式"组中的"图片版式"按钮，在列表中选择"题注图片"，如图8-41所示，将图片转换为SmartArt图形。

（3）编辑SmartArt图形

调整SmartArt图形的大小，并在文本位置分别输入"彩纸""铅笔""剪刀"。

幻灯片完成效果如图8-42所示。

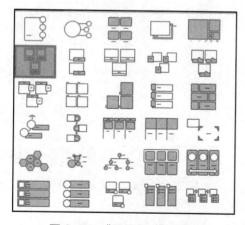

图8-41 "图片版式"列表　　图8-42 内页幻灯片"活动准备"

6. 编辑内页幻灯片"活动实施"

（1）新建内页幻灯片

新建幻灯片，选择版式"内页"，在占位符中输入文字"四、活动实施"。

（2）插入SmartArt图形

单击"插入"选项卡"插图"组中的"SmartArt"按钮，打开"选择SmartArt图形"

对话框,在左侧列表中选择"流程",在中间区域选择"基本日程表",单击"确定"按钮,如图8-43所示。

(3)在SmartArt图形中添加形状

选中SmartArt图形,单击"设计"选项卡"创建图形"组中的"添加形状"按钮,增加一个形状。

(4)更改SmartArt图形的颜色

单击"设计"选项卡中的"更改颜色"按钮,在列表中选择"彩色-个性色",如图8-44所示。

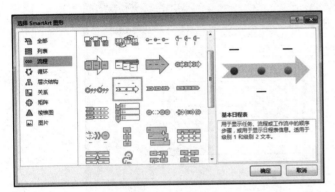

图8-43 "选择SmartArt图形"对话框

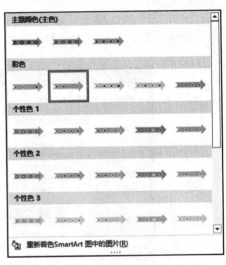

图8-44 "更改颜色"列表

(5)在SmartArt图形中添加文字

单击SmartArt图形左边第一个文本框,输入两段文字,第一段文字"欣赏窗花",格式为黑体、32号,居中对齐,第二段文字为"让幼儿感受窗花的图案美、色彩美、对称美。",格式为黑体、20号,左对齐。为其他文本框输入文字,并设置和第一个文本框相同的文字格式。

幻灯片完成效果如图8-45所示。

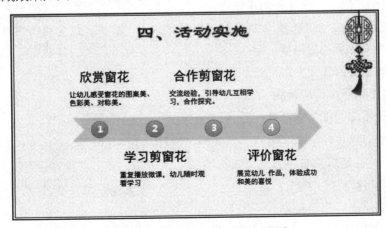

图8-45 内页幻灯片"活动实施"

7. 编辑封底幻灯片

新建幻灯片,选择版式"封面",在标题占位符中输入文字"谢谢观看!"。

子任务 3:设置超链接

放映幻灯片时,幻灯片是顺序播放的,通过使用超链接功能可以实现幻灯片之间的跳转。本任务中将使用"超链接"实现目录页到各内页的跳转,并使用"动作按钮"实现内页到目录页的跳转。

设置超链接

1. 设置目录页到各内页的跳转

(1)选中链接源,编辑超链接

选择目录页,单击"活动来源"文本框,单击"插入"选项卡"链接"组中的"超链接"按钮,打开"编辑超链接"对话框,如图 8-46 所示。

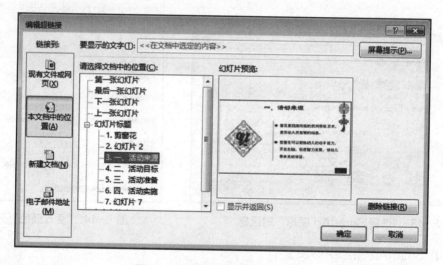

图 8-46 "编辑超链接"对话框

(2)选择链接目标

在对话框中选择"本文档中的位置",在"请选择文档中的位置"列表框中选择"3. 一、活动来源",单击"确定"按钮关闭对话框,这样就建立了目录页上"活动来源"文本和第三张幻灯片之间的超链接。放映幻灯片时,单击"活动来源"文本,就会跳转到第三张幻灯片。

(3)为其他文本添加超链接

使用同样的方法为其他文本框添加超链接。

2. 设置内页到目录页的跳转

(1)插入动作按钮作为链接源

选择第三张幻灯片,单击"插入"选项卡"插图"组中的"形状",在列表中选择"动作按钮"开始",在幻灯片右下方拖动鼠标绘制动作按钮,弹出"操作设置"对话框。

(2)选择链接目标

在对话框中单击"超链接到"下的列表框,选择"幻灯片…",如图 8-47 所示。打开"超链接到幻灯片"对话框,如图 8-48 所示,选择"2. 幻灯片 2",单击"确定"按钮。

图 8-47 "操作设置"对话框

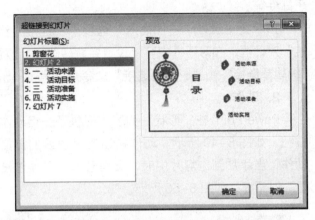
图 8-48 "超链接到幻灯片"对话框

（3）设置动作按钮格式

单击"格式"选项卡，设置形状填充为红色，形状轮廓为黄色。

（4）复制动作按钮及链接设置到其他内页幻灯片

选中动作按钮，单击"开始"选项卡下的"复制"按钮，选择第四张幻灯片，单击"粘贴"按钮，这样就将按钮及链接设置同时复制到了第四张幻灯片，这样继续将按钮复制到第五、第六张幻灯片。

（5）保存文件

按快捷键 Ctrl+S 保存文件。

至此，《剪窗花》说课课件制作完成。按 F5 键从头开始放映幻灯片，在目录页单击不同的目录项，跳转到相应的幻灯片页面；单击幻灯片右下方的动作按钮，可以返回目录页。这样就可以有选择地浏览幻灯片内容，实现在不同页面之间的跳转了。

四、梳理与讨论

① 梳理母版制作幻灯片模板的步骤，并思考母版在 PPT 制作中的作用。
② 实现幻灯片之间跳转的方法有几种？操作步骤分别是什么？

五、相关知识

交互功能是 PPT 课件的一个重要的特点，可以在课件中设置幻灯片及文字、图片、形状等对象的播放顺序及形式，还可以实现简单的人机交互功能。通过对课件内容的重新组织，增加了课件播放的灵活性，满足不同学生对教学内容和教学情境的需要。在 PPT 课件中实现交互，一般有三种方式：超链接、动作和触发器。

1. 超链接

超链接可以实现链接源到目标的跳转。幻灯片中的文字、图片、文本框、形状、按钮等任意对象都可以作为链接源来设置超级链接。单击链接源，不但可以跳转到演示文稿内部指定的幻灯片，也可以链接到其他演示文稿中的幻灯片，还可以链接到文件、图片、网页或电子邮件等。

选中链接源，单击"插入"选项卡"链接"组中的"超链接"按钮，打开"编辑超链接"对话框，在对话框中可以设置要跳转的目标位置。右击链接源对象，在快捷菜单中选择"编辑超链接"或"删除超链接"命令可以编辑和删除超链接。

2. 动作

PowerPoint 在"形状"列表中提供了一组动作按钮，如图 8-49 所示。动作按钮带有预设的链接动作，当添加到幻灯片中时，会自动弹出"操作设置"对话框，如图 8-50 所示。

图 8-49 动作按钮

 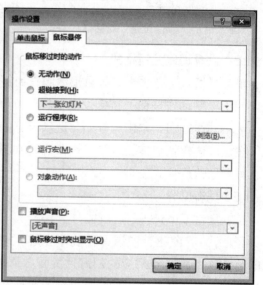

图 8-50 "操作设置"对话框

动作也可以添加其他对象上，选中对象，单击"插入"选项卡"链接"组中的"动作"按钮，会打开"操作设置"对话框。

"操作设置"对话框中，选择"单击鼠标"选项卡，可以设置在对象上单击鼠标时的动作，可以超链接到演示文稿中的幻灯片或其他文件，可以运行一个外部程序，还可以设置播放声音。选择"鼠标悬停"选项卡，可以设置鼠标移过对象时的动作。

3. 触发器

在任务二中对触发器有详细介绍，此处不再赘述。

六、创新实践

以幼儿园中班的"折纸"活动课为主题，制作幼儿园说课课件，可以设计模板，也可以从网上下载模板修改后使用，课件内容包括"活动来源""活动目标""活动准备""活动实施"等。

任务四 制作《单数和双数》数学课件

希沃白板 5 是希沃公司开发的一款专门兼顾功能性与趣味性的互动课件制作工具,提供丰富多样的设计素材和生动活泼的游戏场景,操作简单易学,功能丰富实用,结合其中的课件云同步、思维导图、课堂活动、超级分类等拓展工具,幼儿教师可以轻松地制作出漂亮、实用的教学课件。

一、任务情境

大班的王老师要组织一个数学活动,让小朋友们认识什么是单数,什么是双数。为使教学活动更富有趣味性,更能引起小朋友们的兴趣,王老师想使用希沃白板 5.0 制作"单数和双数"的互动式教学课件,课件中通过数小动物的个数,让小朋友认识单数和双数。

课件样例如图 8-51 所示。

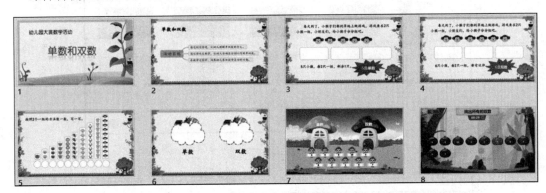

图 8-51 课件样例

二、任务分析

希沃白板有备课和授课两个界面,在备课界面中编辑课件页面,添加文本、形状、图片等元素,并设置了互动式课堂活动;在授课界面中通过对象的移动、笔和橡皮擦的使用,完成课堂游戏活动等基本操作,实现人机交互,使课件从备课到授课成为一个有机的整体。该任务分解为三个子任务。

子任务 1:创建课件

子任务 2:在备课界面编辑课件

子任务 3:在授课界面应用课件

三、任务实施

子任务 1:创建课件

1. 登录希沃白板 5

双击"希沃白板 5.0"按钮 ,进入希沃白板登录界面。注册账号后,使用手机号和

创建课件
并编辑课件

密码登录，也可以使用微信和希沃移动端扫描二维码登录。

2．新建课件

登录后进入"希沃白板"界面，单击右上角的"新建课件"按钮。在打开的模板列表中选择"萌芽"，列表上方输入文件名"单数和双数"，如图8-52所示，单击右下角的"新建"按钮，进入备课界面。备课界面由标题和菜单、工具栏、页面显示区域、编辑区域、属性和动画区域组成。如图8-53所示。

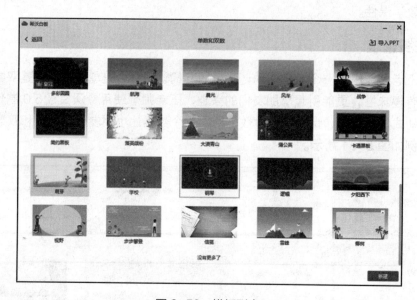

图8-52 模板列表

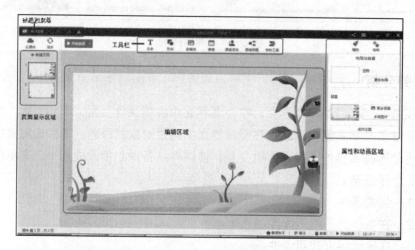

图8-53 备课界面

子任务2：在备课界面编辑课件

1．页面1的编辑

（1）插入标题文字

选择页面1，单击工具栏中的"文本"按钮，在页面编辑区域拖动鼠标插入文本框，输入标题文字"单数和双数",选中文字,在右侧的文本"属性"中设置艺术效果,并设置字体为"幼圆",字号为 80 号,如图 8-54 所示。

(2)插入副标题文字

按照相同的方法插入文本框,输入副标题文字"幼儿园大班数学活动",并设置字体为"幼圆",字号为 40 号。

(3)为标题文字添加动画

选择"单数和双数"文本框,单击动画区域"动画"按钮,在"元素"标签下选择"擦入",为文字添加出现的动画效果,如图 8-55 所示。

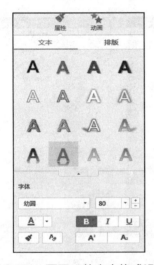

图 8-54 页面 1 的文字格式设置

图 8-55 标题文字的动画效果

页面完成效果如图 8-56 所示。

图 8-56 页面 1 的完成效果

2. 页面2的编辑

（1）插入文本

插入文本框，输入文本"单数和双数"，文字格式为"楷体"，40号。

（2）插入思维导图

单击工具栏中的"思维导图"按钮，在列表中选择第一项，在页面上出现思维导图。

（3）编辑思维导图

选中中心主题，输入文本"活动目标"，分别选中三个分支主题，输入如图8-57所示文本。最后一个分支主题是多余的，选中后单击鼠标右键，选择"删除"。

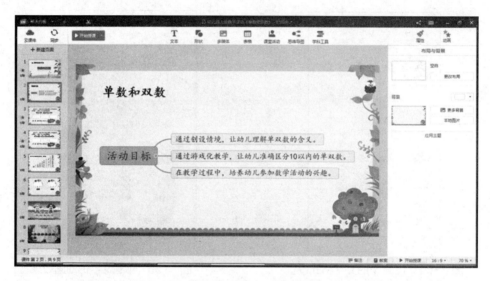

图8-57 页面2的完成效果

（4）设置思维导图样式

在右侧"属性"中设置思维导图的样式，如图8-58所示。

说明：单击思维导图中心主题右侧绿色小按钮，可以将分支主题折叠起来。

3. 页面3的编辑

（1）新建页面

在左侧页面显示区域上方单击"新建页面"按钮，生成页面3。

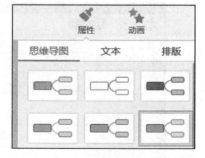

图8-58 思维导图样式的设置

（2）插入文本

单击工具栏中的"文本"按钮，在页面编辑区域拖动鼠标插入文本框，并输入如图8-59所示的文本，设置格式为"楷体"，30号。

（3）插入图片

单击工具栏中的"多媒体"按钮，选择素材图片"小猴.png"，并插入页面，调整大小及位置。

图 8-59　页面 3 的完成效果

（4）对图片进行排版

选中"小猴"图片，复制出四幅相同的"小猴"图片。拖动鼠标，同时选中五幅图片，单击右侧属性区"排版"标签，在"对齐"属性中，单击"垂直"中的"上下居中"和"等距"中的"水平等距"按钮，如图 8-60 所示。

（5）插入"圆角矩形"形状

单击工具栏中的"形状"按钮，选择"圆角矩形"，在页面拖动鼠标，绘制圆角矩形，在右侧属性区"形状"标签中设置填充为白色，边框为蓝色，如图 8-61 所示。复制两个相同的形状，设置三个圆角矩形的对齐方式为垂直上下居中，水平等距。

图 8-60　图片的排版设置

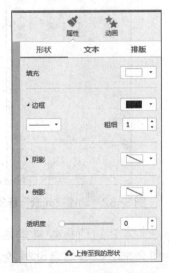

图 8-61　形状的格式设置

（6）插入"爆炸形"形状

单击工具栏中的"形状"按钮，选择"爆炸形"，在页面绘制"爆炸形"形状，并输入文本"5是单数"。

（7）插入文本

单击工具栏中的"文本"按钮，在页面编辑区域拖动鼠标插入文本框，并输入文本"5只小猴，每2只一组，剩余1只。"，设置格式为"楷体"，30号。

（8）调整页面各对象的位置

（9）为文字添加动画

选中页面中的文本框"5只小猴，每2只一组，剩余1只。"，单击右侧"动画"选项，在"元素"标签中单击出现效果"擦入"。

（10）为形状添加动画

选中"爆炸"形状，单击出现效果"掉落"，然后再单击动作效果"闪烁"，如图8-62所示。

（11）调整动画顺序

单击"动画"中的"顺序"标签，单击动画2"形状4掉落"右侧的"更多"按钮，在下拉列表中选择"上一个动画之后"。用同样的方法为动画3设置"上一个动画之后"的效果。如图8-63所示。

图8-62 动画"元素"标签

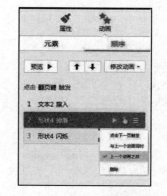

图8-63 动画"顺序"标签

这样，文本2的动画效果是通过单击下一页触发"擦入"的出现效果。爆炸形的动画会在文本2动画后自动播放，先是"掉落"的出现效果，然后是"闪烁"的动作效果。

4. 页面 4 的编辑

（1）复制页面

在左侧页面显示区域右击页面 3，在菜单中选择"拷贝"，生成页面 4。

（2）编辑页面 4

在原基础上对页面 4 的内容进行更改和编辑。完成效果如图 8-64 所示。

图 8-64　页面 4 的完成效果

5. 页面 5 的编辑

页面 5 的编辑主要是形状和文本的添加，可以参考上述步骤完成。完成效果如图 8-65 所示。

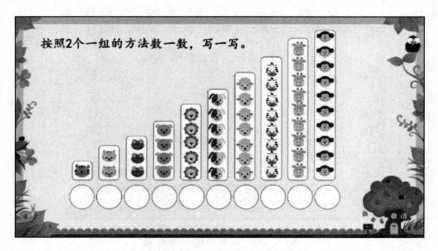

图 8-65　页面 5 的完成效果

6. 页面 6 的编辑

（1）新建页面

在左侧页面显示区域上方单击"新建页面"按钮，生成页面 6。

（2）插入图片

插入素材图片"气泡.pnb",并复制一个相同的图片。

（3）插入文本

插入两个文本框,分别输入数字"1 3 5 7 9"和"2 4 6 8 10",分别叠加在气泡图片的上面。再插入两个文本框,输入文本"单数""双数"。调整文本框和图片的位置,如图 8-66 所示。

（4）添加蒙层

右击"单数"文本框,在快捷菜单中选择"更多操作"→"添加蒙层",这时数字会隐藏起来,只保留边框,如图 8-67 所示。用同样的方法为"偶数"文本框添加蒙层。完成效果如图 8-68 所示。

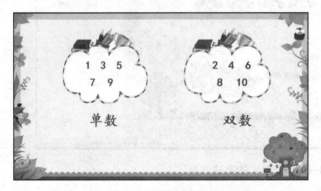

图 8-66　添加文字和图片后的页面效果

图 8-67　为文本框添加蒙层

图 8-68　页面 6 的完成效果

7. 页面 7 的编辑

（1）添加"趣味分类"

新建页面,单击工具栏中的"课堂活动",选择"趣味分类",并在列表中选择"猴子与蘑菇",如图 8-69 所示,单击"应用"按钮,进入"趣味分类"设置界面。

(2)设置"趣味分类"

在"趣味分类"设置中,左侧类别名称为"单数",子类别为"1""3""5""7""9";右侧类别名称为"双数",子类别为"2""4""6""8""10",如图8-70所示,单击"完成"按钮。

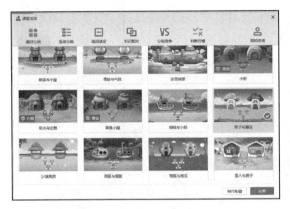

图8-69 "课堂活动"列表

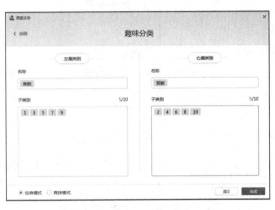

图8-70 "趣味分类"设置界面

页面7的完成效果如图8-71所示。

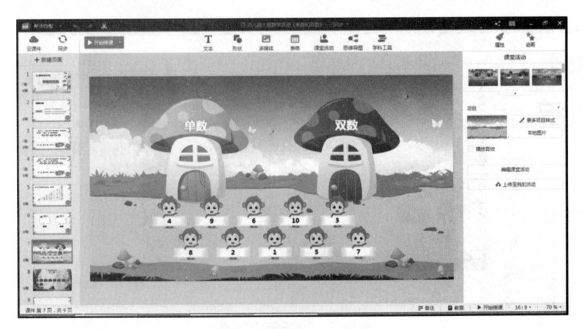

图8-71 页面7的完成效果

8. 页面8的编辑

(1)添加"分组竞争"

单击"课堂活动",选择"分组竞争",并在列表中选择"奇幻森林",单击"应用"按钮,进入"分组竞争"设置界面,如图8-72所示。

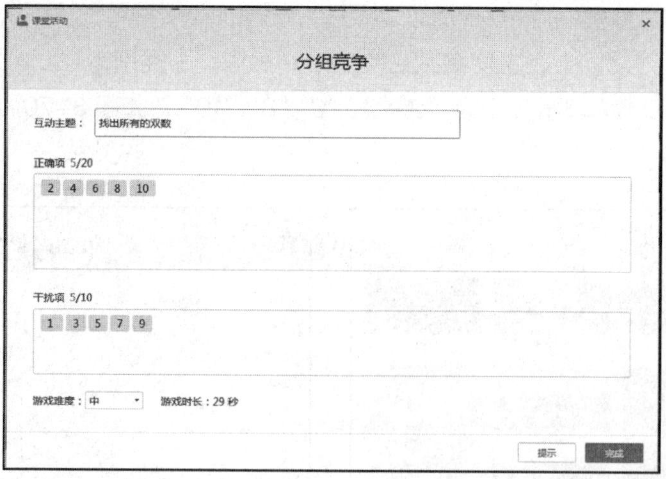

图 8-72 "分组竞争"设置界面

（2）设置"分组竞争"

在"分组竞争"设置界面中，互动主题为"找出所有的双数"，正确项设置为"2""4""6""8""10"，干扰项设置为"1""3""5""7""9"，单击"完成"按钮。完成效果如图 8-73 所示。

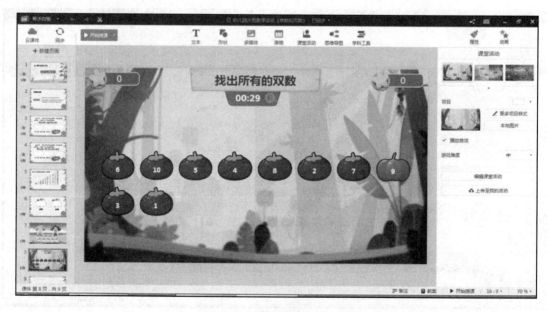

图 8-73 页面 8 的完成效果

课件在制作过程中会自动同步保存，也可以单击左上角"同步"按钮进行手动保存。至此，在备课界面初步完成了课件的制作，包括页面的编辑及课堂活动的添加。

单击"备课界面"左上角的"开始授课"按钮，在菜单中选择"从第一页授课"或按快捷键 F5，进入授课界面，可以查看课件的显示效果，从而对已完成课件进行调整。

下面在希沃平板上进入授课界面，在授课过程中对课件进行操作和编辑。

子任务3：在授课界面应用课件

作为互动课件制作工具，希沃白板5课件的互动功能特性更多地体现在其授课过程中，教师和幼儿可以在希沃平板上直接用手指进行操作，例如，在本课件中，拖动图片进行分类，在分组竞争游戏中可以直接单击正确的数字，还可以使用"笔"工具在平板上绘图，老师也可以使用"笔"工具绘制出"花朵"或"笑脸"等图案对幼儿进行奖励。除此以外，在授课界面中，页面对象可以很方便地进行复制、删除、调整大小，还可以添加新的页面对象。

在授课界面应用课件

1．登录账号

在希沃平板上登录账号，在云课件中单击课件"单数和双数"，进入授课界面，如图8-74所示。

课件从第一页开始播放。单击右下角的"下一页"按钮实现翻页。如果页面对象设置了非自动播放的动画效果，也可以单击"下一页"按钮进行触发。

2．页面3的应用操作

（1）分类

单击"下一页"按钮切换到页面3。授课时，幼儿用手指按住小猴图片，拖动到圆角矩形中进行分类，如图8-75所示。

图8-74　页面1授课界面

图8-75　页面3授课界面

（2）显示动画

单击右下角的"下一页"按钮，会出现文本"5只小猴，每2只一组，剩余1只。"和爆炸图形。

（3）绘制花朵

两次单击下方工具栏中的"笔"按钮，在打开的列表框中选择"图案"标签，选中"花朵"，到页面上单击就可以绘制出一朵花，可以多次单击，绘制多朵花，对幼儿进行奖励。"笔"工具的色板和图案列表如图8-76所示。

页面4和页面3的操作相同。

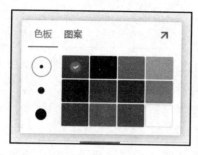 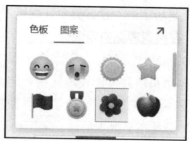

图 8-76 "笔"工具的色板和图案列表

3. 页面 5 的应用操作

授课时,老师和幼儿一起来数小动物的个数,并且使用"笔"工具,用手指在页面将两个分为一组圈出小动物。再次单击"笔",可以在列表框中选中笔的颜色,并在每列动物下面的圆圈中写上数字,如图 8-77 所示。

4. 页面 6 的应用操作

在页面 6 中,气泡图片中的数字设置了"蒙层"效果,幼儿可以直接用手指在虚线框中涂抹,让隐藏的对象显示出来;也可以使用"橡皮擦"工具,在虚线框中进行涂抹,如图 8-78 所示。

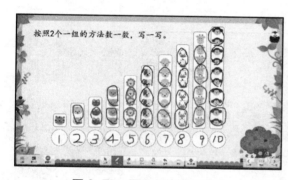 

图 8-77 页面 5 的授课界面　　　　图 8-78 页面 6 的授课界面

5. 页面 7 的应用操作

授课时,让幼儿按住小猴图片,拖动到双数或单数所在的蘑菇屋位置,如果正确,图片消失;如果错误,图片就会回到原来位置,如图 8-79 所示。

6. 页面 8 的应用操作

授课时,让两个幼儿参与互动。

（1）开始游戏

老师在页面 8 上单击"开始"按钮,语音提示"Ready,Go!",之后进入游戏界面,并开始倒计时,界面上会随机掉落带有数字的南瓜,并伴随背景音乐,如图 8-80 所示。

（2）游戏过程

两个幼儿分别单击左、右两侧的南瓜,单击带有双数的南瓜,南瓜爆炸,答对加分;单击带有单数的南瓜，南瓜掉落，答错减分。倒计时结束后，会给出统计结果，得分高的获胜，如图 8-81 所示。

图 8-79　页面 7 的授课界面

图 8-80　游戏界面

图 8-81　游戏结束界面

四、梳理与讨论

① 希沃课件中可以添加哪些课堂活动？它们都有什么区别？
② 希沃课件与 PPT 课件相比较，有什么优点？

五、相关知识

1. 云课件

利用希沃制作的课件可以上传到云端，需要使用课件时，可以从云端获取；在制作课件的过程中，也可以实时云端同步。

登录希沃白板 5，单击头像，进入设置界面，可以设置账号昵称、学科、学段、学校和课件同步频率，如图 8-82 所示。

2. PPT 课件的导入和导出

在备课界面的左上角单击"希沃白板"标题，打开菜单，如图 8-83 所示。

① 选择"导入课件"，可以导入 PPT 课件。

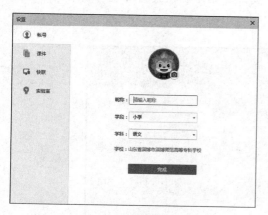
图 8-82 设置账号

图 8-83 主菜单

② 选择"导出课件",可以将课件导出为 Enbx 格式、PPT 格式和 PDF 格式。Enbx 格式是希沃白板默认的文件格式,可以使用希沃白板打开。如果导出 PPT 课件,每张幻灯片都以图片的形式进行显示,无法更改对象,也不保留动画和互动效果。

六、创新实践

注册希沃白板 5 账号,自选题目,制作一个课件,注意课件中互动环节的设计。

项目九
信息化助力家园共育

知识地图

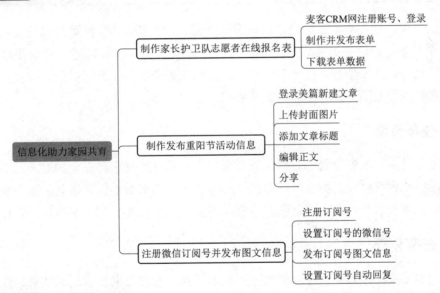

学习目标

1. 能列举家园沟通工作中常用的工具软件、App 应用。
2. 能使用麦客表单工具制作幼儿园的各种表单。
3. 能使用美篇制作信息宣传展示页面。
4. 学会注册微信订阅号并能发布订阅号图文信息。
5. 能合理运用信息化手段与家长进行沟通和交流，开展家园共育工作。

《幼儿园教育指导纲要》指出,"幼儿园应与家庭、社区密切合作,与小学相互衔接,综合利用各种教育资源,共同为幼儿的发展创造良好的条件。""家庭是幼儿园重要的合作伙伴。应本着尊重、平等、合作的原则,争取家长的理解、支持和主动参与,并积极支持、帮助家长提高教育能力。"可见做好家园共育工作的重要性。近年来,随着信息技术的发展和智能手机等移动终端设备的普及,学前教育信息化水平逐渐提高,家园沟通的手段和形式也不断创新和发展,这就要求幼儿教师能够熟练运用信息技术手段,和家长有效、及时沟通,调动家长参与幼儿园工作的积极性,家园密切合作,共同促进幼儿身心健康成长。

本项目根据幼儿园家园沟通真实情境所需,设计了三个典型任务,通过完成任务达到熟练运用信息技术手段协助做好家园共育工作的学习目标。

任务一 制作家长护卫队志愿者在线报名表

日常工作中,幼儿教师经常通过班级家园之窗、微信群、QQ群等向家长征集信息,收集完后逐个汇总,费时费力还容易出错。通过在线表单工具收集信息,自动生成数据汇总表,既减轻幼儿教师工作量,提升工作效率,还给家长们提供了更加灵活、快捷的反馈信息途径,信息技术为家园沟通和交流搭建了桥梁。

一、任务情境

为加强幼儿入离园安全管理,幼儿园要面向全体男性家长招募安全护卫志愿者,在幼儿入离园时段协助做好秩序维护、车辆停放管理等工作,请家长们自愿报名。张园长想通过网络公开招募,家长志愿者在线填写报名信息并提交,从而实现招募工作的自动化和信息化。

二、任务分析

要实现网上提交报名表,可以使用在线表单工具,把需要家长填写的信息制作成在线表单,然后将表单网址或二维码发送到家长群内,家长志愿者就可以在电脑或手机上在线报名。

目前,适用且免费的在线表单收集器有麦客表单、问卷星、问卷网等,其中麦客表单可以轻松完成信息收集与整理工作,张园长决定使用麦客表单制作"家长护卫队志愿者报名表",然后通过班级微信群分享给家长。

三、任务实施

以网页版"麦客CRM"在线表单制作工具为例,制作"家长护卫队志愿者报名表"。

制作在线报名表

1. 注册账号

在浏览器地址栏内输入"http://www.mikecrm.com"后,按Enter键,进入麦客CRM官网,单击首页"免费注册"按钮进入注册页面,根据页面提示输入邮箱、密码等注册信息,"选择服务器所在区"默认为"杭州 中国"保持不变,单击"注册账号"按钮完成注册。重点提醒：一定牢记注册时填写的邮箱和密码。

2. 登录

在麦客 CRM 官网首页，单击右上角的"登录"按钮，在出现的登录界面中输入注册时填写的邮箱和密码，单击"登录"按钮，进入后台管理页面。

3. 制作并发布表单

（1）创建表单

在后台管理页面，单击顶部的 表单 按钮，进入表单管理页面，单击右侧的 创建表单 按钮，弹出新表单窗口，将默认表单名"新的表单"修改成"家长护卫队志愿者报名表"，选择"空白模板"（"更多模板"可从内置的模板库创建表单，然后在此基础上增减组件、修改内容，制作出自己的表单），单击"开始设计表单"按钮进入表单编辑页面，如图 9-1 所示。

图 9-1 表单编辑页面

（2）切换成"专家"模式

在表单编辑页面单击顶部"极简"按钮，切换成"专家"模式，如图 9-2 所示。本课程使用"专家"模式进行讲解和演示。

图 9-2 "专家"模式表单编辑页面

（3）修改表头

"表头"相当于一篇文章的题目，默认与表单名相同，可根据实际决定是否需要修改表头。修改方法：单击顶部"1 表头"按钮（或者单击表单内容编辑区内的"家长护卫队志愿者报名表"）进入表头设计页面，根据实际修改完善表头信息。

（4）选择组件

单击顶部"2 内容"按钮返回表单编辑页面，根据收集信息的类型，从左侧组件区域选择合适的组件。

① 输入通知内容。从组件区域内找到"辅助类组件"下的"文本描述"组件，鼠标拖动该组件到表单内容编辑区，然后单击选中组件，在右侧属性区域内找到"文字内容"并输入幼儿园的招募通知文本。

② 插入分割线。为了使表单美观，有层次感，可以插入分割线。操作方法为拖动"分割线"组件到编辑区即可。

③ 建立"幼儿姓名"输入项。拖动"基础类组件"下的"文本框"组件至编辑区，然后单击选中组件，在右侧的"文本框"属性窗口内，将标题修改为"幼儿姓名"，勾选"这是个必填项"。

④ 使用同样的方法，建立"所在班级""家长姓名""联系电话"输入项。

⑤ 建立"与幼儿的关系"选择项。拖动"选择"组件至编辑区，单击选中组件，在右侧属性区域内，组件类型为"单选"，标题修改为"与幼儿的关系"，勾选"这是个必填项"，选项内容处添加"爸爸""叔叔""舅舅"三个选项。"填写设置"处勾选"添加'其他'选项"和"'其他'选项的输入框必填"。

⑥ 建立"选择值班时间"菜单选项。拖动"多级下拉"组件至编辑区，单击选中组件，在右侧属性区域内，标题修改为"请选择值班时间"，勾选"这是个必填项"，在"一级"下方添加"周一""周二""周三""周四""周五"5 个一级菜单选项，如图 9-3 所示。

然后单击"二级"选项卡，切换至二级下拉菜单编辑页面，找到"当一级选择"，从下拉选项中选择"周一"，然后在"请选择"下方添加"全天""早晨""下午"三个选项。使用同样的方法，为"周二"至"周五"四个一级选项均添加"全天""早晨""下午"选项，如图 9-4 所示。

表单制作完成并发布后的多级下拉菜单效果如图 9-5 所示。

⑦ 添加"备注"。拖动"文本框"组件至编辑区，然后单击选中组件，在右侧的"文本框"属性窗口内找到"切换组件类型"，从下拉选项中选择"多行文本"，修改"标题"为"备注"。

提示　为了防止数据丢失，在表单制作过程中要随时保存，参照图 9-6 所示的表单编辑页面，单击右下角"保存"按钮。

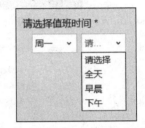

图9-3 "一级"菜单选项　　图9-4 "二级"菜单选项　　图9-5 多级下拉菜单效果图

组件添加完成后的效果如图9-6所示。

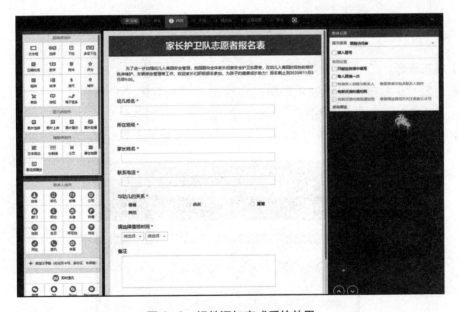

图9-6　组件添加完成后的效果

（5）修改表单外观

单击顶部"3外观"按钮，进入外观设置页面，从左侧"主题"或"纯色"选项卡中选取合适的模板，直接套用模板中的图片、颜色、字体等样式美化表单，还可以在右侧样式设置区域进一步调整文字、图片、背景等属性。

（6）修改提示信息

单击顶部"4提交后"按钮，进入提交成功后的提示信息设置页面，单击页面中间的

"提交成功!",在右侧"提示文字"属性窗口内修改描述文字为:"我们已收到您的报名信息,感谢参与。"

(7)全局设置

单击顶部"5 全局设置"按钮进入全局设置页面,勾选"定时启用/停用表单",设置启用时间为 2020-11-02 00:00:00 ~ 2020-11-05 09:00:00,如图 9-7 所示。

图 9-7 全局设置页面

(8)发布表单

单击顶部"6 发布"按钮进入表单发布页面,单击底部"发布表单"按钮打开发布窗口,单击"分享"右侧的微信图标,弹出二维码图片,用微信扫码打开表单并分享至班级微信群,家长就可以在线填写并提交报名信息了。表单效果如图 9-8 所示。

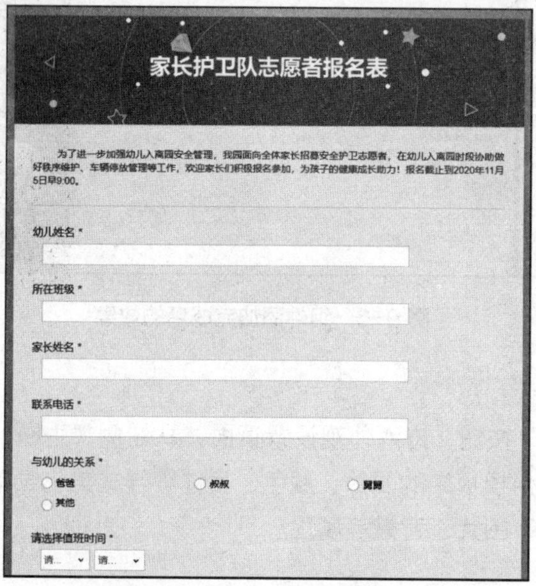

图 9-8 表单最终效果图

4. 下载表单数据

家长在线提交报名信息后，系统会自动汇总家长报名信息。报名结束后，可导出 Excel 格式的报名信息。操作方法为登录麦客网站后台管理页面，单击顶部 表单 按钮进入表单管理页面，可以看到"家长护卫队志愿者报名表"的状态、反馈数量等信息，单击右侧 ... 图标，选择"导出与下载"，弹出下载窗口，单击"导出"按钮，选择下载文件保存目录，即可导出家长报名信息 Excel 汇总表。

四、梳理与讨论

① 用思维导图梳理"基础类组件""图片类组件""辅助类组件"中各组件的功能。
② "基础类组件""图片类组件""辅助类组件"可以满足幼儿园哪些工作需要？
③ 用问卷星能否制作在线表单？讨论麦客表单和问卷星两款工具各自的特点。

五、相关知识

1. 手机端制作麦客表单

一是关注微信公众号"麦客 MikeCRM"，单击公众号菜单"我的表单"→"创建表单"，就可以在微信中创建表单了；二是在手机浏览器中输入麦客 CRM 官网的网址，通过手机创建和编辑表单。

2. 移动或删除组件

在表单内容编辑区域内，用鼠标单击并拖动组件，可以移动该组件的位置。鼠标悬停在组件上，单击组件右上角出现的红色图标 ✕ ，会删除该组件。

3. 其他在线信息收集工具

在线信息收集工具除了在线表单外，在线协同办公软件如金山文档、腾讯文档等的应用也能实现信息收集和处理功能，也是常用的信息收集工具。

4. 注意事项

① "联系人组件""即时通讯""社交网络"组件中的部分表单会储存用户提交的信息，如手机号码、姓名等，为了保护个人信息安全，建议优先选用"基础类组件"和"辅助类组件"中的项目。

② 依法依规保护和使用儿童个人信息。《儿童个人信息网络保护规定》经国家互联网信息办公室室务会议审议通过，已于 2019 年 10 月 1 日起施行。《规定》进一步充实了我国儿童个人信息网络保护的法律依据，标志着我国儿童个人信息保护工作正式进入轨道。在实际工作中，如果收集了家长、儿童的个人信息，要妥善保管，防止泄露，要依法依规使用和处理这些信息。

六、创新实践

运用任意一款在线信息收集工具，设计一份入园新生调查问卷表，全面了解孩子的生活、健康、爱好、饮食禁忌等信息，建立幼儿第一份入园档案。

任务二　制作发布重阳节活动信息

为了让家长了解孩子在幼儿园的日常生活、学习等情况，密切家园联系，促进家园共育，幼儿园会通过多种形式向家长发布孩子在园活动的情况，用美篇制作发布图文信息就是幼儿园常用的家园沟通方式之一。

一、任务情境

重阳节到来之际，为了向小朋友们传播尊老、爱老、敬老的传统美德，中班的魏老师设计了一系列活动，引导孩子们对身边老人表达关爱之情。活动结束后，魏老师整理好宣传文稿和照片，想用美篇在班级群内宣传活动开展情况。

二、任务分析

美篇是一款好用的图文创作分享工具，提供了丰富的模板，能快速创作出精美的宣传页面。美篇有网页版、手机 App 版、微信小程序三个版本，三者功能一致，本任务选择使用网页版制作并发布重阳节活动信息。

三、任务实施

1. 登录并新建文章

打开浏览器，在地址栏输入"https://www.meipian.cn"，按 Enter 键，打开美篇官网。用手机微信"扫一扫"扫描首页的二维码，在微信上单击"同意"，电脑端自动登录美篇网页版。单击左上角的"新建文章"按钮，进入图文编辑页面，页面窗口组成如图 9-9 所示。

制作发布重阳节活动信息

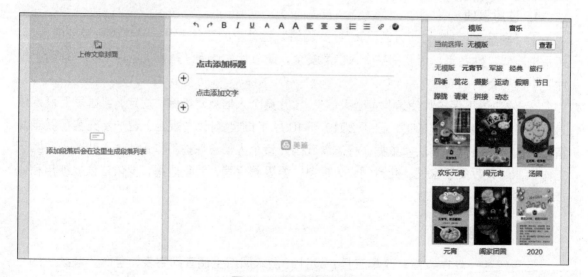

图 9-9　图文编辑页面

2. 上传文章封面图片

单击左侧的"上传文章封面",弹出"更换封面"窗口,单击"上传封面"按钮,选择一张图片作为封面。

3. 添加文章标题

在图文编辑页面,单击"单击添加标题",输入文章标题"温情重阳 爱心相伴"。

4. 编辑正文

① 上传图片。在图文编辑页面,单击图标 ⊕,在弹出的窗口中选择"图片",上传一张图片。

② 输入文字。图片上传完成后,单击图片下方图标 ⊕,在弹出的窗口中选择"文字",添加文字内容:"敬老、爱老是我们中华民族的传统美德,重阳节到来之际,我们中一班小朋友和爷爷奶奶温情相伴,共享欢乐。"

重复第①步、第②步操作,添加其他图片和文字,完成后的效果如图 9-10 所示。

图 9-10 正文编辑完成后的效果

③ 选择模板。单击右侧的"模板"标签，从模板缩略图列表中单击选择"延年"模板，自动应用该模板样式到正文。

④ 选择音乐。单击"模板"右侧的"音乐"标签，从系统音乐列表中添加合适的音乐。也可以单击"上传音乐"按钮，为正文添加电脑上保存的音乐，还可以搜索添加在线音乐。

5. 分享

在图文编辑页面，单击顶部右上角的"完成/分享"按钮，弹出"发布成功"窗口，用微信扫描二维码可以分享该美篇图文至微信家长群或朋友圈，还可以单击"复制链接"按钮复制该美篇图文的地址，分享在微信、钉钉等软件的班级群内，如图9-11所示。这样用美篇制作并发布重阳节活动信息就完成了。

图 9-11　发布成功

四、梳理与讨论

① 用思维导图梳理美篇图文创作分享的操作步骤。
② 讨论如何在美篇中添加视频。

五、相关知识

编辑正文时，请注意以下操作技巧。

1. 编辑工具

图文编辑页面顶端的编辑工具，从左往右依次有"撤销""重做""文字加粗""文字斜体""文字下划线"等，主要用于文字样式编辑。将鼠标移动到相应的图标上，可出现文字提示。

2. 移动段落位置

在图文编辑页面左侧段落列表中，单击文字或图片的缩略图并拖动，可上下移动改变排列顺序，图文编辑区内对应的内容也会随着移动。

3. 删除段落

在段落列表中单击缩略图右上角的"×"号，即可删除相应的段落。

4. 更换或删除图片

在图文编辑区单击插入的一幅图片，会在图片右下角出现"更换""删除"两个按钮，可分别实现更换图片和删除图片的功能。

六、创新实践

以班级举办的某个活动为题材，拍摄活动现场图片、录制视频并剪辑、撰写宣传文稿，最后制作美篇并分享。

任务三　注册微信订阅号并发布图文信息

一、任务情境

七色花幼儿园准备注册微信公众号，通过公众号推送家庭教育、幼儿保健知识及幼儿园实时动态，园长安排王老师负责公众号注册申请、消息发布等工作。

二、任务分析

注册微信公众号，需要在微信公众平台注册申请一个订阅号或服务号，订阅号的主要功能是在微信端给用户传达资讯，类似于某个组织的官网或个人主页，适合单位、个人使用，因此，注册一个订阅号能满足幼儿园推广需求。该任务通过四个子任务完成。

子任务 1：注册订阅号

子任务 2：设置订阅号的微信号

子任务 3：发布订阅号图文信息

子任务 4：设置订阅号自动回复

三、任务实施

子任务 1：注册订阅号

订阅号登记的主体类型有政府、媒体、企业、其他组织、个人，注册时，根据主体实际选择合适的类型（如幼儿园可选择"政府""其他组织"等类型），各个主体类型在注册时需要提交不同的审核材料，各类型注册流程相似，本任务以注册个人订阅号为例进行讲解和演示。

1. 打开微信公众平台官网注册

打开浏览器，在地址栏输入 https://mp.weixin.qq.com/，按 Enter 键，打开微信公众平台官网。单击右上角的"立即注册"按钮，进入"选择注册的账号类型"页面，单击"订阅号"进入基本信息页面。

2. 填写基本信息

输入邮箱，激活邮箱，输入邮箱验证码，输入密码，确认密码，单击"注册"按钮。

3. 选择账号类型

选择企业注册地为"中国大陆"，单击"确定"按钮，进入账号类型选择页面，单击"订阅号"底部的"选择并继续"，出现"温馨提示"对话框，单击"确定"按钮，如图 9-12 所示。

4. 用户信息登记

第 3 步操作成功后，进入"用户信息登记"页面，主体类型选择"个人"，单击"下一步"按钮进入"主体信息登记"页面，如实填写"身份证姓名"等相关信息，验证通过后，单击"继续"按钮，如图 9-13 所示。

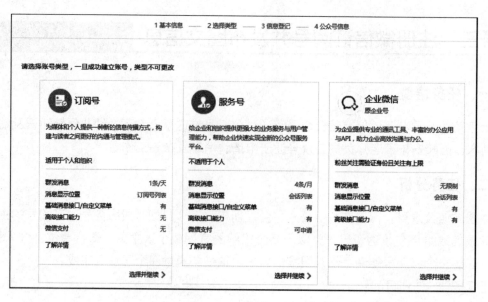

图 9-12 账号类型选择

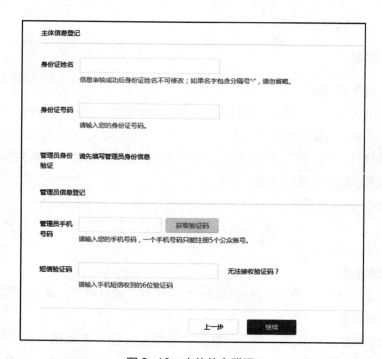

图 9-13 主体信息登记

提示　管理员身份验证,要用绑定了管理员本人银行卡的微信扫描验证二维码才能通过。注册成功后,管理员可使用微信扫码登录公众平台,管理和维护订阅号。

5. 完善公众号信息

第4步操作成功后，进入"完善公众号信息"页面，输入"账号名称""功能介绍"，选择"运营地区"，单击"完成"按钮，出现"信息提交成功"窗口，订阅号注册成功了。

子任务 2：设置订阅号的微信号

订阅号注册成功后，需要设置一个微信号，用于订阅号推广和查找关注。设置微信号需要满足两个条件：一是账号注册后没有设置过微信号的，可以立即进行设置；二是已设置微信号，并且时间超过一个自然年，可以重新设置。操作步骤如下：

1. 进入账号详情页面

按照"登录公众号平台→设置→公众号设置→账号详情"步骤，进入账号详情页面，单击"微信号"右侧的"设置"按钮。

2. 验证身份

在"设置微信号"页面，使用管理员微信扫描二维码进行验证，如图 9-14 所示。

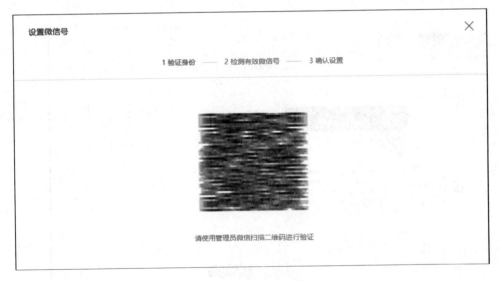

图 9-14 验证身份

3. 检测有效微信号

验证身份通过后，进入"2检测有效微信号"页面，输入微信号，单击"检测"按钮，如果不符合微信号命名规则或者与已有的微信号重复，则继续修改，直到检测通过，单击"下一步"按钮，如图 9-15 所示。

4. 确认设置

第3步操作成功后，进入"3确认设置"页面，确认无误后，单击"完成"按钮，微信号设置成功，如图 9-16 所示。

家长们打开自己的微信，按照"通讯录→公众号→单击右上角的'+'图标→输入微信号名称并搜索→关注公众号"步骤关注幼儿园公众号，接收公众号推送的信息。

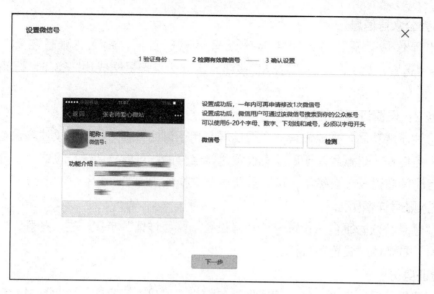

图 9-15 检测有效微信号

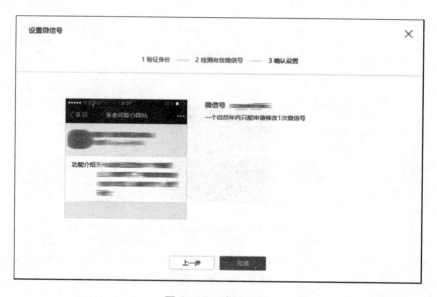

图 9-16 确认设置

子任务 3：发布订阅号图文信息

日常阅读的公众号文章，多数是图文、音视频等内容，在微信公众平台称之为"图文信息"，微信公众平台"秉承对读者负责的原则"，更好地保证用户的阅读体验，因此图文信息制作发布之前，一定要深思熟虑，确保文章质量，否则，发布之后再修改，会面临诸多规则限制。

发布订阅号
图文信息

1. 进入图文消息页面

按照"登录公众号平台→管理→素材管理→图文消息"步骤，进入图文消息页面，如图 9-17 所示。

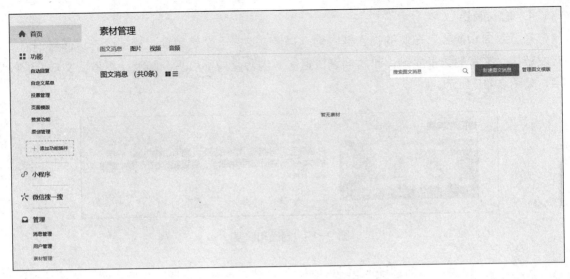

图 9-17　图文消息页面

2. 编辑正文

在图文消息页面单击"新建图文消息"按钮,进入消息编辑页面,按照"输入标题→输入作者→写正文"步骤编辑正文,可以通过单击顶部的"图片""视频""音频"按钮在正文中插入相应的多媒体素材,如图 9-18 所示。

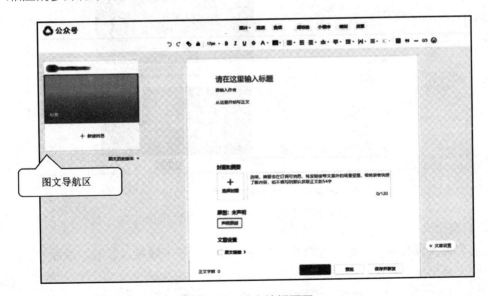

图 9-18　消息编辑页面

3. 选取封面

在消息编辑页面找到"封面和摘要",鼠标悬停在"选择封面"上,弹出"从正文选择"和"从图片库选择"两个菜单。根据实际选取一张图片作为封面,同时,"图文导航"区域会显示选取图片的缩略图。

4. 输入摘要

在"封面和摘要"右侧的输入框内输入摘要。这是一个选填项，摘要会在订阅号消息、转发链接等文章的场景显示，帮助读者快速了解内容，如不填写，则默认抓取正文前54个字，如图9-19所示。

图9-19 封面和摘要

在正文编辑过程中，可以随时单击"保存"按钮，保存正在做的工作，然后继续编辑正文。以上步骤完成后的效果如图9-20所示。

图9-20 消息编辑完成后的效果

5. 群发正文

在消息编辑页面单击"保存并群发"按钮，进入"新建群发"页面，设置好群发对象、性别、群发地区等信息后，单击"群发"按钮，弹出"群发确认"对话框，单击"继续群发"，弹出"微信验证"二维码，管理员微信号可直接扫码验证，非管理员微信号扫码后需管理员验证通过，验证通过后，图文发布成功。

6. 修改已发图文消息中的文字

已群发的图文消息可以修改，其他类型消息暂不支持。登录电脑端公众平台管理后台，在首页已群发消息列表中，鼠标悬停到已群发单篇图文上，会出现"改"和删除图标，单击"改"即可打开修改页面，修改提交后，需要管理员微信扫码验证。

说明：

每篇图文支持修改 1 次，且最多可以修改 20 个字符（注：标点、英文、数字、空格都计算在内，一个汉字占用 1 个字符），支持增删及替换。正文其他内容、封面题图、已编辑摘要和图文选项（如原创、留言等）都不支持修改。若该图文没有自己编辑的摘要，且运营者修改正文开头文字正好在默认提取摘要范围内，提交成功后，图文消息的摘要不会更新。

子任务 4：设置订阅号自动回复

给某些已关注的公众号留言后，会立刻收到回复，这是公众平台的自动回复功能。可以通过设置"关键词回复""收到消息回复""被关注回复"功能，设定常用的文字/图片/音频/视频作为回复消息，并制定自动回复规则，开启订阅号"自动回复"功能。

1. 设置关键词自动回复

登录微信公众平台，单击"功能"→"自动回复"→"关键词回复"→"添加回复"，即可添加相应的关键词自动回复信息，如图 9-21 所示。

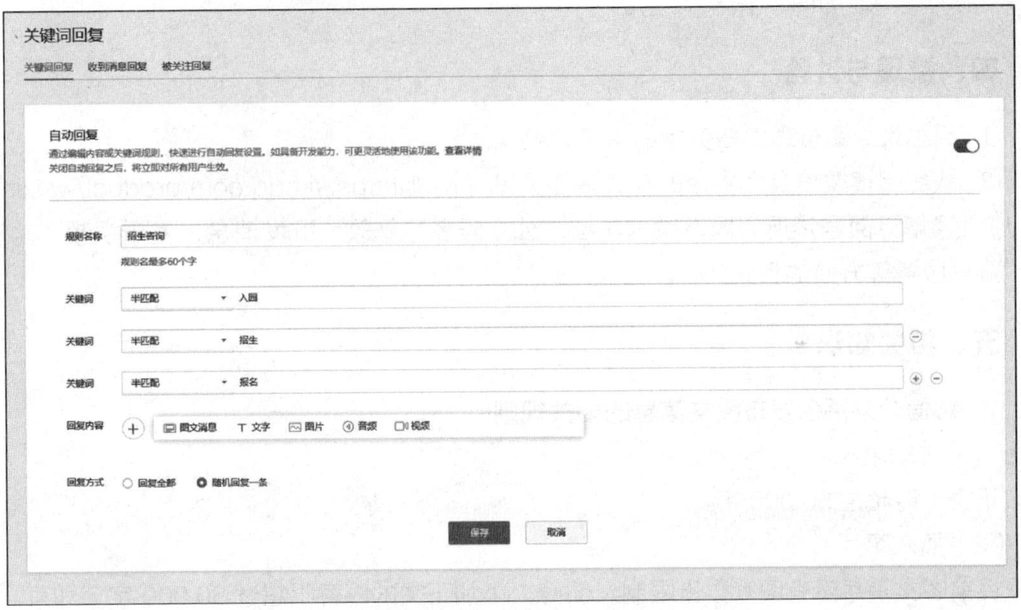

图 9-21　关键词自动回复

① 设定规则名称。由发布者根据实际设定。

② 配置关键词。一般选择"半匹配"，输入第一个关键词后，可以单击右侧的按钮，继续添加另一个关键词，最多设置 10 个关键词。若设置了相同的关键字，但回复内容不同，系统会随机回复。

③ 回复信息。鼠标悬停在"回复内容"右侧的 ⊕ 图标上，弹出"图文消息/文字/图片/音频/视频"菜单，根据实际需求选择好自动回复内容，当订阅者输入的内容命中关键字后，自动回复信息内容。每个规则里可设置 5 条回复内容。

④ 选择回复方式。勾选"回复全部"，则只要订阅者命中关键字，就会自动回复该规

则内的所有回复；若勾选"随机回复一条"，则会从所有回复中随机选取一条回复给订阅者。

⑤ 保存规则。单击"保存"按钮，平台自动启用该条关键词回复功能。

2. 设置收到消息自动回复

设置方法为：登录微信公众平台，单击"功能"→"自动回复"→"收到消息回复"。当订阅者给公众号平台发送微信消息时，平台会自动回复设置的文字/图片/音频/视频等消息给订阅者。

① 消息自动回复只能设置一条信息回复，1个小时内回复1~2条内容。

② 订阅用户只要对公众号发送消息，便会回复，如发送的消息包含关键字，将会优先关键字自动回复。

③ 自动消息设置后，可根据需要"修改"或"删除"。

3. 设置被关注自动回复

设置方法为：登录微信公众平台，单击"功能"→"自动回复"→"被关注回复"。当订阅者关注公众号时，会自动发送设置的文字/图片/音频/视频给订阅者。设置后，可根据需要"修改"或"删除"回复。

四、梳理与讨论

① 用思维导图梳理本任务中的学习内容。

② 认真阅读微信公众平台的在线客服网站（网址 https://kf.qq.com/product/weixinmp.html），了解订阅号注册问题、微信认证、公众号名称修改、群发消息、发布视频、功能模块、账号服务等方面的相关知识。

五、相关知识

1. 微信公众平台发布图文信息的相关规则

（1）文本输入

正文不能超过 50 000 字。

（2）插入图片

目前图文消息没有图片数量限制，图片大小加正文的内容不超过 50 000 字节即可。

（3）插入视频

单击"视频"按钮，弹出"选择视频"对话框，可以"从本地上传"，也可以从平台视频库中选择已有的视频。如果选择"从本地上传"，则视频上传成功后，进入审核环节，审核通过的视频素材才可以被使用。支持大于1秒小于30分钟以内的视频，支持最大清晰度为 1 080p，支持常见的视频格式。

（4）插入音频

公众号平台支持 MP3、WMA、WAV、AMR、M4A 等音频格式，文件大小不超过 200 MB，时长不超过 2 小时。

（5）编辑多图文消息

比如幼儿园分级部举行了六一节庆祝活动，各级部分别要在公众平台进行展示，鉴于

1天只能发1条消息的限制，可在消息编辑页面单击左侧图文导航"新建消息"按钮增加一条图文消息，最多可编辑8条图文内容，如图9-22所示。

（6）预览编辑完成的图文消息

微信公众平台图文消息在群发之前，可以选择"发送预览"，输入个人微信号，发送成功后，可以在手机上查看效果。只有输入的个人微信号能接收到发送预览，其他粉丝无法查看。目前预览的图文不支持分享到朋友圈，可以分享给微信好友/微信群。

2. 关键词自动回复

（1）全匹配

设置关键词自动回复时，如果选择"全匹配"选项，订阅者发送的留言与设置的关键词必须完全一致，才会触发回复，比如设置"招生"关键词，仅在公众号留言窗口输入"招生"才会触发回复，"招生时间""怎么招生"等留言均不会触发。

图9-22　编辑多图文消息

（2）半匹配

"半匹配"选项则不同，只要订阅者发送的留言内容中包含了关键词，就会触发回复。同样设置"招生"关键词，回复"幼儿园今年招生范围是哪里？""什么时间开始招生报名"等都会触发，但回复不完整的关键词"今年还招收幼儿入园吗？"则不会触发关键词回复。

3. 微信图文排版工具

使用基于微信公众平台的在线图文编辑工具，例如"秀米""96微信编辑器""135编辑器"等，能帮助更好地进行公众号文章的排版，提升文章的视觉效果。

六、创新实践

以所在班级为单位申请公众号、建立班级微信群，全班同学分角色加入相关团队（家长、老师、行政、后勤等），模拟幼儿园家园沟通、教学、管理、后勤等各方面的工作，体验智慧幼儿园环境下的学习、工作和生活。

项目十
人工智能技术在幼儿园的应用

> 知识地图

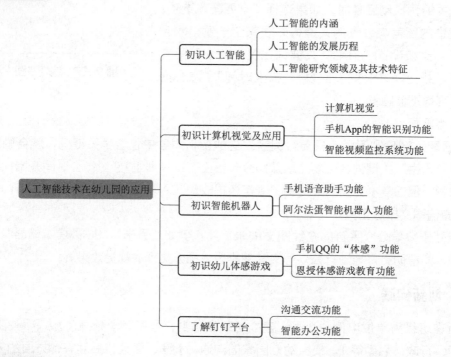

> 学习目标

1. 能说出人工智能的内涵、发展历程、研究领域及技术特征。
2. 能列举计算机视觉领域的主要应用。
3. 能说出智能机器人的功能。
4. 知道幼儿体感教育的功能。
5. 能使用钉钉进行沟通交流和协同办公。

2016 年，教育部将"智慧校园"纳入《2016 年教育信息化工作要点》；2018 年，教育部印发《教育信息化 2.0 行动计划》，提出要实施智慧教育创新发展行动；2019 年，中共中央、国务院印发《中国教育现代化 2035》，提出建设智能化校园，统筹建设一体化智能化教学、管理与服务平台。在此背景下，"人工智能""智慧校园""智慧教育"逐渐成为社会和广大教育工作者关注的热点，有关专家、学者、各级各类学校纷纷开始人工智能与教育相融合的探索和实践研究。

学前教育作为基础教育的重要组成部分，受到社会、家长的广泛关注，在教育信息化快速发展的新时代，如何运用人工智能技术提升保教质量，促进幼儿发展，成为一项重要研究课题。

本项目通过五个任务，介绍了人工智能的有关知识及人工智能在幼儿园中的具体应用，希望学前教师掌握人工智能的有关应用，促进智慧幼儿园建设。

任务一　初识人工智能

一、人工智能的内涵

早在 1956 年的达特茅斯会议上，麦卡锡、明斯基等科学家在达特茅斯学院开会研讨"如何用机器模拟人的智能"，首次提出"人工智能"这一概念，认为其是使一部机器的反应方式像一个人在行动时所依据的智能，这次会议也被认为是人工智能诞生的标志。

关于人工智能，还没有形成一致的定义，在这里引述由林达华、顾建军主编的《人工智能启蒙》一书中给出的定义：人工智能（Artificial Intelligence，AI），它是研究、开发用于模拟、延伸和扩展人的智能的理论、方法、技术及应用系统的一门新的技术科学，其研究的主要内容包括机器学习、计算机视觉、智能语音、自然语言理解、智能机器人等方面。简单来说，人工智能就是让机器在思维、行为、表现等方面能够看起来像人一样。

二、人工智能发展历程

根据人工智能自 1956 年以来 60 余年的发展历程，中国科学院谭铁牛院士将其划分为 6 个阶段：

1. 发展期：1956 年—20 世纪 60 年代初

人工智能概念提出后，相继取得了一批令人瞩目的研究成果，如机器定理证明、跳棋程序等，掀起人工智能发展的第一个高潮。

2. 反思发展期：20 世纪 60 年代—70 年代初

人工智能发展初期的突破性进展大大提升了人们对人工智能的期望，人们开始尝试更具挑战性的任务，并提出了一些不切实际的研发目标。然而，接二连三的失败和预期目标的落空（例如，无法用机器证明两个连续函数之和还是连续函数、机器翻译闹出笑话等），使人工智能的发展走入低谷。

3. 应用发展期:20世纪70年代初—80年代中期

20世纪70年代出现的专家系统模拟人类专家的知识和经验解决特定领域的问题,实现了人工智能从理论研究走向实际应用、从一般推理策略探讨转向运用专门知识的重大突破。专家系统在医疗、化学、地质等领域取得成功,推动人工智能走入应用发展的新高潮。

4. 低迷发展期:20世纪80年代中期—90年代中期

随着人工智能的应用规模不断扩大,专家系统存在的应用领域狭窄、缺乏常识性知识、知识获取困难、推理方法单一、缺乏分布式功能、难以与现有数据库兼容等问题逐渐暴露出来。

5. 稳步发展期:20世纪90年代中期—2010年

由于网络技术特别是互联网技术的发展,加速了人工智能的创新研究,促使人工智能技术进一步走向实用化。1997年,国际商业机器公司(IBM)深蓝超级计算机战胜了国际象棋世界冠军卡斯帕罗夫,2008年,IBM提出"智慧地球"的概念,以上都是这一时期的标志性事件。

6. 蓬勃发展期:2011年至今

随着大数据、云计算、互联网、物联网等信息技术的发展,泛在感知数据和图形处理器等计算平台推动以深度神经网络为代表的人工智能技术飞速发展,大幅跨越了科学与应用之间的"技术鸿沟",诸如图像分类、语音识别、知识问答、人机对弈、无人驾驶等人工智能技术实现了从"不能用、不好用"到"可以用"的技术突破,迎来爆发式增长的新高潮。

三、人工智能研究领域及其技术特征

人工智能是自然科学、社会科学、技术科学三者的交叉学科,它与计算机科学、信息学、数学、神经生理学、认知科学、心理学等众多学科有关联,其研究领域也非常广泛。

1. 专家系统

专家系统是一个具有大量专门知识和经验的程序系统。它可以根据某个领域一个或者多个专家提供的知识和经验,进行推理和判断,模拟人类专家的决策过程,以解决那些需要人类专家才能解决的问题。专家系统被广泛应用于工程、科学、医药、军事、商业等方面,其功能主要包括解释、预测、诊断、设计、规划、监督和控制等。例如,智慧幼儿园管理系统或平台一般都有膳食营养分析模块,通过采集食谱信息,自动进行营养分析和膳食评价,给出合理化建议,确保幼儿饮食更加科学和健康。

2. 计算机视觉

计算机视觉是使用计算机及相关设备对人类视觉的一种模拟。其主要任务是通过对采集的图片或视频进行处理,以获得相应场景的三维信息,包含模式识别、图像处理、图像解释、图像理解、图像分析、机器视觉等,最终目标是使计算机能够像人一样通过视觉观察和理解世界,具有自主适应环境能力。

3. 自然语言理解与交流

自然语言理解与交流可以简称为自然语言处理,是使机器能够阅读和理解人类语言,特

别是可以使用自然语言用户界面和直接从人类编写的资源中获取知识,并与人进行对话、交流。它的一些直接应用包括人机对话、信息检索、文本挖掘、问题回答和机器翻译,在Web搜索、社交网络、生物数据分析和人机交互等领域有广泛应用。

4. 机器人学

机器人学是与机器人设计、制造和应用有关的科学。它主要研究机器人的控制与被处理物体之间的关系,如搬运物体和导航等。其研究领域主要涉及两个方面:一方面是让机器人具备视觉和触觉,使其能够识别空间景物的实体和阴影;另一方面是指机器人在接受外界的刺激后,驱使机器人行动的过程。

5. 机器学习

机器学习是指让机器自身具有获取知识的能力,使机器能够总结经验、发现错误、改进性能,对环境具有更强的适应能力。机器学习的应用主要包括数据挖掘、计算机视觉、自然语言处理、语音和手写识别、机器人运用等。

6. 博弈与伦理

博弈是指智能机器和人类之间的较量,如阿尔法狗分别战胜了围棋高手李世石和柯洁,由此引发了人工智能博弈问题的热议。伦理是指对人工智能安全、人工智能时代下个人隐私、人工智能是否会取代人类工作等问题的思考。

随着人工智能技术的迅速发展和信息技术在幼儿园应用的深入,适合幼儿的智慧教育产品也更加多样和丰富。这些具有特定功能的智慧教育产品走进了幼儿家庭,也走进了幼儿园,幼儿的学习环境也逐步走向丰富和开放,学习内容也更加多样化,为幼儿创造了直接感知、实际操作和亲身体验的机会,丰富了幼儿经验,极大提高了幼儿学习的主动性和积极性。

四、梳理与讨论

① 从人工智能六个研究领域中,选择感兴趣的某一领域详细学习了解人工智能技术应用和发展情况,准备好2分钟介绍材料开展小组学习交流。

② 手机的美颜功能是人工智能吗?为什么?

五、创新实践

你还知道哪些人工智能技术或产品?研究讨论一下它们能否应用到学前教育工作中,怎么应用?能发挥什么样的教育价值?

任务二 初识计算机视觉及应用

计算机视觉是用摄像机和计算机代替人实现特定的机器视觉任务,如对目标进行识别、跟踪和测量等。机器在识别之后,进一步将拍摄到的图像处理成更适合人眼观察或传送给仪器检测的图像。

智能手机的人脸识别解锁、智能识物功能，智能视频监控系统等均和计算机视觉技术密切相关，接下来，我们先体验两款智能手机 App 软件，再了解一个智能视频监控系统案例。

一、体验手机人脸识别解锁、智能识物功能

1. 体验人脸识别解锁功能

在手机桌面找到"设置"图标，单击进入系统设置，找到与人脸识别有关的选项，根据提示开启人脸解锁功能（不同品牌手机的操作方式略有差别，请参照手机的使用手册或自行搜索操作教程），然后锁定屏幕，现在可以尝试人脸解锁了。

初识计算机视觉及应用

2. 体验智能识物功能

打开手机智能识物 App（不同品牌手机的操作方式略有差别，请参照手机的使用手册或自行搜索操作教程），将手机镜头对准实物或图片，手机识别出后，就会显示实物的名称和有关资料。户外活动时，老师和孩子们一起识别花、草、昆虫、小鸟等，孩子们既能亲身体验手机的神奇功能，还能学到知识，激发他们的好奇心和学习兴趣。

二、了解智能视频监控系统

海康综合安防管理平台操作界面如图 10-1 所示，下面以该平台为例，介绍智能视频监控系统的主要功能。

图 10-1　海康综合安防管理平台操作界面

1. 校园应用

校园应用包含校园考勤、园区事件管理、园区检索等应用；基于系统中产生的各类事件，解决学校场景的安全管理问题。

2. 综合管控

提供丰富的业务联动和集成应用，用于事件的监控、检索、查看，支持基于电子地图的图上监控及基于人脸识别技术的智能应用。

3. 视频监控

对前端编码设备进行集中管理，并提供视频预览、云台控制、录像回放、图片查看、电视墙控制、视频级联等应用。

4. 一卡通

一卡通业务包括门禁管理、访客管理、考勤管理、巡更等，利用卡片、人脸、指纹等媒介，实现身份认证、出入管控、巡更、考勤等智能应用。

5. 车辆管理

利用车牌识别、雷达测速、车位感知等技术，实现车辆的进出管理、园区测速布控等应用。

6. 报警检测

报警检测通过接入报警主机，配合各种探测器和传感器，对区域进行布防，通过报警设备的接入，实现各类防区的入侵报警。例如，设定下水道附近为危险区域，如有人进入该区域，则会引发报警。

7. 网络管理

网络管理提供对视频设备状态巡检、录像监控、视频诊断、告警查询，以及门禁设备的状态巡检，实现对视频监控系统和门禁系统的可视、可控、可管理，提升故障发现、处置效率，保证视频、门禁系统的可靠运行，实现对视频、门禁设备的集中监控、集中展现、集中维护。

三、梳理与讨论

深入了解计算机视觉的相关知识，讨论其工作原理。

四、创新实践

你知道哪些与计算机视觉技术有关的软件应用和硬件产品？结合幼教工作实际探讨这些软件、硬件如何应用在幼教工作中。

任务三　初识智能机器人

信息技术高速发展带动了智能机器人产业的进步，各种产品不断被推出，如乐高机器人、小胖机器人、阿尔法蛋机器人等，幼儿通过直接操作和体验，与智能机器人互动，感受科学技术的奇妙，体验交流的乐趣，不断增长见识。

下面以智能手机的语音助手App、阿尔法蛋机器人为例来学习和体验智能设备的语音识别、机器学习等功能。

一、体验手机语音助手的功能

和人脸识别功能一样，智能手机一般自带语音识别，即使没有，也可以从手机应用市场下载安装。各品牌手机语音助手打开方式略有不同，有的对着手机说出指定的关键词，有的需要单击快捷图标，但是语音助手的功能大多数是打电话、发短信、导航、搜地点、查新闻、听音乐、打开指定手机应用等，有些还可以和智能家居联动。

初识智能机器人

二、了解阿尔法蛋智能机器人的功能

淘云科技研发的阿尔法蛋智能机器人外观如图10-2所示，其主要功能如下。

图10-2 阿尔法蛋智能机器人

1. 语音识别和人机对话功能

针对童声识别、童声合成和儿童自然语言理解进行了深度优化，打造了专门针对儿童的智能语音交互系统，可以与孩子进行实时交流和沟通，回答孩子的各种问题。例如，孩子们提出"恐龙为什么灭绝了""为什么白天没有星星""我想听《小星星》"等问题时，阿尔法蛋智能机器人都能根据指令做出回答或播放歌曲。

2. 不断学习

在和孩子的交互中不断提升童声识别能力和儿童自然语言的理解能力，和孩子进行更加流畅的交互。

3. 教育功能

阿尔法蛋智能机器人可以实现故事儿歌、经典诵读等功能，这些对幼儿都有一定的启蒙教育作用。

4. 陪伴与远程管理（实时监控）功能

即使孩子不在父母身边，也可以随时随地与爸爸妈妈进行交流，父母可以为孩子远程推送播放内容，智能机器人还可以用爸爸妈妈的声音为孩子讲睡前故事，远程功能也将使家长对孩子的远程陪伴成为现实。

5. 智能感应

阿尔法蛋智能机器人能感应到孩子的眼睛和屏幕的距离并能实时提醒孩子。

有条件的幼儿园为各班设立智能机器人体验区域投放智能机器人，幼儿在区域中和机器人直接互动，通过亲身体验和实际操作调动探究兴趣，充分发挥幼儿的听觉、视觉和感觉等多种器官的作用，启发他们尝试用各种各样的办法和机器人进行沟通与交流，促进幼儿多元智能发展。

三、梳理与讨论

你还知道哪些智能机器人？它们的功能有哪些？

四、创新实践

请设计一节幼儿语言活动课，要用智能机器人来帮助完成教学任务。

任务四　初识幼儿体感游戏

《幼儿园教育指导纲要》指出，"幼儿以游戏为基本活动"，要重视游戏和生活的独特价值，为幼儿创建丰富的教育环境，满足幼儿发展需求。幼儿体感游戏是通过体感摄像头采集和分析幼儿的动作，并与画面中设定的情景和教学内容一一对应，幼儿无须借助任何设备，只需要通过自身的肢体动作就可以控制画面里的主角，以第一人称的方式去参与各种教学游戏。这种情景式、沉浸式、交互式的体感学习方式，打破了传统的图文、动画、视频方式的局限，既能满足幼儿的好奇心和求知欲，还能让他们在学习过程中全身运动，身体素质得到充分的锻炼。

目前体感技术日趋成熟，幼儿体感游戏课程也得到了极大的丰富，涵盖了安全教育、科学与探索、身心与健康、自然认知、逻辑思维等内容。有研究表明，体感游戏提升了幼儿感知运动能力，为幼儿提供了多方面的发展机会。

一、体验手机 QQ 的"体感"功能

手机 QQ 拍照中的"表情"功能可对人脸进行"化妆"或"装扮"，并且会跟随人脸移动及时调整姿态，以和人脸相适应，这一功能和体感游戏类似，是 QQ 版的"体感"游戏。操作步骤如下：

打开手机 QQ，找到好友并进入聊天窗口，找到文字输入框下方的相机图标，单击该图标打开拍摄窗口（确保使用手机前置摄像头，并将摄像头对准自己的上半身），单击"表情"，从表情列表中选择喜欢的表情并单击，该表情会立即应用于手机中的头像，尝试移动位置或转动头部，观察表情跟随情况。

QQ 视频聊天时的"特效"功能，同样提供了大量的人脸"装扮"素材，感兴趣的同学可以亲身体验。

二、了解恩授体感游戏教育功能

恩授体感游戏产品由体感主机、教学课件资源等组成，体感主机的摄像头采集幼儿动作进行分析和处理，并与课件资源中设定的游戏情景进行对应，幼儿以肢体动作控制游戏中的人物角色来完成教学任务。幼儿体感游戏课如图 10-3 所示。下面介绍恩授体感游戏的教育功能。

初识幼儿体感游戏

图 10-3　幼儿园体感游戏课

1. 增强幼儿的自我保护能力

体感"安全教育"系列游戏活动让幼儿以第一人称的方式模拟进入地震、火灾、扶手梯、溺水、拐骗、马路等虚拟场景，在互动体验中学习各种安全知识和自救技能，增强孩子的自我保护能力。

2. 培养幼儿的探索精神

体感"科学与探索"系列游戏活动让幼儿化身航天员遨游浩瀚的宇宙，穿上潜水服畅游神奇的海底世界，还可以用肢体动作操控猎豹在非洲大草原里奔跑。这种情景式、沉浸式的体感学习方式打破了时间和空间的限制，满足幼儿的好奇心和求知欲，培养他们的冒险精神和探索精神。

3. 满足不同幼儿发展需要

教师可根据幼儿的年龄差异，遵循由简单到复杂的原则，为其选择难度不同的体感游戏，幼儿在游戏情境中可以自由控制身体完成设定的任务。

4. 增强幼儿的身体素质

幼儿通过奔跑、伸展、匍匐、跳跃等全身协调运动与课程进行互动，使他们的身体得到充分锻炼，帮助其健康成长。

三、梳理与讨论

梳理体感游戏的主要功能，讨论其教育价值。

四、创新实践

设计一节体感游戏教学活动并进行说课展示。

了解钉钉平台

任务五　了解钉钉平台

钉钉是一个沟通和协同办公平台，拥有多种智能办公应用，通过组织在线、沟通在线、协同在线、业务在线、钉钉教育等功能，助力智慧校园建设。随着钉钉与幼儿园管理、教学、教研、幼儿成长、家园沟通等业务工作的深度融合，各种应用互联互通，方便资料的收集、统计和归档，数据也不再是一个个孤岛，让幼儿园具备大数据处理和决策能力。

幼儿园创建钉钉团队并认证后，可建立单位组织架构，邀请全体教职员工加入各自部门，开展线上办公和沟通交流。钉钉还针对学校用户推出了"家校通讯录"，教师可以邀请家长加入班级群，在群内发布通知、共享文件、提醒家长阅读信息、召开班级会议、开展线上教学等，更好地与家长进行互动。

钉钉界面如图10-4所示，下面介绍其在沟通交流和智能办公方面的主要功能。

一、沟通交流

1. 消息已读、未读

钉钉所有的聊天消息都支持已读、未读，包括群消息。在消息发送后，消息发送人可以查看已读、未读的成员列表。

2. "DING"功能

"DING"功能可以实现消息一触即达，通过将消息转为短信或电话送达接收人。有"应用内

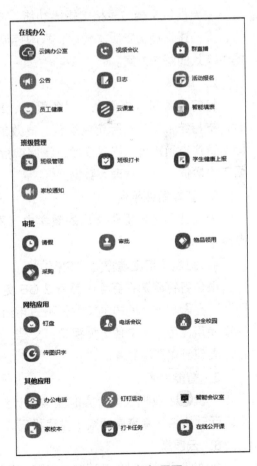

图10-4　钉钉界面

DING""语音 DING""短信 DING""电话 DING""定时 DING"等功能。

3. 群消息撤回

群主可撤回任何群成员的聊天消息，无时间限制；群成员可以在 24 小时内撤回自己发送的消息。

4. 群直播

通过手机、电脑、平板等设备发起直播，可以轻松开展线上授课、培训工作。提供了"摄像模式""屏幕分享模式""专业模式"三种直播模式，可以满足不同场景的直播需求。创建直播页面提供了保存回放的开关，默认打开，群成员可在一定的时间内查看回放视频。

5. 视频会议

参会人员可通过手机、电脑、平板等设备接入，随时随地一起开会，手机和电脑都可以共享屏幕和文件，电脑上还可以开启免打扰模式，在共享的同时，保护个人隐私不被泄露。

二、智能办公

1. 智能文档

主要提供文档与表格编辑器功能，支持多人实时协作，可在多终端上使用。除此之外，钉钉文档还支持历史版本管理、权限控制功能及钉钉核心能力整合的功能，为多种办公场景提供高效的解决方案。

2. 审批

钉钉内置了人事假勤、财务管理、部门协作、差旅管理等众多工作场景审批模板。同时，支持结合工作实际定制规范、高效的审批流程，可完成物品采购审批、财产维修审批、固定资产申领审批、出差审批、请假审批等，实现信息化和管理工作的全面衔接，采集各方面工作数据，形成管理大数据。

3. 智能备课平台

为幼儿园老师提供优质的教学内容素材、动态课件、交互式动画等，让课堂更加生动有趣。

4. 钉盘（电脑端称为"文档"）

每位钉钉用户在钉盘中都有 2 GB 免费云存储空间，仅自己可以查看管理，加入或离开团队不会影响该空间内的文件，不占用组织的空间。团队享有 100 GB 空间，全体团队成员共享使用，可上传文件（如视频、文档、图片等资源）至空间，全体成员可随时随地查看使用，实现云端资源共享。

5. 智能填表

一键发起数据收集、实时获取统计结果，能够自动生成可视化报表。可以制作问卷调查、活动报名、满意度调查、在线投票等。

6. 云课堂

集在线培训学习和考试等功能于一体，可系统规划教师在线培训、学习项目，开展学习效果测评等。

7. 智能会议室

将幼儿园会议室信息添加到智能会议室，就可以实现在线预订会议室，闲忙状态一目了然；会议邀约，一键通知参会人；配合相关硬件产品，能够实现参会人员扫脸开门、签到、会中无线投屏等功能。

三、梳理与讨论

① 梳理钉钉沟通交流和智能应用方面的功能。
② 讨论微信、钉钉两个平台的使用感受和体验，比较两者的异同。

四、创新实践

在钉钉平台创建班级团队，建立各学习小组群组，模拟开展幼儿园管理、教学、后勤等各方面的工作，依托钉钉平台进行沟通、交流、协同办公，体会未来智慧幼儿园工作场景。

参考文献

[1] 佟元之，许文芝. 学前教育现代教育技术教程［M］. 南京：南京大学出版社，2017.

[2] 山东省教育厅组. 计算机文化基础高职高专版［M］. 东营：中国石油大学出版社，2017.

[3] 谢忠新. 学前教育现代教育技术［M］. 上海：复旦大学出版社，2013.

[4] 胡彩云. 学前教育课件制作［M］. 北京：高等教育出版社，2012.

[5] 缪亮. 精通PPT课件设计与制作［M］. 北京：清华大学出版社，2014.

[6] 张雪萍. 信息技术教育应用［M］. 山东：中国石油大学出版社，2018.

[7] 梁国浚. 学前教育信息技术基础于应用［M］. 北京：人民邮电出版社，2018.

[8] 卢明存，丁成. 幼儿园多媒体课件制作使用教程［M］. 天津：南开大学出版社，2018.

[9] 柯清超. 现代教育技术应用［M］. 北京：高等教育出版社，2016.

[10] 方其桂. Camtasia Studio微课制作实例教程［M］. 北京：清华大学出版社，2017.

[11] 汪基德，朱书慧，张琼. 学前教育信息化的内涵解读［J］. 电化教育研究，2013，34（07）：27-32.

[12] 孙红艳，樊俊杰. "互联网+"背景下信息技术在幼儿园的应用［J］. 吉林省教育学院学报，2018，34（02）：5-7.

[13] 腊国庆. 学前教师信息技术应用能力分析［J］. 计算机光盘软件与应用，2014，17（07）：218-219.

[14] 张红. 探究信息技术在幼儿园教育教学中的应用［J］. 中国新通信，2020，22（06）：213.

[15] 林达华，顾建军. 人工智能启蒙［M］. 北京：商务印书馆，2019.

[16] 杨洋，陈维维. 人工智能技术发展及其在幼儿教育中的应用［J］. 软件导刊，2020，19（02）：132-135.

[17] 刘景容，刘淼. "互联网+"时代的智慧幼儿园建设探索［J］. 中国教育信息化，

2020（03）：64-67.

［18］谭铁牛．十三届全国人大常委会专题讲座第七讲：人工智能的创新发展与社会影响［EB/OL］. http://www.npc.gov.cn/zgrdw/npc/xinwen/2018-10/29/content_2065419.htm，2018-10-29.

［19］陈维维．多元智能视域中的人工智能技术发展及教育应用［J］．电化教育研究，2018，39（07）：12-19.

［20］杭州海康威视数字技术股份有限公司网站．HIKVISION iSecure Center-Education 教育综合安防管理平台［EB/OL］. https://www.hikvision.com/cn/prgs_1892_i42976.html#prettyPhoto，2019-04-28.

［21］讯飞淘云．阿尔法蛋 H［EB/OL］. http://www.toycloud.com/channels/89.html.

［22］新节奏智能科技．恩授体感教育［EB/OL］. http://www.newtempo.com/about-product-edu.jsp.